Humbert Fink · Zornige Träume

Humbert Fink

Zornige Träume

Report über die
Mittelmeer-Länder

Verlag Kremayr & Scheriau, Wien

© 1974 by Verlag Kremayr & Scheriau, Wien
Schutzumschlag: Herbert Schiefer
Gesamtherstellung: Wiener Verlag, Wien
ISBN 3 218 00271 0

Inhalt

Griechenland
und die toten Götter
Seite 7

Jugoslawien
und der Mythos vom alten Mann
Seite 47

Italien
und die verdorbene Illusion
Seite 69

Spanien
und der terrorisierte Tourismus
Seite 95

Marokko
und die mutlosen Mörder
Seite 149

Algerien
und die disziplinierte Brutalität
Seite 171

Tunesien
und das Warten auf Europa
Seite 205

Ägypten
und der geplante Hunger
Seite 237

Israel
und die schwarze Sonne
Seite 269

Griechenland
und die toten Götter

Einsamkeit ist ein Messer

Peloponnes. Man kann da viele Dinge zur gleichen Zeit tun. In Kalamáta zum Beispiel einer alternden Witwe aus London schamlos den Hof machen; oder den hysterischen Sprüngen der Delphine in der Bucht von Monemwasía applaudieren. Einem pensionierten Typographen aus Bonn geduldig erklären, daß die Leute von Mani nichts mit den alten Spartanern zu tun haben.
Oder oben in K., zum Beispiel, in diesem winzigen Bergdorf inmitten der lakonischen Wildnis, die flüsternden und trostlosen Gespräche mit den Verbannten.
Aber immer wird einen hinter der letzten Biegung, hinter diesen schieferfarbenen oder rötlich aufflammenden Felsen das verrückte Meer überraschen. Immer kriecht man stundenlang, tagelang durch diese peloponnesischen Hügel, durch diese unübersichtliche Unordnung von duftenden Kiefern und Eukalyptus, bis man tatsächlich glaubt, den Trick kapiert zu haben; diesen lächerlichen Trick, der eine ganz gewöhnliche Landschaft so außerordentlich werden läßt... nur noch das matte Silber der Ölbäume; nur noch die rote Erde mit den ausgebleichten Steinen darin; nur noch ein schmutziger Hirte, eine träge Schlange. Aber dann kommt diese letzte Biegung, dieser allerletzte Abhang. Und dahinter das zerrissene, nervöse Meer.
Das war in der ersten Nacht von Monemwasía. Bereits am Abend hat der Wind die kahlen Felsen geplündert. Dann waren die unermüdlichen Geschwader der Moskitos aus der feuchtschwülen Nacht hervorgekommen. Dann hat das Meer sich zu bewegen begonnen; hat gestöhnt; hat mit keuchendem Atem dagelegen, als wäre die Welt vor dem dunklen Horizont asthmatisch geworden. Und dann das fahle Weiß vereinzelter Schaumkronen. Darüber natürlich ein honigfarbener Mond.
Es war beinahe perfekt. Nur die Erinnerung... plötzlich stöberte sie wütend durch meine Schlaflosigkeit.
Wann war das? Gestern? Vor zwei Tagen? Drüben in Leoníd-

Einsamkeit ist ein Messer

hion; oder oben in Siloskastros? Der kleine Hafen. Die erlahmende griechische Geschwätzigkeit unter der brütenden Vormittagssonne. Das tuckernde Boot mit den grauwolligen Schafen darauf, seit Stunden unterwegs von einem dieser winzigen Häfen unten im Süden; und dann der alte Mann. Ein Fischer. Ein Bauer. Als er mich anredete, hatte ich ihn schon wieder vergessen gehabt. Aber aus der Nähe sieht alles grausam und scharf aus; er sah aus wie jemand, der unglücklich genug ist, sich als Clown zu kostümieren. Fünfzigjährig vielleicht; aber er sah aus wie siebzig, mit diesem wüsten weißen Bart auf der gegerbten Haut und den Lumpen, in die er geschlüpft war. Deutsch? Aber ja, und er benützte es wie ein österreichischer Ministerialrat; fast so korrekt. Und beinahe so umständlich. Er habe vom Kennzeichen an meinem Wagen, der im Hintergrund auf einem kleinen Platz abgestellt war, auf meine Herkunft geschlossen, erklärte er mir. Und wohin ich wolle, erkundigte er sich höflich. Wahrscheinlich sei ich nur ein Tourist, den es nach Süden ziehe ... immer am Meer entlang, nicht wahr, sagte er und sah mich dabei forschend an. Aber man könne auch in die Berge. Das sei wahrscheinlich schwierig, vielleicht sogar gefährlich ...
Ich hab' da nur verwirrt die Achseln gezuckt. Und den zerlumpten Alten, der jetzt plötzlich wie ein Herr in Verkleidung aussah, ratlos angestarrt. Aber so hat das angefangen; so war ich in die Berge hinauf und nach K. gekommen.
Hier in Monemwasía jammert nachts dieser heiße Wind in den kahlen Hügeln; das ist alles. Und manchmal keucht das Meer wie verrückt. Und natürlich stehen die Sterne wie ein flammender Zaun am Horizont. Drüben in Kalamáta erzählt man sich historische Anekdoten; an den lähmenden Nachmittagen liest die grauhaarige Frau des pensionierten Typographen auf dem Balkon des Hotelzimmers mit aufgeregter Stimme irgend etwas von Homer vor.
Er hat mich hingebracht. Der alte Herr in seinen Lumpen, der eigentlich ein Arzt war und den man jetzt in die peloponnesischen Berge verbannt hat. Er sagte, man habe ihn dringend aufgefordert, nach K. zu gehen. Nach K., das hinter violettfarbenen Schluchten und roten Felswänden, hinter ausgetrockneten,

Griechenland

zerrissenen Bachbetten und verwirrend grünen Almweiden im milchigen Nebel dieser verwüsteten Berge wie eine unangenehme Prüfung auf einen wartet. Alles ist hier aus Stein. Die paar steil abfallenden, mühsam emporkletternden Stiegen anstelle einer vernünftigen Dorfstraße. Die geduckten, plumpen Häuser. Der Abhang, der wie eine halbgeöffnete Faust das Dorf umklammert. Der Stein, die Häuser, die Stiegen, der Abhang ... alles ist grau. Dazwischen etwas zögerndes Grün, durch das sich diese mageren, zottigen Ziegen wühlen. Und ein paar dürftige Schweine. Ein magerer Esel, dem der Schrei im Hals steckengeblieben ist. Der Himmel hinter grauen Wolken. Das Meer — man weiß, daß es existiert; irgendwo. Es hat keinen Sinn, darüber nachzudenken; hier findet man es nicht.
Jetzt, in diesem Monemwasía, das wie ein Buschfeuer verglüht, erinnert man sich an das alles wie an einen Alptraum; oder man begreift es nicht mehr. Die feuchte Last der Wolken. Diese Ladung Armseligkeit, dieses gebündelte Dutzend voll Elend. Dieser eine Arzt. Dieser eine Lehrer, Journalist, Maler ... man starrt nordwärts: nichts. Nur die graugrünen Wogen der Hügel unter einem nackten Himmel. Nur die Zeichnungen der Sonne im roten Mehl dieser Erde. Nur dieser bittere Geschmack im Mund. Da war ein Dorf. Da waren die Steine und Stiegen. Da war der plötzlich in die Tiefe eines Abgrundes abstürzende Halbkreis eines kleinen Platzes; darauf die stumpfen Gesichter der Polizisten — und der zerlumpte Herr, der ein Arzt war und wie ein österreichischer Ministerialrat redete, verkroch sich unter ihren Blicken.
Spätestens nach einer Nacht, spätestens nach vierundzwanzig Stunden hat man für gewöhnlich Monemwasía schon wieder verlassen. Die Angriffe der Moskitos. Die Perversionen der Sonne. Diese heimtückische Einsamkeit ... Ich blieb. Das gehört zum Geschäft, daß man immer irgendwo bleiben muß. Und ich verkroch mich tagsüber vor dieser unermüdlichen Sonne. Ich taumelte mit der Dämmerung hinein ins neue Dorf und starrte auf diesen dunklen Felsen, der wie eine knollige Nase aus dem Meer wuchs. Daraus könnte man die Geschichte wie aus einem Buch ablesen, das müßte ich jetzt niederschreiben. Die einzelnen

Kapitel der Geschichte. Die Spuren von etwas, das hier gewesen war. Fränkische Ritter natürlich. Byzanz natürlich. Und die Piraten von jenseits des Meeres oder auch nur drüben von Mani. Und die Türken. Wozu? Abends gibt es immer die kichernden und erschöpften Gespräche der Touristen unten am winzigen Hafen bei Christos; alle nennen ihn so, obgleich er einen dieser wunderschönen unaussprechbaren griechischen Namen besitzt. Und immer gegen zehn oder halb elf am Abend keift sein dürres Weib vom Balkon des Hauses, das ihr gehört, und er schüttet gehorsam den letzten Schluck seiner Limonade hinunter und erhebt sich lächelnd. Und manchmal seufzt er und sagt dann, daß es in München doch nicht so schlimm gewesen sei.
Die Touristen. Sie kriechen auf den knolligen Felsen, stolpern durch die sengende Mittagsglut, kommen mit Bus oder Auto oder auch zu Fuß, den Schlafsack unterm Arm; und alle suchen sie verwirrt nach dieser uralten Stadt, die man ihnen versprochen hat und die sie jetzt nicht finden können, weil der dunkle Felsen wie eine Barriere davorsteht.
Ich blieb in Monemwasía. Und freundete mich mit dem Polizisten an; mit dem Bürgermeister; natürlich mit Christos. Wenn sie gewußt hätten, daß ich aus den Bergen gekommen war; aus diesem wie eine Ackerfurche herabgezogenen Horizont, hinter dem K. lag, dieses Dorf mit seinem häßlichen Geruch nach Opposition und Demütigung. Wenn sie gewußt hätten, daß man nur einen schwachen halben Tag lang, nur einen erschöpfenden Vormittag lang querfeldein zu fahren braucht, über die Berge, Hügel und durch die heimtückischen, violettfarbenen bis blautintigen Schluchten, durch das aufwirbelnde rote Mehl dieser peloponnesischen Erde! Sie ahnten es nicht einmal. Einmal fragte ich den Polizisten hier in Monemwasía, ob er schon daran gedacht habe, daß man ihn Gefangene bewachen lassen könne. Er hat nur ungläubig gelacht.
Man unterhält sich großartig in Monemwasía. Alle waren sie schon in München, Bochum oder Frankfurt, haben für Siemens, Mannesmann oder Krupp gearbeitet, haben dann das mühsam Ersparte mit ihren ratlosen Gedanken und Erinnerungen zurückgebracht. Aber jetzt wissen sie nicht, ob es vernünftig ge-

Griechenland

wesen war, heimzukehren. Natürlich, das Heimweh ... Mir fällt ein, daß ich in K. vergessen habe, die Männer zu fragen, ob sie auch Heimweh hatten. Aber hier: Heimweh. Monemwasía. Gytheion. Kalamáta. Das Heimweh holt sie alle zurück. Christos hat es mir erklärt; viele Male; jeden Abend, wenn wir in seinem Kafenion unten am Hafen auf die Touristen warteten, die staubbedeckt und erschöpft hereingefahren kamen. Man kann in Monemwasía die Uhr danach richten; jetzt noch, solange die neue Straße noch nicht fertig ist. Sieben Uhr, acht Uhr, die Dämmerung wischt über den Felsen und das kleine Dorf. Sie kommen. Zwei oder drei Autos. Und alle schnattern sie dann aufgeregt und enttäuscht aufeinander ein. Sie haben eine uralte byzantinische Stadt erwartet; und erleben ein ganz gewöhnliches griechisches Fischerdorf.

Einige von ihnen fahren immer zurück; sofort. Die anderen übernachten. Irgendwo. Irgendwie. Und am anderen Morgen begreifen sie, daß man zuerst diesen dunklen Felsen, diese knollige Nase forträumen muß; daß man hinauf muß; daß hinter diesem steinigen Absturz das versprochene Wunder verborgen liegt.

Christos mit seinem Heimweh. Und sein Weib am Balkon ihres Hauses, diese unaufhörlich keifende Stimme. Aber auch das würde ihm fehlen, sagt er grinsend. Alles fehlt einem, wenn man sich erst einmal daran gewöhnt hat. Diese verfluchten Delphine, wenn sie die Netze der Fischer zerreißen. Dieser verfluchte Wind, der jede Nacht in den Hügeln rumort. Diese verfluchte Hitze, die einen zurücktreibt in den dumpfen Schatten des Hauses. Er sagt: Ich habe in München soundso viel in jeder Stunde verdient; hier verdiene ich gar nichts. Und in München habe ich soundso viel in jeder Woche für mein eigenes Vergnügen ausgeben können; hier habe ich meine Frau. Und er lächelt verlegen wie jeder Grieche, der von sexuellen Dingen erzählen soll. Und dann sagt er: München war gut. Aber wenn man nur ein griechisches Wort gehört hat, nur etwas, das griechisch geschmeckt hat — man ist verrückt geworden. München war schon gut. Aber nicht für uns Griechen.

Der zerlumpte alte Mann in K., der ein Arzt war und nur dann

Einsamkeit ist ein Messer

wie ein Herr aussah, wenn man nah genug bei ihm war, er hat von diesen griechischen Gastarbeitern gesprochen, als wären sie die letzte Hoffnung. Kein Regime könne sich halten, das ein paar hunderttausend Männer ins Ausland schicken müsse; sie würden heimkehren wie... nein, nicht wie Könige, hat er gesagt; wie Revolutionäre. Das sei es. Die griechischen Revolutionäre. Und man könne ein paar hunderttausend Männer nicht einfach in ein Dorf wie K. verbannen. Man werde sich mit ihnen auseinandersetzen müssen. Man werde ihnen diese Demokratie erlauben müssen, die sie in Europa kennengelernt haben...
Das war eigentlich der Augenblick, daß ich zum erstenmal begriff, weshalb es genügt, einen Menschen in die Verbannung zu schicken. Das ist dann wie eine Operation. Man entfernt ihm das Bewußtsein für die Realität. Und läßt seiner Phantasie nur noch so viel Spielraum, daß er träumen kann. Dieses Regime wird an seinen heimkehrenden Gastarbeitern scheitern, hat der Arzt in K. gesagt. Und er hat sich dabei vor den gleichmütigen oder auch nur stumpfsinnigen Blicken der Polizisten geduckt — aber ja, wie ein Köter, dem man zu oft in den Bauch getreten hat.
Hier in Monemwasía ist das eine andere Sache. Da muß man seine Träume haben. Oben auf der Kuppe der felsigen Halbinsel die byzantinische Stadt. Die alten Stadtmauern und Bastionen. Der modrige Geruch aus den Häusern. Die schrägen Schatten in den schmalen Gassen. Die alte Dame unter dem schwarzen Schleier, die einen französisch anspricht. Die alten Männer an ihren derben Knotenstöcken. Die alten schwarzen Vögel. Keine Kinder. Katzen. Vögel. Grauer Stein. Ockerfarbene Mauern. Keine Kinder in der Stadt. Sie haben Künstler da oben, erzählt Christos. Das seien gute Künstler. Maler. Und Teppiche werden geknüpft. Und er war immer ein wenig verärgert, daß ich dieses alte Monemwasía nicht beachtete. Davon werden wir leben, sagte er. In ein paar Jahren, wenn erst einmal die Straße fertig ist. Und wir werden Hotels mit Klimaanlagen haben. Und einen Jachthafen. Und wahrscheinlich auch eine Landepiste für kleine Maschinen.

Griechenland

Das ist er. Der Wechsel auf die Zukunft. Die Belehnung der Vergangenheit. Das Bedauern schlägt in diesen Stimmen unten im Kafenion durch, daß man keine Gottheit reserviert hat; keinen Jahrestag einer blutigen Schlacht. Nur diese Erinnerung an Byzanz und Venedig . . . und diesen gräßlichen peloponnesischen Ballon voll Feuer am Himmel, der einen immer zurücktreibt in den schwülen Schatten der Häuser. Christos zum Beispiel. Und er begreift es auch nach München noch nicht, wie diese Leute aus dem Norden das aushalten. Sie liegen den ganzen Tag unten am Meer, als wollten sie ihren Kopf ins Maul der Sonne stecken, sagt er bewundernd. Und lacht. Einige, sagt er, und in jedem Jahr ist das so — einige müssen wir dann heraufschleppen.
Monemwasía mit seinem Wechsel auf die Zukunft. Und die heiteren Spiele der Touristen drüben in Kalamáta. Ich denke oft an diesen wunderlichen Typographen aus Bonn. Die Schirmmütze schief ins hagere Gesicht gedreht. Und in den Taschen Broschüren und Taschenbücher. Die heftige Stimme seiner Frau auf dem Balkon, wenn sie ihm nachmittags aus dem Homer vorliest. Ich habe ihn auf den Palast des Nestor bei Pylos aufmerksam gemacht; ihm die Bedeutung der Hochhäuser von Mani erklärt; und ihn voll schlechtem Gewissen nach Mistra hinübergetrieben. Mistra hat er mir nicht verziehen. Byzanz interessierte ihn nicht. Er verlangte nach der guten alten Klassik. Einmal deutete ich vorsichtig an, daß ich aus den Bergen gekommen sei; daß da ein Dorf namens K. existiere; und ob er sich vorstellen könne, daß dort Verbannte leben . . . Sein Blick war von eisiger Gleichgültigkeit. Er murmelte etwas von Einmischung in innere Angelegenheiten. Der Geschichte dürfe man nicht in den Arm fallen, erklärte er dann hochmütig und schlurfte davon, seinem geliebten Homer entgegen.
Monemwasía mit seinem Wechsel auf die Zukunft. Einmal bat mich in Kalamáta eine junge Frau, ob sie mitkommen dürfe nach Monemwasía. Sie war aus dem ägyptischen Alexandria gekommen; geflüchtet. Mit einem wackeligen Kahn, der rostig und krächzend durch das Libysche Meer schaukelte. Es seien nur noch ein paar Griechen in Alexandria, erzählte sie. Alle kom-

men sie jetzt zurück. Und sie selber habe schon einen Vertrag für Saloniki. Sie nannte mir den Namen des Lokals. Eine Spelunke am Hafen. Aber Monemwasía... und bevor sie nach Norden fuhr, wollte sie Monemwasía gesehen haben. Ihr Vater habe immer davon erzählt. Von der uralten Stadt hinter dem Felsen. Von dieser Bucht, die wie eine weitgeöffnete Muschel in das Land einbricht. Diese Frau, dieses Mädchen. Sie wohnte damals seit ein paar Wochen im »Rex«, einem stickigen, schmalbrüstigen Hotel im Zentrum. Wohnte, na ja. Sie sah aus wie ein Mischling. Die Haut olivfarben. Die Augen schräg und feucht. Eine Griechin aus Afrika. Jetzt kehren alle zurück in die Heimat, sagte sie. Es machte ihr anscheinend nicht viel aus, daß sie auf dem besten Weg war, eine durchschnittliche Hafennutte zu werden. Sie fuhr damals nicht nach Monemwasía. Deutsche Touristen nahmen sie mit; nach Athen oder Návplion.
Das sind die Erinnerungen, die man hat. Griechenland und das, was dahintersteckt. Der Schrei der Esel in der Nacht. Die nervösen Hunde am Strand. Und das »Platania«, in einem kleinen Dorf bei Kalamáta, wo sie nach Mitternacht ein paarmal ihren heißgeliebten Theodorakis spielen. Auch das ist überall gleich in Griechenland. Diese Bouzouki-Tavernen und der verbotene Genuß einer Musik, die man über jeden Radiosender hereinbekommt. Christos, mit dem ich darüber redete, behauptete allen Ernstes, er habe noch nie etwas von diesem Theodorakis gehört. Und der junge Polizist, der mit uns am Tisch saß, nickte erfreut und sagte, das sei schon vernünftig; und überhaupt: Fußball sei immer noch besser.
Das sind die Erinnerungen, die man hat. Ein Dorf namens K. und der kalte, graue Nebel, der über den kalten, grauen Steinen liegt. Ein paar Verbannte, die wie Schatten zwischen diesen Steinen hängen. Und die stumpfsinnige Aufmerksamkeit der Polizisten. Aber wenn man von Kalamáta nach Monemwasía hinüberfährt, kann man an der neuausgebauten Straße bei Gytheion schon die Parolen lesen, die sie nachts auf die Brücken und auf den Asphalt schmieren. Es sind hilflose Parolen; gutgemeint und töricht. Und immer kauern dann einige Soldaten verdrossen unter der prallen Sonne und plagen sich damit ab,

Griechenland

diese Parolen wieder zu entfernen. Und die paar Griechen, die nach Monemwasía unterwegs sind, riskieren nicht einmal einen Blick. Sie sind an Parolen nicht mehr interessiert.
Das sind die Erinnerungen, die man hat. Die hämmernde Hitze. Der stöhnende Wind. Das keuchende Meer. Die lodernde Schweigsamkeit des nächtlichen Himmels. Der kühle Schatten des Felsens von Monemwasía draußen im Meer, dieser Wechsel auf die Zukunft. Man werde sich um Kredite bemühen müssen, meint Christos; meint der Bürgermeister; meinen sie alle hier. Und kauern abends genießerisch an den paar nackten Tischen des Kafenions, warten auf die Ankunft der Touristen, grinsen, wenn wieder eines dieser halbnackten Weiber aus einem staubbedeckten Wagen klettert; und dann, nach den unerläßlichen Minuten der genießerischen Betrachtung, erhebt sich der junge Polizist, rückt seine Mütze zurecht und erledigt seine delikate Amtshandlung. Man müsse die Blößen einer Frau vor der Hitze bewahren, läßt er mir einmal durch Christos übersetzen. Das habe nichts mit Gesetz und Sittlichkeit zu tun; das sei pure Nächstenliebe... und beide lachen sie und begreifen diese Menschen nicht. Wie kann ein Mann seiner Frau das nur erlauben, wundert sich Christos. München hat an seiner griechischen Schamhaftigkeit nichts zu ändern vermocht.
Das Leben in Monemwasía kann manchmal herzzerreißend sein. Man muß nur die Erinnerung vergessen, die man mitschleppt wie üblen Ballast. Man muß nur das Erlernte vergessen; das Einstudierte. Ich vergesse den Felsen und die uralte Stadt dahinter; manchmal... aber ja, ich wandere durch die leeren Gassen, lehne an einer Balustrade, unterhalte mich mit Madame in einem skurrilen Französisch, rauche mit den alten Männern an ihren derben Knotenstöcken ein paar Zigaretten ein Museum. Das ist es. Man muß das vergessen. Byzanz und Venedig. Und den gewalttätigen und doch so machtlosen Auftritt der fränkischen Ritter. Ihre lächerlichen Königreiche. Ihren lächerlichen Größenwahn. Im Gasthof, in dem ich Quartier genommen habe, erzählt man mir, daß es heute noch Nachkommen des schrecklichen Ibrahim gibt, dieses mordlüsternen ägyptischen Paschas, der den ganzen Peloponnes verwüstet

hat. Und ich bin dann einen ganzen Abend lang auf der Suche nach wulstigen Lippen und krausem Haar — Erinnerungen, die nichts taugen. Man muß das Wasser von Monemwasía getrunken haben, dieses kalte, frische Quellwasser. Man muß den roten Retsina von Monemwasía getrunken haben. Nur eine Flasche, erklärt der Wirt im Gasthof; nur eine Flasche für einen kräftigen Mann, damit er einschlafen könne. Man muß nachts mit einem dieser morschen Kutter hinausfahren. Und im Schein der Karbidlampen dann die Geschwader der Fische. Schön auf eine herzzerreißende Weise; das ist es — wenn man ein Dorf namens K. vergessen kann.
Und die Touristen kommen und gehen. Einmal schaukelt ein Pullman-Car voll verwelkter Engländerinnen in das Dorf am kleinen Hafen. Es ist Mittag. Die Sonne hängt wie eine schwangere Frau am Himmel. Und wenn man die Hand bewegt, glaubt man, die heiße Luft verbrenne einem die Haut. Niemand rührt sich, um die Engländerinnen zu empfangen. Der Chauffeur weigert sich, hinauf in die alte Stadt zu fahren. Nach einer Viertelstunde, nach zwanzig Minuten kehren sie wieder um, fahren zurück nach Kalamáta oder Trípolis. Am Abend wird darüber diskutiert. Sie hätten nicht nach Geld ausgesehen, meint ein krummbeiniger Fischer. Und der Polizist sagt: England ist nicht mehr das, was es einmal war. Nur Christos schweigt lange Zeit. Er schweigt so lange und so beharrlich, bis ihn schließlich alle erstaunt anstarren. Dann zuckt er die Achseln. Wenn aber die Straße erst einmal fertig sei, sagt er, diese Landepiste... und die Hotels mit den Klimaanlagen... Was dann? Es sei zu heiß gewesen, sagen alle. Und man könne nicht zur Mittagszeit kommen; das wisse man. Ja, sagt Christos, wir wissen es. Aber die Touristen...
Das war das erste Mal, daß man nicht ganz glücklich schien. Die neue Zeit, der Wechsel auf die Zukunft. Alle waren nachdenklich, als sie an diesem Abend auseinandergingen.
Ich hätte sie schon beruhigen können. Man baut an der neuen Straße; natürlich. Aber mehr als ein Preßluftgerät, mehr als zehn Arbeiter habe ich nie zählen können. Monemwasía hat noch ein wenig Zeit.

Die schmutzige Sonne

Diese peloponnesische Sonne. Und diese demütigende Erschlaffung, wenn sie einen sieben, acht Stunden lang gepeinigt hat.
Die Nationalleidenschaft der Griechen ist passive Ekstase, sagt K., als ich erschöpft vor seiner Taverne sitze. Er sagt das lakonisch; ein disziplinierter Skeptiker. In mir müssen Sie einen negativen Griechen sehen. Ich kann mich nicht einmal damit abfinden, daß alle Angelsachsen und die meisten Deutschen von unserer romantischen Lethargie schwärmen. Denn das ist unser Tod. Wir begreifen das bloß nicht; wir begreifen gar nichts.
K. hat ein Gesicht wie aus einem attraktiven französischen Film, der trotz allem in Cannes durchfällt: durchtrieben und wachsam, natürlich ein paar Falten, natürlich ein paar erste graue Haare; und ein Psychologe würde wahrscheinlich entdecken, daß die Augen so etwas wie Grausamkeit verraten — als ob wir nicht alle unsere höchst private Grausamkeit brauchten, um überhaupt noch überleben zu können. Aber K. ist in Myli zur Welt gekommen; das ist ein kleines Dorf an der Nationalstraße, nur einige Kilometer südlich von Návplion, wo er jetzt seine Taverne hat, seinen Schnapsladen. Auf Rhodos im Grandhotel dann die Hotelfachschule. Er sei die Nummer eins gewesen in seinem Jahrgang. Man muß ihm das glauben. Zwei Jahre arbeitete er für die Fahrkarte nach New York; und blieb zehn Jahre drüben. Koch, Kellner, Barmixer, ein halbes Dutzend Sprachen und immer die Nummer eins im schrägen Schatten der Freiheitsstatue. Dann kam er zurück, investierte sorgfältig das Ersparte, eröffnete seinen Laden angesichts des verführerischen Golfes, des blauen Meeres mit den winzigen Schmutzbällchen, von denen die nach Griechenland strömenden Touristen hartnäckig behaupten, das sei nur eine vorübergehende Angelegenheit. Heute sagt er: Ein Grieche muß zum gegenwärtigen Zeitpunkt entweder ein aufrichtiger Dummkopf oder ein

Die schmutzige Sonne

verlogener Halsabschneider sein. Und er muß sich vor allem mit den Mangelerscheinungen abfinden. Mangel an Moral. Mangel an Aufrichtigkeit. Mangel an Initiative. Mangel an Kreditmöglichkeiten. Aber wir haben immer noch den König. Auch wenn er jetzt in Rom sitzt. Wir sind immer noch eine Monarchie. Das ist eine besondere Garantie für uns. Das soll man nicht unterschätzen.
Eine Woche später war auch dieser König abgesetzt. Aber da war ich schon in Monemwasía, und die Sonne peinigte mich hartnäckiger als zuvor.
K. sagt: Wir Griechen haben jetzt anderthalb Jahrhunderte alles Angelsächsische bewundert und natürlich auch nachgeahmt. Sie wissen, Byron steckt uns im Blut. Aber das ist falsch. Wir müssen den Stil der Deutschen kopieren. Er sagt: Natürlich darf unser Ehrgeiz nicht so weit gehen, daß wir leben wollen wie die Deutschen. Aber so zu arbeiten — das wäre es.
Manchmal haben diese Gespräche mit ihm etwas Erschreckendes; als ob er alle haßte, die in seine Taverne kommen. Hier betrinken sich nicht nur die Touristen, sondern auch die sogenannten Entwicklungshelfer. K. sagt immer: Das sind unsere Animateure. Und dann grinst er, als wollte er ausspucken. Zwei Deutsche zum Beispiel. Sie kommen regelmäßig gegen acht Uhr abends, essen ihre Pizza, fangen zu trinken an. Sie haben mit Bewässerungsanlagen zu tun, stammen von einer bekannten westdeutschen Universität und arbeiten jetzt für die griechische Regierung. Noch ein paar Jahre, sagt der eine, selbstverständlich ein radikaler Jungsozialist mit Vollbart und ungeheurem Bierdurst, noch ein paar Jahre, und das hier ist ein Garten Eden. Wir bringen diesen Leuten schon bei, wie man trockenes Land bewässert. Eines Tages frage ich ihn, warum er ausgerechnet für die griechische Regierung arbeite; er, ein radikaler Sozialist. Er schaut mich erstaunt an. Aber das hat doch mit meiner Arbeit absolut nichts zu tun, sagt er dann. Wasser ist Wasser, da kann man doch keine politische Färbung 'reinschwindeln.
Später dann K., der dieses Gespräch mit angehört hat: Ich sagte schon, wir müßten so sein wie diese Deutschen. Sie korrespon-

Griechenland

dieren mit unseren Flüchtlingen. Jeder von ihnen hat seinen Paradeflüchtling. Das ist alles sehr herzzerreißend und sehr ideologisch; mit viel Marx natürlich. Aber hier bewässern sie der Regierung den ausgetrockneten Boden. Das ist deutsche Klasse. Er sagt: Wenn wir das nur erreichen könnten, auch so zu sein — wir wären unschlagbar und großartig.
Diese peloponnesische Sonne. Und die Touristen haben Návplion, das sie auch im Winter nie völlig aus der Hand geben, endgültig zurückerobert.
Im »Rex«, wo ich wohne, in diesen winzigen Kammern, in denen man nachts schweißgebadet nach Luft ringt, rührt sich gegen acht Uhr abends immer das Leben. Dann stürzen sich die Touristen wie gesittete Wölfe auf das miserable Menü und schütten literweise das lauwarme Wasser, das man ihnen auf den Tisch stellt, in sich hinein. Da ist L. Ein törichter oder auch nur patriotischer Vater hat ihn ausgerechnet auf den Namen eines dieser klassischen Helden Spartas taufen lassen; L., klein und dicklich, immer ein wenig Schweiß auf der glatten ockerfarbenen Stirn, immer ein ängstliches Grinsen auf diesem dicken Mund, er hat um diese Zeit schon seine zwölf Stunden Arbeit hinter sich. Noch ein paar Stunden, vier oder fünf vielleicht; dann ist er endlich auf diese gute, alte, praktische Art erledigt, die man braucht, um Dummköpfe wie ihn vom grüblerischen Denken abzuhalten. Dann wird er völlig erschöpft ins Bett fallen. Er ist jetzt dreiundzwanzig. Und sein Lohn besteht aus einigen zerknitterten Geldscheinen, die man ihm einmal im Monat wie ein Almosen in die Hand drückt; ich habe mir das umgerechnet: knapp sechshundert Schilling. Und sein Lohn besteht aus zwei warmen Mahlzeiten, und wenn er Glück hat und nicht gerade beschäftigt ist, kann er sie in einem dunklen Winkel des Hotels auch tatsächlich hinunterdrücken. In ein paar Jahren, wenn die Direktion, die Eigentümer genug an ihm verdient haben, bekommt er ein Zeugnis in die Hand gedrückt. Denn das »Rex« ist eine Hotelfachschule. Man sagt in Návplion, es sei eine sehr gute Hotelfachschule. Ich bezweifle das. Und die Mädchen und jungen Männer, die hier ihre Praxis absolvieren, bezweifeln das auch. L. zum Beispiel.

Die schmutzige Sonne

E. zum Beispiel, zweiundzwanzigjährig, ein derbes, freundliches Mädchen, das mit seinen kräftigen Händen, mit seinen muskulösen Armen die schweren Koffer der Touristen bündelweise in die oberen Etagen schleppt. X. zum Beispiel, achtzehnjährig, ein dummer Bauer aus Trípolis, aber anstellig, hilfreich. Natürlich läßt man ihn die Toiletten säubern, die Korridore und Treppen. Sprachen lernen sie keine. L. sagt: Man muß sich alles selbst beibringen, denn über Servieren und Treppenputz kommt man hier kaum hinaus. Und Kofferschleppen. Und die Küchenabfälle sortieren. Das ist die neue Form der amerikanischen Ausbeutung für uns Griechen. Das ist ein neuer Imperialismus, den man an uns ausprobiert. Er sagt das sehr freundlich. Er lächelt sogar dabei. Aber L. lächelt immer. Eigentlich hätte er jetzt in der Schweiz sein sollen, erzählt er. Verbindungen wären vorhanden, eine bescheidene Position zugesichert. Man hätte lernen können; man hätte leben können. Er lächelt. Eine billige Arbeitskraft behält man, sagt er. Ich muß natürlich ein Zeugnis haben. Das gibt man mir nicht. Er sagt: Durch mich erspart man sich hier einen Portier, einen Speisenträger, einen Etagenkellner, einen Laufburschen. Das macht in der Regel dreieinhalb Leute aus, die man sonst entlohnen müßte. Das macht einen irgendwie stolz.
K., dem ich diese Geschichte erzähle, schüttelt den Kopf. Die Griechen taugen nichts, sagt er. Man darf keinen Griechen an Touristen heranlassen. Entweder wird er sie miserabel bedienen. Oder er wird ihnen erzählen, daß der Mann auf dem Denkmal vor dem Hotel — und Standbilder haben wir ja genug in Griechenland — sein Urgroßvater gewesen sei; väterlicherseits. Und daß er natürlich hundert Türken niedergesäbelt hat, bevor sie ihn aufknüpften in Trípolis oder Návplion oder sonstwo in diesem verfluchten Land. K. sagt: Griechen kann man entweder nur demütigen oder aber sich gegenseitig umbringen lassen; als Kellner taugen sie nichts.
Er hat dieses Problem auf seine Weise gelöst; rationell; und mit einer Spur Zynismus. In seinem Schnapsladen arbeiten junge Mädchen aus Holland, Kanada, Deutschland und England; das sind ausnahmslos junge, romantische Geschöpfe, die das Land

der Griechen mit der Seele erfahren wollen, aber zuwenig Geld haben, um sich ordentlich umzutun. K. läßt sie bei sich arbeiten; als zweifelhafte Entlohnung dürfen sie in seinem Quartier schlafen; abwechselnd natürlich. Nach einer Woche, nach vierzehn Tagen setzt er sie auf die Straße. Er sagt: Kein Grieche kann in einer solchen Zeit sein Geld mutwillig verschenken. Dann könnte man ja gleich heiraten ...
Es ist bequemer so. Und billiger.
Und die Touristen wandern wie fette Delphine durch Návplion, immer auf der Suche nach einer historischen Monstrosität, nach einem Motiv, auf das sie ihre klickenden Kameras ansetzen können. Ganze Armeen von Touristen wandern durch diese absterbende Stadt und begreifen nicht, daß das Leben, das ihnen für ihre Devisen hier vorgespielt wird, nur noch der dritte Akt einer Schmierenkomödie ist.
Im Hotel laden sie mich seit Tagen schon in ein Bouzouki-Lokal ein. Sie sagen, das sei das beste am ganzen Peloponnes. Sie sagen, das sei noch eines dieser echten, ursprünglichen Bouzouki-Lokale ohne Verstärkeranlagen und Touristen. L. sagt freundlich: Dort findet man uns Griechen noch so, wie wir wirklich sind. Dort lacht der Polizist noch, wenn ein Theodorakis gespielt wird. Aber sie haben nie Zeit, mit mir in dieses Dorf zu fahren, wo es diese sagenhafte Taverne geben soll. Sie sagen: Das sind nur zehn oder zwölf Kilometer, das sind nur ein paar Minuten mit dem Auto. Aber sie haben nie Zeit. Und wenn sie Zeit haben, sind sie zu müde und fallen mit ihrer verzweifelten Erschöpfung in die Betten. Der deutsche Vollbart und Jungsozialist sagt enthusiastisch: Das ist großartig. Das muß man unbedingt mitmachen. Er sagt, das werde er mir schon zeigen, und die Weiber, die dort auftreten, habe er alle schon im Bett gehabt. Und K. grinst, als wollte er ausspucken; und später sagt er: Das ist dieser glatte, ordentliche Stil der Deutschen, den man bewundern muß. Das ist es, was wir Griechen kopieren müssen. Das ist die Klasse, die wir brauchen. Natürlich gibt es in diesem Lokal keine Frauen. Natürlich lügt dieser deutsche Ingenieur. Aber Klasse ist es doch. Wir Griechen können das nicht.

Die schmutzige Sonne

Und so ging das eine Woche lang hin und her. Ich fuhr inzwischen nach Süden hinunter, fuhr an die arkadische Küste, nach Siloskastros und Leonídhion. Ich traf ein Dutzend und mehr Ärzte, Lehrer, Journalisten, Kaufleute: alles Verbannte; alles von der Welt abgeschnittene, vergessene Existenzen in der einsamen Wildnis des südlichen Peloponnes. Ich nahm als immerzu angetrunkener Ehrengast mit anderen immerzu angetrunkenen Ehrengästen an einer merkwürdigen und unvergeßlichen griechischen Bauernhochzeit teil. Ich fuhr auf einem hochbordigen, schwankenden Kutter hinter Delphin und Hai hinterher. Und die peloponnesische Sonne peinigte mich wie ein Skorpion. Und die Nächte waren eine Verheißung aus flammenden Sternen und gelbem Riesenmond.

Dann fuhr ich zurück nach Návplion. Dann ging ich wieder ins »Rex«, wo man mich freundlich und erschöpft empfing. Dann ging ich abends in die Taverne von K.; und den König hatte man inzwischen abgesetzt, und K. grinste, als wollte er ausspucken. Er sagt: Die Amerikaner haben gute Arbeit geleistet. Zuerst haben sie uns die Freiheit abgekauft. Und jetzt haben sie uns den König gestohlen. Er betrank sich an diesem Abend auf eine sehr methodische, sehr ernsthafte Weise mit rotem Retsina, und ein paar blasse, großäugige Mädchen aus Holland oder Deutschland standen ein wenig verloren hinter der Theke und hatten ein paar andere blasse, großäugige Mädchen aus Kanada oder England abgelöst.

Und das war also der Abend, an dem ich doch noch in das sagenhafte Bouzouki-Lokal kam.

Eine Gesellschaft von Taubstummen feierte irgendeinen Geburtstag oder irgendeine Taufe oder sonst irgend etwas. Wir begannen damit, einander Nachrichten und Verrücktheiten auf Zigarettenschachteln und feuchten Servietten aufzuschreiben. K. feierte den Verlust seines geliebten Königs. Wir begannen damit, uns zu umarmen und die Amerikaner zu verfluchen. Der deutsche Vollbart und Jungsozialist feierte sich selbst oder sein großartiges Wasserwerk. Und ich begann damit, seinen Bart büschelweise auszureißen. Ich feierte ... aber was feierte ich? Meine Erschöpfung? Meine Trauer? Die Schmierenkomödie von Návplion? Den verstümmelten Leib Griechenlands, dem ich überall in seiner ganzen Erbärmlichkeit und Erniedrigung begegnete. Die Taubstummen neben mir lallten vergnügt vor sich hin. K. begann damit, seine blassen, großäugigen Mädchen auf die Straße zu werfen. Damit sie endlich begreifen, wo man Griechenland wirklich suchen muß, schrie er dabei. Er war vergnügt. Er war auf seine zynische, traurige Weise vergnügt. Und dann begannen wir damit, leere Gläser und volle Flaschen gegen die Wand zu werfen, und K. sagte, das könnten wir genauso gut in diesem hervorragenden, einzigartigen, echten Bouzouki-Lokal erledigen, und wir fuhren sofort los. Die ganze wüste, traurige, angetrunkene Gesellschaft. Die Taubstummen. Der deutsche Vollbart und sein Freund. K. und ich. Und noch ein paar Griechen, Fischer, Kellner, Tagediebe. Die Taverne, zehn Autominuten von Návplion entfernt, war ein großer Schuppen mit Holztischen und Holzbänken, und als wir hinkamen, war das griechische Publikum schon dabei, Teller und Flaschen vor die Füße der Tanzenden zu werfen. Natürlich gab es eine Verstärkeranlage. Natürlich war das ein Kommerzladen. Aber es herrschte diese großartige, verrückte griechische Stimmung voll trauriger Heiterkeit, und die jungen Burschen, die auf der kleinen Tanzfläche vor der Vier-Mann-Kapelle ihre ernsthaften Figuren drehten, waren auf diese solide Weise betrunken, die man braucht, um seine Tränen in einen Bouzouki oder Sirtaki fließen zu lassen. K. neben mir war wie wild vor Heiterkeit, und er krallte sich an meinem Oberarm fest und schrie mir unsinnige Erklärungen ins Ohr, und ich sah wie betäubt zu, wie die tanzenden, jungen griechischen Männer zu Boden sanken und die uralte griechische Erde mit ihren demütigen, verschwitzten Handflächen berührten. Und ich sah zu, wie sie verzweifelt gegen die Türken kämpften und heroisch zugrunde gingen. Und ich sah zu... nein, es war eine Verrücktheit. Es war eine griechische Schmierenkomödie. So sah diese Schmierenkomödie aus. Und unten im Süden hungerten sich zehn oder zwanzig griechische Intellektuelle langsam die Seele aus dem Leib. Aber sie gaben nicht auf. Sie krochen nicht zu Kreuz. Sie schworen keinen

Die schmutzige Sonne

dieser griechischen Meineide. Und drüben im Epirus dressierten sie die jungen italienischen Faschisten auf diese neuartige Guerilla-Taktik, derzufolge man den Gegner von hinten angeht und ihm zuerst einmal mit beiden Daumennägeln die Augen herausdrückt. Und in den Polizeigefängnissen quetschen sie den männlichen Gefangenen die Hoden ab und stecken den weiblichen Häftlingen splitterige Holzstücke in den Geschlechtsteil... War das nicht alles eine griechische Schmierenkomödie? Und wir applaudierten und klatschten den harten, raschen Rhythmus mit. Und dann sprang einer der Taubstummen, ein sehniger junger Bursche, auf unseren langgestreckten Tisch und tanzte wie ein Satyr zwischen den Gläsern und Flaschen und Tellern. Und es war schon merkwürdig, wie dieser taubstumme Mensch die Musik begriff; wie diese Musik in ihm selber war; wie er sie herausholte aus den Abgründen seiner verlotterten griechischen Seele. Und er tanzte mit dieser berserkerhaften Wildheit, mit dieser großartigen Obszönität, für die alle diese photographierwütigen Touristen einen halben Monatslohn hergegeben hätten. Aber da waren keine Touristen; aber da war nur der Staub und der Lärm und der Schmutz und die Musik der Griechen.
Und als ich gegen vier Uhr früh endlich ins Hotel kam, hockte L. schlaftrunken in der Rezeption. Er hatte auf mich gewartet. Man wisse in einer solchen Zeit nie genau, was einem zustoßen könne, erklärte er freundlich gähnend. Und da habe er gedacht, es sei besser, wenn er auf mich warte.
Die Touristen fallen wie wütende Ameisen über Argolis her. Tag für Tag. Schwitzend und ausdauernd und photographierend. Návplion. Epidaurus. Mykene. Das wird angefahren, besichtigt und abgehakt. Einmal redet mich in Tolon ein Lehrer aus Österreich an. Das sei ein wunderbares Land, schwärmt er. Gleich hinter dem Badestrand die Spuren der Geschichte. Ja, sage ich, hier hat die Demokratie begonnen. Ja, sagt er eifrig, hier hat sie tatsächlich begonnen. Ja, sage ich, hier ist die Demokratie unters Fallbeil gekommen. Ja, sagt er. Dann stutzt er. Dann schaut er mich befremdet an. Ein Lehrer aus Österreich. Ein braver Mann. Ihm gefällt Griechenland.

Griechenland

Und hinter Tolon, ein paar Kilometer hinter Tolon an einem dieser weiten, weichen, endlosen griechischen Strände komme ich eines Tages in ein kleines schäbiges Lokal, aber ich habe Durst, ich bin hungrig; ein paar Oliven, etwas Käse, ein Schluck Wein, denke ich, mehr braucht es nicht zu sein, und die Sonne und die Fliegen und die salzige, sandige Hitze zwischen den Zähnen. Ein junges, schlampiges Weib kommt schließlich herangeschlurft. Ich stottere einige griechische Fragen. Sie antwortet deutsch. Nein, sie könne mir nichts aufwarten. Aber das sei doch eine Taverne; sogar als Hotel habe man diesen Laden bezeichnet. Nein, sagt sie, sie dürfe mir nichts verkaufen. Und dann erfahre ich, daß man ihrem Mann noch keine Konzession gegeben habe, weil er zu lange in der Bundesrepublik gewesen sei, weil er politisch unzuverlässig sei, weil er sozialistische Neigungen habe, weil man das alles erst überprüfen müsse. Und sie haben ihr ganzes Erspartes in dieses Haus gesteckt. Und ihr Mann ist nach Saloniki hinauf, um Arbeit zu finden. Sonst müssen wir verhungern, erklärt sie sachlich. Zurück in die Bundesrepublik könnten sie nicht mehr, weil sie ja jetzt unzuverlässig geworden sind und natürlich auch keine Papiere mehr bekommen. Und dann die Polizisten, sagt die junge Frau; und ihre Augen sind voll Haß. Es ist überall die gleiche elende Geschichte von Bestechung und Willkür, von Anmaßung und Habgier. Diese schrecklichen Polizisten, die das Land terrorisieren. Diese schrecklichen Analphabeten. K. zum Beispiel. Er hat das Trottoir vor seinem Laden auf eigene Kosten reparieren lassen. Aber dann kamen die Polizisten und verlangten dafür ein Bußgeld. Er bezahlte und riß die Steinplatten wieder heraus, kratzte den aufgeschütteten Kies mit eigenen Händen vom Boden, entfernte die von ihm eingesetzten Randsteine. Und die Polizisten kamen noch einmal. Und er mußte noch einmal Bußgeld bezahlen. Dann begriff er endlich. Dann ließ er sie endlich in seine Taverne hinein; als seine Gäste natürlich. Aber die junge Frau hier hat nichts, womit sie die Polizisten bestechen könnte. Sie sagt: Und das, was diese Schweine haben wollen, bekommen sie nicht. Und ihre Augen sind dunkel vor Haß.

Die schmutzige Sonne

Das griechische Elend. Die griechische Schmierenkomödie. Und die perfektionierten, stereotypen Methoden der Touristen. Die Ahnungslosigkeit der Touristen.
Manchmal fahre ich abends hinunter an die arkadische Küste, Sonnenuntergänge betrachtend, die so miserabel schön wie ein Fernsehabend sind. Aber das alles kann man nicht beschreiben: die Farben des Meeres, die Stimmungen des Meeres, der Wind in den Olivenbäumen ...
Manchmal sitze ich bis in den grauen Morgen mit K. zusammen. Einmal erzählt er mir mit flacher, ausdrucksloser Stimme, was er alles geplant gehabt habe. Er ist tüchtig. Er verdient Geld. Er sagt: Aber das alles nützt mir nichts. Ich brauche viel Platz, um leben zu können. Ich brauche Luft, um atmen zu können. Hier stecke ich wie in einem Engpaß ... Und er läßt offen, ob er damit seinen Schnapsladen meint oder die griechische Situation. Ich frage ihn, ob er nicht wieder verkaufen würde; nach Amerika zurückgehen würde. Überallhin, nicht nach Amerika, sagt er. Und dann sagt er: Ich bin ein Grieche. Das Geld, das ein freier Mann verdient, ist köstlicher als das viele Geld, das man im Dienst eines anderen ausbezahlt bekommt. Ich starre ihn verwundert an. Dann frage ich ihn, ob er tatsächlich davon überzeugt sei, ein freier Mann zu sein. Er grinst, als wollte er ausspucken. Er sagt: Ich bin ein Grieche. Ich träume davon, ein freier Mann zu sein. Das muß genügen.

Vom Glück des Egoismus

Im März das Meer von Ierapetra. Das erinnert einen manchmal an eine Frau, die wie verrückt ist und keuchend unter einem arbeitet; als ob sie den Mann über sich hassen würde. So ist das Meer. Manchmal. Es ist wütend. Und es keucht wie eine Frau, die zornig ist, weil sie nicht rasch genug glücklich sein kann. Und es haßt die Mole des kleinen Hafens von Ierapetra. Es haßt die Steine, die Erde von Kreta. Es schlägt mit diesen groben, nassen Fäusten um sich. Und es stöhnt mit einer Stimme, die Mordlust verrät und Niedertracht. Dieses winterliche Meer, das südlich vor Kreta und Ierapetra liegt wie eine wütende Frau... das stampft und dröhnt und ächzt; das zerreißt den fahlen Himmel; und zerbricht donnernd an der Südküste Kretas.
Seit ein paar Tagen, seit einer Woche haben die Fischer nicht mehr ihre Fanggründe anlaufen können. Die schweren Grundseen vertreiben den Fisch, der vor der libyschen Küste steht. Und die Sardellen, die bei diesem Sturm zu haben sind, lohnen die Gefahr nicht. Noch gibt es in Ierapetra keine Hotelkomplexe; noch gibt es hier keine Touristen, die um jeden Preis zu füttern sind. Ein, zwei Jahre noch... dann wird sich auch hier die Welt verändert haben.
Aber in der vergangenen Nacht sind ein paar Boote ausgelaufen. Ein Mann muß etwas riskieren. Das hat nichts mit Mut zu tun; oder nicht nur mit Mut. Das ist eine Sache des Hungers; der unbezahlten Rechnungen. Das ist vielleicht auch eine Sache des Respekts, den man vor sich selber haben muß. Und während die letzten Hippies, die seit einigen Jahren wie schmutzige Zugvögel dieses Ierapetra überfallen, in ihre Quartiere gewandert sind, haben einige Fischer das Risiko auf sich genommen. Ein Mensch muß ziemlich verzweifelt sein, wenn er Anfang März in dieses tobsüchtige Libysche Meer hineingeht. Er muß verzweifelt sein; und er muß mutig sein, wenn er das schaffen will; wegzukommen von der gefährlichen Küste; die

Vom Glück des Egoismus

schweren Brecher zu überstehen, die wie eine Barriere vor der Küste stehn; eine Barriere aus Wut und gischtendem Schaum. Und sie haben das fertiggebracht. Sie sind durchgekommen. Aber es war nutzlos gewesen.
Am Morgen sind sie heimgekehrt. Der Sturm hat sich etwas gelegt gehabt; ein paar Stunden lang würde die See jetzt rauh sein. Sie sind heimgekehrt, das ja. Aber sie waren wie Soldaten, die man gedemütigt und lächerlich gemacht hat. Eines der Boote ist fast völlig zertrümmert gewesen; der geknickte Mast sah aus wie ein Knochen; gelb und spitz und zersplittert. Die Spanten waren zerschlagen; und die ganze Schaluppe hat ausgesehen wie ein toter Fisch, den man schon ausgenommen hat. Und der Mann, dem dieses Wrack gehört hat, lag in einem anderen Boot. Sein Gesicht war zerschlagen wie die Spanten seines Kahns; und das weiße Hemd, das an seinem mageren Leib klebte, war von diesen blutigen Spritzern bedeckt, als wären das Orden. Orden für geleistete Nutzlosigkeit. Denn natürlich haben sie in dieser Nacht keinen einzigen Fisch gefangen.
Das alles war an diesem frühen Morgen, wenn das Licht noch wie trübes Glas ist. Und die tiefhängenden schwarzen Wolken, die wie Farbklumpen über Ierapetra standen; und die rauhe See, die mit einem bösartigen Klatschen gegen die Mole schlug; und das lächerliche Winseln dieses feuchten lauwarmen Südsturms... die Männer haben schweigend gearbeitet. Sie haben ihre Boote mit Motorwinden an Land gezogen. Und die Frauen haben den verletzten Fischer gesäubert und notdürftig verbunden; und später hat man ihn zum Arzt gebracht; und am Vormittag habe ich ihn vor seinem zertrümmerten Boot gesehn... mit dem mächtigen weißen Verband auf seinem Kopf sah er aus wie ein seltsamer Vogel.
Dieses Ierapetra... und man kommt da in etwas hinein, das fast nach Charakter schmeckt. Die ausgedörrten Striche der Fischer über diesen gelben Schnüren ihrer Schleppnetze; die zernarbten Gesichter; die Wunden an den Händen und Füßen dieser Männer. Und die schabenden Geräusche des Meeres an einem sonnigen Nachmittag. Und die kleinen Tavernen vor dem Meer, in denen es nach Fisch riecht... bis du den Trick kapierst;

Griechenland

bis du plötzlich begreifst, daß Charakter, Glück ... daß alles, von dem du glaubst, es sei notwendig, damit man überleben kann, nur eine Sache des Wohlstandes ist. Du stolperst zwischen diesen gebeugten Rücken herum, die über den schadhaften Netzen knien; du schmeckst voll Zufriedenheit das Salz auf deinen Lippen; und du siehst Männer mit diesen uralten Bewegungen arbeiten, die einem fast schon vertraut sind. Kreta ... denkst du. Das Meer. Die Vögel. Fische. Und dieser herbe Geruch nach Salz. Kreta, denkst du; und glaubst, weil du zuschaun darfst beim einfachen Leben, das sei schön. Und in den kleinen rauchigen Pinten kommst du mit anderen Touristen zusammen; und mit diesen unvermeidlichen Hippies ... man ist zufrieden. Der Fisch in der Pfanne; der Ouzo auf dem Tisch; die paar Groschen, die man dafür ausgeben muß ... Leben kann schön sein, denkst du seufzend.
Aber das hast du schon so oft gedacht. Und immer ist es ein Fehler gewesen; immer hat das nur für ein paar Augenblicke gestimmt, für ein paar Stunden. Diese seufzende Zufriedenheit ist wie ein junger Vogel, der aus seinem Nest fällt; man stirbt daran. Man macht diesen gleichen Fehler wie immer. Dieses Kreta ... da mußt du wie einer, der blind ist für die Wahrheit, über diese Insel der meisterhaften Lügner stolpern. Und erst wenn du sie bei ihrer verzweifelten Arbeit siehst, begreifst du den kurzen, wilden Augenblick der Wahrheit.
Diese langen Nachmittage von Ierapetra. Die winzigen Tavernen am Hafen sind überfüllt. Der Märzregen steht wie eine dünne zerschlissene Fahne am verdunkelten Himmel. Und die Hippies flüchten aus ihren Quartieren in eine Gemeinsamkeit, die auch nur eine einzige große Lüge ist. Manchmal sind es noch halbe Kinder, die diese Nachmittage beim Kartenspiel totschlagen; und du starrst ihnen in das leere Gesicht, das sie haben; in die leeren Augen; auf die nervösen Hände, die manchmal zittern, weil sie sich an das Nichtstun erst gewöhnen müssen. Und hinter jeder Stirn vermutest du ein Schicksal; und manchmal redest du mit diesen jungen Leuten; und immer kommst du dir dann vor wie ein uralter Mann, dessen Erfahrungen wertlos geworden sind. Das ist eine andere Welt; das ist etwas, von

Vom Glück des Egoismus

dem du ausgeschlossen bist. Die kleine Stadt begreifst du. Den unruhigen Zorn des Meeres liebst du. Die mühsame Qual der Fischer von Ierapetra ist dir auf eine unheimliche Weise vertraut. Nur diese Hippies... das ist wie eine Mauer, an der man zerbrechen kann. Und die Langeweile auf diesen blassen Gesichtern wird dich irgendwann einmal gewalttätig machen. Diese langen Nachmittage von Ierapetra. Diese gelegentlichen Tröstungen einer schwülen Sonne. Und wenn man auf die graue See starrt, die manchmal grün sein kann und die jetzt im frühen März wie ein riesiges aufgerissenes Aug' einen unaufhörlich anschaut... hinter diesem Aug' voll zorniger Tränen liegt Afrika. Und du stehst am flachen, bleichen Strand und betrachtest die nervösen Wellen, die wie Schlangen auf dich zukriechen; und du schaust nur noch nach Süden; nur noch nach Afrika. Europa ist dir gleichgültig geworden. Und dann gehst du in eine dieser Tavernen und nimmst dir einen Sessel und rückst ganz dicht an einen der Tische heran, an dem die Hippies sitzen; und die Leute aus Ierapetra schaun dich an und wissen nicht, was sie von dir halten sollen; und die Hippies schaun dich an und grinsen. Und sie klopfen rasch diesen tausendmal gehörten Spruch von den lächerlichen Touristen, die verschwinden sollten. Und du schaust sie dir an und grübelst darüber nach, was die Ursache für ihre Verletzlichkeit sein könnte; für diese Hilflosigkeit, die sie dich spüren lassen wie ein räudiger Straßenköter seine Wut. Und dann reden sie über ihre Erfahrungen; und weil sie nicht mehr nach Marokko und Tunesien können, beschimpfen sie ein paar Minuten lang die Araber. Und weil das grüne Gras, das sie über Tanger oder Casablanca hereinbekommen haben, jetzt nicht mehr greifbar ist, wird ihre Wut zynisch und gemein. Und dann unterhalten sie sich über Side an der Südküste Anatoliens; und wie es noch vor ein paar Jahren auf Patmos und Ydra gewesen sei... und die ganze Zeit, während sie reden und dich anschaun wie hungrige Wölfe, möchtest du ihnen sagen, daß auch diese Idylle von Ierapetra gefährlich sein kann. Du möchtest sie nach ihrem Glaubensbekenntnis fragen; nach ihrer politischen Haltung... und du weißt ganz genau, wie dumm das alles ist. Ein

Griechenland

paar hundert politische Häftlinge, die sie da in Griechenland haben. Ein paar hundert politische Korruptionisten. Und ein paar Millionen Griechen, denen das alles allmählich über den Kopf gewachsen ist... das sind alles Dinge, mit denen du diesen cleveren gelangweilten Hippies nicht kommen kannst. Und weil du kein Polizist bist; keiner von diesen Häschern, die man manchmal auf ihre Spur hetzen muß... weil dich einfach die Trostlosigkeit dieses Daseins zornig gemacht hat, möchtest du hingehn und ihnen in die Schnauze schlagen. Und der Atavismus, den du in dir spürst... das tröstet dich; vorübergehend wenigstens.

Wer nach Ierapetra geht, erwartet sich nicht mehr viel vom Leben. Einen Fisch, den man fangen kann. Sonnenuntergänge, die wie Faustschläge sind. Die regenschweren schwarzen Wolken im März. Das aufgewühlte Meer, das seine Wut verströmt wie ein Mensch seinen Haß. Die dunklen verwinkelten Korridore im Hotel Creta... nur wenn das Meer über die Mole kommt; nur wenn es stöhnend vor Zorn den Strand unter sich begräbt; nur wenn nachts der Sturm wie ein Kettenhund heult; nur wenn die Fischer dir wortlos ihre zerrissenen Netze zeigen, in denen der Delphin gewütet hat; nur wenn du dich mit einer dieser alten Frauen, die manchmal wie traurige Krähen ausschaun, über die Preise der Lebensmittel unterhältst und sie dann ratlos die Achseln zuckt und dich anstarrt mit diesem blinden Blick, der nichts mehr versteht... da spürst du noch, daß du auf irgendeine merkwürdige Weise am Leben bist. Und erstaunt denkst du an eine Art Leben, bei dem immer alles selbstverständlich gewesen ist. Die Etagenheizung im Winter, die man gedankenlos angedreht hat. Das Auto vor der Haustür, das man gedankenlos benützt hat. Und sogar dieses mörderische Spiel der Selbstzerfleischung, das man gedankenlos mitgemacht hat. Der ohnmächtige Haß auf ein Leben, das man gedankenlos führt; und irgendwann einmal hat man sich an beides gewöhnt gehabt; an den Haß und an das Leben, das diesen Haß überhaupt erst ermöglicht.

In Ierapetra fällt das alles ab; es wird auf eine selbstverständliche Art unwichtig. Man wird plötzlich von Gerüchen abhängig,

Vom Glück des Egoismus

von denen man glaubt, daß man sie nie mehr vergessen kann; von Bildern, die sich einem einprägen; von diesen kleinen banalen Dingen, über die man drüben auf dem Kontinent immer gestolpert war. Und sogar diese nasse Kälte, die einen umfängt, als wäre man in feuchte Wolle gehüllt ... sogar daran gewöhnt man sich. Und die Freude, die man empfindet, wenn man am nachtdunklen Himmel mit seinem zerfetzten Gewölk einen Stern entdeckt ... diese Freude ist groß genug, um sich an alles andere zu gewöhnen. An die lärmenden Halbwüchsigen von Ierapetra, die es den Hippies nachtun; an diese Hippies, die wie verwahrloste Füchse durch die wenigen Straßen der Stadt streichen; an die Armseligkeit in den sauberen Häusern; an die flüsternden Stimmen und ängstlichen Blicke, wenn über diese verdammte Politik geredet wird. Man taucht ein in eine Welt, nach der man wahrscheinlich immer schon Sehnsucht gehabt hat; nur hat man es nie gewußt. Nur weiß man jetzt, daß man von der Barmherzigkeit des Lügens abhängig geworden ist. Diese Lügen, die einen ins brüllende Meer starren lassen; und man empfindet nichts dabei außer dieser wilden, törichten Freude, dabei zu sein; und an die Fischer, die nicht auslaufen können, denkt man nicht; und an die Schulden, die sie jeden Winter aufs neue haben, denkt man auch nicht; und daß man sich von den Hippies und ihrer arroganten Gleichgültigkeit nicht mehr viel unterscheidet ... daran denkt man natürlich auch nicht.
Die Empfindungen, die man hier an der Südküste von Kreta hat. Gestern, als der Sturm für einige Stunden abgeflaut war, ist ein junges Mädchen ziemlich weit ins Meer hinausgeschwommen. Ein Schwarm Vögel ist dicht über dem grauen Wasser dahingeschnellt; und das hat ausgesehn, als gleite eine große Schlange mit raschen, heftigen Bewegungen über das Wasser. Ein paar hellbraune Wolken haben sich im Osten zu einem Gebirge geballt; und das hat ausgesehen, als ob eine neue Insel mächtig aus dem Meer wachse. Das junge Mädchen ist stetig in diese Richtung geschwommen; und sein Kopf war bald in den kleinen zuckenden Wellen verschwunden. Die Sonne ist warm und tröstend gewesen. Und sogar diese unvermeidliche

griechische Schlagermusik, die aus allen Tavernen am kleinen Hafen dröhnt, hat auf eine komische Weise dazugehört. Glück, auch wenn man andere dafür bezahlen läßt, kann fast preiswert sein.
Der junge Mann, mit dem man sich in seinem leeren Laden unterhält, kommt vom Festland; aus Patras. Er hat das Geschäft geerbt, ist voll Zuversicht nach Kreta gekommen, hat das wenige Geld, das er besessen hat, investiert... Da war zuerst die Überlegung, sagt er, daß man diesem Terror entgeht, den sie bis zur Perfektion beherrschen. Er hat nicht immer Backwaren verkauft; nicht immer gesüßte Milch und wässeriges Eis über den Ladentisch geschoben. Man hat seinen Ehrgeiz gehabt, sagt er. Aber das Leben in diesem Land ist nur noch von Zufällen abhängig. Man darf sich nicht auffällig benehmen. Man muß die richtigen Photos an der Wand hängen haben. Und man muß natürlich immer die richtigen Leute kennen. Aber, sagt er und starrt einen melancholisch an, in diesem verrückten Land können die richtigen Leute innerhalb eines einzigen Tages etwas ganz anderes sein. Eine Gefahr. Verrat. Denunziation. Er sagt das mit dem gleichgültigen Gesicht eines Mannes, den nichts mehr überrascht.
Aber er ist trotzdem nach Ierapetra gekommen; er ist trotzdem mit dieser unsinnigen Zuversicht auf die Insel gekommen; er hat trotzdem diese Erbschaft angenommen, die ihn jetzt fast um den Verstand bringt. Hier, sagt er und wischt mit einem schmutzigen Lappen über den Tisch, an dem wir sitzen... hier ist es genauso schlimm. Und man kommt als Fremder her; und sie warten darauf, daß man einen Fehler macht. Er sagt: Es geht allen hier dreckig. Die Fischer. Die Bauern mit ihren Oliven; und das Geld, das sie für ihre Ernte bekommen, ist lächerlich gering. Aber für das Öl, das sie einkaufen, müssen sie dann den fünffachen Preis bezahlen. Und dann die Gärtner mit ihren Plantagen, die schon längst nicht mehr ihnen gehören. Alle stecken bis zum Hals in Schulden... Aber die Fischer, sage ich, erhalten doch im Winter eine Ausfallentschädigung. Er nickt zögernd. Früher sei das ein Fonds der Königin gewesen, sagt er. Der Bürgermeister habe

Vom Glück des Egoismus

das Geld anfordern müssen, wenn zwei oder drei Wochen lang der Fisch verschwunden gewesen sei. Diese Stürme hier im Süden, sagt er und starrt durch die dreckigen Scheiben seines Ladens aufs Meer hinaus... Er sei vor zwei Jahren im Herbst heruntergekommen, erzählt er beiläufig. Aber im ersten Winter dann habe er nachts oft nicht einschlafen können. Diese gräßlichen Stürme, sagt er und schüttelt den Kopf. Das Geld für die Fischer, erinnere ich ihn. Ja, sagt er, früher... der Bürgermeister hat das in die Hand genommen. Und oft war das auch ein Fischer. Und es war völlig gleichgültig, was einer gewesen ist. Kommunist oder Royalist oder auch nur irgend so ein verfluchter Anarchist. Aber heute! Früher hat jeder sein Geld bekommen; und das war natürlich nie viel; aber die Leute haben gewußt, daß sie sich darauf verlassen können. Heute... Er hat gelacht; und dann unvermittelt gesagt, er sei froh, wenigstens kein Fangboot geerbt zu haben. Später dann hat er zögernd zugegeben, daß man im Sommer schon auf seine Rechnung kommen könnte. Die Touristen, sagt er. Und jetzt wird ein großes Hotel gebaut. Aber das ändert auch nichts mehr daran. Die Touristen gehen wieder. Die Spitzel aber bleiben, sagt er. Und die Polizisten. Und die Schulden, die man machen muß...
Es war ein absurdes Gespräch, das wir geführt haben. In Návplion, Kalamáta... auch in Iraklion: überall haben sie mir das gleiche gesagt. Griechenland sei anders. Hier begreife man die Wut des Volkes erst, wenn man die Köpfe im Straßengraben sehe. Hier sei die Revolution wie eine Überraschung am Nachmittag. Die Offiziere haben das genauso gemacht, hat man gesagt. Und man lernt schließlich. Man versteht, wie man so etwas machen muß. Aber der junge Mann in Ierapetra ist nur verdrossen. Er verflucht die hohen Abgaben, die Steuern, die Verbote... Wozu sollte eine Revolution gut sein, fragt er mich. Es hat allein in Griechenland soundso viele Revolutionen gegeben. Aber geht es dem Volk deshalb besser? Und als ich zögernd die Achseln zucke, schüttelt er befriedigt den Kopf. Das ganze Mittelmeer, sagt er dann, alles das, was rundherum ist, diese ganzen Inseln und Küsten und

Griechenland

Königreiche und Republiken und überhaupt alles... Er schaut mich vorsichtig an und sagt: Das ist eine Kiste voll Dynamit. Da gibt es alles, was nicht sein dürfte. Hunger. Korruption. Mord. Arbeitslosigkeit. Willkür. Alles. Und alles ist wie Dynamit. Aber auch für eine Kiste Dynamit braucht man etwas, damit es zur Explosion kommt.

Und was das seiner Meinung nach sein könnte, frage ich ihn und bin mir jetzt nicht mehr so ganz sicher, daß er nur ein junger Simpel aus Ierapetra ist; einer dieser jungen Burschen, die unzufrieden sind, weil sie noch kein eigenes Auto haben. Aber er schüttelt schon wieder den Kopf. Der Kommunismus, sage ich vorsichtig. Die Anarchie. Die Demokratie... irgend etwas müsse es ja sein. Irgend etwas muß diese Veränderung ja herbeiführen. Diese Explosion.

Er schaut mich nur stumm an. Draußen wühlt das Meer voll Ungeduld. Bald wird wieder Sturm aufkommen. Der Himmel hat sich verdunkelt. Wolken treiben wie zerrissene Segel... als ob schmutzige Wäsche himmelwärts flattern würde; nur der Himmel... er ist fast verschwunden; er ist herabgedrückt wie eine Wand, die stürzen wird. Kommunisten, sage ich mit halblauter Stimme, gibt's die auch in Ierapetra? Der junge Mann, der jetzt plötzlich gar nicht mehr wie ein blödsinniger Simpel ausschaut, läßt sich Zeit mit der Antwort. Menschen, sagt er dann langsam, Menschen soll man nicht auf diese Art unterscheiden.

Und die Nacht, die dann endlich herabbricht wie eine einstürzende Wand, ist voll Sturm. Das Meer schreit jetzt wieder mit dieser lauten, keifenden Stimme, die einen unruhig macht; die einen an Dinge denken läßt, von denen man glaubt, daß man sie vergessen hat. Dieses Meer in seinem schrecklichen Zorn... und die Fischer sitzen voll dumpfer Resignation in ihren sauberen, armseligen Häusern und lauschen auf das Donnern, mit dem die See auf Kreta einstürmt. Im verschachtelten Hotel zittern die Wände, beben die Fenster, klirrt Glas. Eine Frau schreit mit hoher, kräftiger Stimme, bis der plötzlich einsetzende Regen mit seinem harten, trockenen Prasseln alle anderen Geräusche zudeckt.

Vom Glück des Egoismus

Und du liegst wie ein verunglückter Clown in deinem Bett und zitterst vor Freude, daß du das noch erleben darfst. Du weißt ganz genau, daß das alles verrückt ist; daß es nur dein wahnsinniger Egoismus ist, der dich glücklich macht. Aber das Glück, den Sturm zu hören; den Regen herabfallen zu hören; das Meer wie besessen schreien zu hören — dieses Glück entschädigt dich für die Niederlagen, die man hinnehmen muß; für diese dreckige Welt, die man nicht sauberbekommt. Menschen, hat dieser junge Mann, der gar kein Simpel ist, gesagt — Menschen soll man nicht auf diese Art unterscheiden. Und du liegst auf diesem knarrenden Bett in diesem verwahrlosten Zimmer und stellst dir die tobende Nacht vor, die voll von Geräuschen und unheimlichen Farben ist; und es befriedigt dich, daß es etwas gibt, das stärker ist. Das stärker und gewalttätiger ist als alle diese Typen, mit denen man zu tun hat. Hippies und Kommunisten. Polizisten und verunglückte Fischer. Menschen, die resigniert haben — und dein Glück ist fast vollkommen. Ierapetra, denkst du dir; und du läßt den Namen auf deiner Zunge zergehn, während draußen der Sturm die Wellen gegen die Küste drängt. Und die Verwüstungen, die du morgen wieder sehen wirst; diese Verwüstungen durch Armut und Arbeit auf den Gesichtern der Fischer und Bauern; und die Verwüstungen, mit denen sich die Langeweile auf den Gesichtern der Hippies eingegraben hat; und diese andere Art von Verwüstungen, die den jungen Mann, der gar kein Simpel ist, gezeichnet haben ... Ierapetra, denkst du und bist glücklich, weil du noch egoistisch sein kannst; weil du noch vergessen kannst!

Das verrückte Leben

Auf Rhodos an Kreta denken ... das ist diese Laszivität, die man manchmal empfindet, als wäre es Sehnsucht. In der vergangenen Nacht ist der Himmel noch einmal zerplatzt wie ein großer grauer Sack.
Und der Regen strömte dann; alte Frauen weinen auf diese Art; routiniert und gleichmäßig.
Rhodos. Eine Insel für alternde Clowns. Menschen, denen Schmerz zugefügt wird und die das schon für Schicksal halten. Nur dieser anatolische Horizont, der wie ein grauer Elefant in der unruhigen Ägäis watet, macht das erträglich. Rhodos ist ein geordnetes Schlachtfeld, auf dem die Touristen zwar nicht ihre Illusionen verlieren, aber die Hemmungen, die man immer hat, wenn man glaubt, man müsse Charakter haben. Das alles ist Kitsch, an dem man ersticken kann. Das alles sind Tragödien, vor denen man ins Gelächter flüchtet. Die beiden fünfzigjährigen Holländerinnen und ihr betrunkener, hoffnungslos verschuldeter türkischer Konsul; geduldig geben sie das Geld aus, das ihnen ihre Ehemänner fürsorglich mitgegeben haben. Das Raubtierhafte der jungen Mädchen; aber dann stellt man ernüchtert fest, daß hier nur Habgier mit im Spiel ist. Habgier und kleinbürgerlicher Egoismus ... Rhodos, ein parfümierter Alptraum, ein schmollender Mund, etwas zu aufdringlich geschminkt.
Kreta ist die Faust, die diesen Mund schließt. Rhodos nur ein preiswerter Schauplatz für die kleinen geschmacklosen Affären mit ungewissem Ausgang; niemand stirbt daran. Der klebrige Geruch schlecht gelüfteter Touristenleiber. Die selbstvergessenen Schreie der Frauen; schon am Vormittag kichern die Stubenmädchen vor den dünnen Hotelzimmertüren. Und manchmal das überraschte Stöhnen, wenn zwischen den Hotels Natur sichtbar wird; bis das Klicken der Objektive wieder einsetzt; wie Gewehrfeuer ist das.
Eine Mülldeponie namens Rhodos. Und man trifft auf ein Volk,

Das verrückte Leben

das mit dem Unrecht leben muß; und sich daran wie an eine Krankheit gewöhnt hat.
Die Erinnerungen, die man hat und die einem fast das Herz abschnüren. Kreta ... wie die Leidenschaft, die man für seine heranwachsenden Söhne empfindet, ist das. Die dicken selbstzufriedenen Platanen von Knossos; und unter den dunklen, ernsten Pinien das wütende Murmeln der Hummeln. Hier konntest du der Geschichte ins geschminkte Antlitz starren und begreifen lernen, daß sie auch nur aus vertaner Zeit besteht, deren Hysterie Opfer kostet. Und vom möglichen Bürgerkrieg konntest du reden; Polizisten beschimpfen; vom Halsabschneiden und der Anarchie träumen; und Sprengladungen für diesen Militärflugplatz vorbereiten, den sie in den Hügeln bei Kastelli haben. Und dann diese spinnwebartigen Zeichnungen der Windmühlen; immer hast du auf einen Don Quichotte gewartet; und nicht begriffen, daß du selber einer bist. Und der Wind war auf Kreta, als ob er außer Atem geraten wäre; nachts seine heftigen Wutausbrüche. Dann die großen, dicken, kretischen Regentropfen; der Himmel hat einen lachend angespuckt. Diese schönen stürmischen Tage. Dieses schöne aufgebrachte Meer. Und im Hintergrund die große weiße Augenbraue des schneebedeckten Ida.
Jorgo hat mich davor gewarnt, nach Rhodos zu fliegen. Das sei kein Land für Männer, hat er gesagt. Eine Insel für Nutten, die in Hosen schlüpfen.
Und wir sind in seinem altersschwachen Pontiac hinausgefahren nach Knossos; mit diesen keuschen kretischen Mädchen, die er wie ein Zauberer aufgetan hat; mit dieser kretischen Fröhlichkeit, die einem noch unter den schweren Regengüssen des sterbenden Winters ins Gesicht lacht. Und wir sind in dieser winzigen Taverne am Hafen gewesen und haben ein streitsüchtiges deutsches Liebespaar bewundert, das am Nebentisch unter Zorn und Langeweile litt; bis sich dann Jorgo des erschöpften Mannes angenommen hat; bis er das Mädchen, das sich aufgeführt hat wie eine hysterische Primadonna, zur Tür hinausgebracht hat. Am anderen Tag hat er mir grinsend das Trinkgeld gezeigt, das ihm der Deutsche gegeben hat. Das war ein Journalist, dem es

Griechenland

auf Kleingeld nicht ankommt, sagte er zufrieden. Und weil er ihm geholfen habe, seine Ruhe zu finden, habe sich der Deutsche erkenntlich gezeigt. Und nach einer kleinen Pause hat Jorgo nachdenklich gesagt: Diese Mädchen aus Europa, die nach Kreta kommen, ohne daß sie dir einen vernünftigen Grund dafür sagen könnten, sie brauchen Liebe; oder das, was sie dafür halten. Aber ihre Freunde, die zum Beispiel nach Knossos kommen, haben andere Sachen im Kopf.
Er hat sich nie davon abbringen lassen, daß die europäischen Männer ausnahmslos lausige Liebhaber seien; und wahrscheinlich hat er recht. Einmal sagte er bekümmert: Wir brauchen diese Touristen, weil wir das Geld haben müssen. Aber Kreta ist keine Insel für Touristen. Kreta ist wie eine schöne, eigenwillige Frau, die man erobern muß. Mit Geduld natürlich. Mit Klugheit. Und auch mit Härte.
Und was er nicht gesagt hat, daß man das, was man endlich erobert hat, nie mehr vergessen kann.
Hier auf Rhodos, während man die Erinnerungen, die man doch wieder vergessen wird, zögernd aufschreibt ... diese falsche levantinische Höflichkeit, mit der sie einen einschüchtern; und die sie sich bezahlen lassen wie einen Gunstbeweis. Drüben auf Kreta hat mir Jorgo einmal einen Geldschein, den ich ihm gegeben habe, wortlos in die Tasche gesteckt. Dann hat er mich kopfschüttelnd angeschaut; und viel später hat er gesagt: Du begreifst nichts. Und er war auf seinen kurzen Beinen davongegangen; und hat mich einen ganzen Abend lang mit düsterer Verachtung gestraft.
Jorgo — mit diesem Gesicht einer dicken Maus. Aber er war ein Löwe. Aber er kann einem beibringen, dieses Kreta zu lieben. Und ein leidenschaftlicher Rebell, das ist er auch. Und wenn du mit ihm das Grab des Katzanzakis aufsuchen wirst, und wenn du mit ihm nach Fodele hinausfährst, in dieses Dorf des El Greco, das wie eine langsam vernarbende Wunde zwischen den grünen Hügeln liegt, immer wird er dich darauf aufmerksam machen, daß Gott nicht unbedingt in den Kirchen wohnen muß. Und er wird dir beweisen, daß man auch an anderen Dingen Freude haben kann: Eukalyptus, Mandelbaum, Thy-

Das verrückte Leben

mian, Orange. Die Gerüche, die dich überfallen, wenn du erst einmal die Stadt verlassen hast. Diese gelbgefleckten Orangenbäume von Fodele, über denen sich ein Himmel wölbt, der manchmal schon afrikanisch ist. Die Fische draußen in Hersonissos, dieser traurige Nachmittag am Hafen, als du plötzlich begriffen hast, daß dieses Kreta wie ein im Flug getroffener Vogel abstürzen wird. Immer nur ein paar Minuten, immer nur ein paar Augenblicke; und in Iraklion das verwahrloste Haus am Hafen, das einer beim Kartenspiel verloren hat; dann stürzte er sich vom Dach auf die Straße: Selbstmord auf kretische Art. Jorgo hat gelacht, als er dir das erzählte. Und er hat gesagt, daß du das nie verstehen würdest. Ein Mann müsse wissen, daß er lebt. Ein Mann müsse den Mut aufbringen, Dinge zu tun, die verrückt sind.
Worte, die dir auf Rhodos einfallen; und jetzt keine Bedeutung mehr haben. Rhodos. Und in der Hotelbar die Gigolos, die Frauen aus Holland und Schweden, die deutschen Biertrinker und dieser türkische Konsul, der dich später auf einen Drink einladen wird, den du bezahlen mußt. Was für ein Leben! Was für eine Insel!
Noch einmal Knossos. Ein Vogel schrie im Baum. Das Leben war uralt. Und die Touristen wanderten wie traurige Vögel durch eine Landschaft, die von Lehmden sein könnte. Das waren diese enthüllenden Schächte der Geschichte tief hinab ins Geheimnis der Natur. Und das Leben war plötzlich wie ein geborstener Schädel; fröstelnd starrst du auf das, was zurückbleibt. Die Erinnerung wie Trümmer; und dein Gefühl wie zerbrochenes Glas. Griechenland, hast du damals gedacht; und dann: Kreta, was ist das? Ein Stern, ins Meer gefallen; eine Brücke, die unpassierbar geworden ist.
Da war eine Touristin; gelangweilt im grellfarbenen Sarong; und die unvermeidliche Kamera stand vor dem Gesicht wie ein Schatten, den man nicht wegwischen kann; wie blind ist diese Frau über die mächtigen Wurzeln der Platanen gestolpert; wie blind für das Leben, das an ihren frierenden Schultern vorbeiglitt.
Jorgo hat damals gesagt: Das Leben ist verrückt geworden.

Griechenland

Auch auf Kreta. Und wir können nicht einmal mehr lachen, wenn diese Leute kommen, die eine Insel von der anderen nicht unterscheiden können. Er hat gesagt: Wenn ein Mensch nicht mehr lachen kann, ist er so gut wie tot. Und er hat gesagt: Ein paar tausend Jahre Spiegelbild und Beispiel. Aber die Touristen begreifen nichts. Und wir begreifen auch nichts mehr. Dabei ist dieses Knossos, wenn du es dir nur genau genug anschaust, wie eine Warnung. So hört Leben auf; wie ein Knall ist das. Zuerst noch das Gefühl deiner eigenen Unsterblichkeit. Dann der Knall. Dann nichts mehr. Er hat zornig gelacht und gesagt: Nur diese Weiber mit ihren Kameras. Nur daß man darauf warten muß, bis auch Kreta nur noch ein einziges Knossos sein wird.
Aber daran denkt man auf Rhodos nicht. Hier hat man keine Zeit mehr, nachdenklich zu sein. In der vergangenen Nacht hat es seufzend geregnet; jetzt treibt der Sturm das Meer gegen die anatolische Küste. Die Hotelbars sind gefüllt. Und das Leben, das man mit seinen Erwartungen überfallen hat, ist wie ein leerer Sack.
Es ist nicht gut, ausgerechnet auf Rhodos an Knossos zu denken; oder überhaupt noch Erinnerungen an Kreta zu haben.
Da war dieser frühe Morgen von Iraklion. Da war dieser orangefarbene Blitz einer Sonne, die schon über Zypern gewesen sein muß; die schon den Taurus in Flammen gesetzt haben muß. Und du hast vom Fenster deines Zimmers auf den Hafen hinuntergestarrt. Da waren die Schiffe vom Festland. Und am Himmel mit seinen rauchigen Farben, den bald die Sonne leerfegen würde, stand dröhnend ein Flugzeug. Erstaunt hast du es hinter den Häusern im Osten niedergehn sehn; diese irreführende Betriebsamkeit hat dich unsicher gemacht.
Dieser türkische Konsul auf Rhodos ... die Schulden, die er gemacht hat, haben ihm fast so etwas wie Ruhm eingebracht. In dieser vergangenen Regennacht und im Schlepptau der beiden Holländerinnen hat er Griechen beschimpft. Jorgo würde ihn umgebracht haben. Aber auf Rhodos ist Charakter kostspielig geworden. Aber auf Rhodos kannst du wieder einmal die Verwüstungen kennenlernen, die der Tourismus hinterläßt. Das ist

Das verrückte Leben

wie eine Seuche und überfällt die Menschen, die Landschaft; jetzt bauen sie eine Autostraße quer durch die Insel. Und der Türke hat mit seiner schweren alkoholgetränkten Stimme erklärt, daß hinter allem nur die Amerikaner stecken würden. Und ein paar Taxifahrer, die in der Hotelbar gewesen sind, haben protestiert und geschrien, daß sie keine Amerikaner brauchen, um etwas zu leisten. Und die holländischen Frauen haben in ihre Gläser gekichert. Und alles ist so gewesen, wie es in diesem ganzen verdammten Mittelmeer immer ist, wenn erst einmal die Touristen gekommen sind; wenn sie erst einmal Besitz ergriffen haben von einer Insel, von einer Stadt. Und eigentlich hättest du traurig sein müssen; aber du hast nur gelacht.
Und dann fällt einem doch wieder Kreta ein. Iraklion. Fodele. Hersonissos. Und Peza, dieses kleine Dorf in den Hügeln südlich von Iraklion, wo sie seit hundert Jahren diesen Wein haben, den du immer gern getrunken hast. Und die Erinnerung daran: an das traurige, ernste Fodele; an den Thymian von Knossos; ans einsame windumspülte Grab des Katzanzakis... das hat dich diese Schaluppe hier auf Rhodos hassen lassen; das hat dich zornig gemacht. Aber dieser Zorn ist so nutzlos gewesen wie deine Zuneigung zu Kreta.
Jorgo hat einmal gesagt: Die Erde, die wir haben, das Meer, das wir haben, wir zerstören es, als ob unser Leben davon abhängen würde. Wir bauen Flugplätze und Autostraßen; und wenn uns dann der Lärm der Maschinen taub gemacht hat, schreien wir. Aber das ist nur noch Sehnsucht. Er hat gesagt: Du mußt rasch wieder nach Kreta kommen. Bald wirst du es nicht mehr finden; nicht dieses Kreta, das man lieben muß.
Er hätte nach Rhodos kommen müssen; dann würde er gewußt haben, wie das ausschaut.
Der Sturm hämmert gegen das Hotel und entblößt das billige Baumaterial, mit dem man hier Geld verdient. Die Touristen auf ihren Zimmern und an der Bar gähnen vor Langeweile. Der Himmel ist wie Spülwasser; das Meer eine fleckige Trommel mit obszönen Geräuschen.
Du kannst nach Rhodos kommen; aber dann darfst du vorher

Griechenland

nicht auf Kreta gewesen sein. Du kannst diese zivilisierte Schönheit von Rhodos genießen; aber dann darfst du vorher nicht in den Bergen von Kreta gewesen sein. Das hat nichts mit den Göttern zu tun, die sie dort vielleicht noch haben; alle Götter sind sterblich; und alle werden einem irgendwann einmal verleidet. Das hat mit der Schärfe der Luft zu tun; und mit den graugrünen Wogenkämmen, die wie uralte Votivbilder vor Kreta aufstehen. Und es ist im Grunde völlig gleichgültig, ob du Iraklion sagst; oder Rhodos; und auch zwischen Lindos und Hersonissos wirst du anfangs keine großen Unterschiede feststellen können. Es ist das Gewicht deiner Erinnerungen, das dich nach Kreta zurückzieht; das dich an diese harte weiße Flanke des Ida bindet; und dich die dunklen Pinien von Knossos nie vergessen läßt. Das ist diese Haltung, mit der einer in den Tod geht; oder zu einer Frau; oder einfach ins Leben hinein. Und wenn du genug getrunken hast; wenn die Langeweile von Rhodos dich fast schon umgebracht hat... du wirst es diesem verrückten Konsul erklären wollen. Den Unterschied. Die Haltung. Kreta. Aber er wird dich auf eine Weise anschaun, daß du spürst... sie begreifen nichts. Jorgo hat recht gehabt. Er hat immer gesagt: Sie begreifen nichts. Sie begreifen nicht, was Kreta wirklich ist. Sie wissen nicht, daß Kreta so etwas wie eine letzte Spur ist. Man lebt. Und man glaubt an diese leichtsinnige Unsterblichkeit. Man glaubt daran, solange man keine Schmerzen hat und einem das Atmen leichtfällt. Und er hat gesagt: Aber dann... dieser Knall. Diese eine Sekunde, da alles aus ist.
Auf Kreta begreift man das. Sonst nirgends mehr.
Auf Rhodos an Kreta denken... das ist wirklich diese Laszivität, die einen zerstört. Und manchmal fragst du dich, warum tun sich die Menschen das alles an. Die Chartermaschinen. Und die Touristenmenüs. Und die organisierte Rundfahrt. Und diese verwundete Landschaft, wenn sie wieder ein Hotel hingestellt haben. Und diese Narben, die sie hinterlassen; Narben, als ob man mit einem Messer den eigenen Leib aufreißen würde.
Und dann kommt endlich dieser letzte unwiderrufliche Augenblick, da du in die Maschine steigst und davonfliegst. Und es

ist immer noch Regen in der Luft. Und vieles auf dem kleinen Flugplatz erinnert dich daran, was in Griechenland wirklich passiert. Die mürrischen Polizisten. Diese eckigen Weiber, die sie in Uniform gesteckt haben. Und die schroffe Beharrlichkeit, mit der sie nach deinem Paß fragen. Du bist froh, daß es vorbei ist.

Jugoslawien
und der Mythos vom alten Mann

Eine Art Traurigkeit

Ein Sonntag ohne Sonne ist wie eine heiße Frau ohne Mann. Das sagen sie da unten in Dubrovnik; und das leuchtet einem schon ein. Und wenn diese alten Caravelles und Douglas, mit denen die Jugoslawen ihren nationalen Liniendienst besorgen, erst einmal zum Landeanflug auf die Stadt einschwenken, fallen einem noch ganz andere Dinge ein. Das kann dann ein Abenteuer von fast sinnlicher Schönheit sein. Die Inseln, über denen flüchtig der Schatten des tiefergehenden Flugzeuges steht, treiben wie graugefleckte Häute im schimmernden Meer. Der Horizont ist von rauchfarbener Sanftheit. Und das Meer ist dann taubengrau und bleifarben, wechselt über in dieses unwahrscheinliche Aquamarin des Südens, glänzt silbrig wie die Schuppen zahlloser Fische unter der schrägen Sonne, hat diese weißen zitternden Zeichnungen der unvermeidlichen Schaumkronen; eine Königin, denkst du und grinst, weil dir dieser abgedroschene Vergleich eingefallen ist; eine Königin, denkst du dir und schaust die Stadt an, die sich ein paar Augenblicke lang in den schmalen Ausschnitt deines Kabinenfensters schiebt. Und du freust dich auf das, was kommen wird. Und beinah ist man glücklich, weil man für diese raffinierte und heftige Schönheit, die einen anspringt wie ein Blick in die Sonne, nicht unempfänglich bleibt. Und natürlich hat man zu diesem Zeitpunkt noch keine Ahnung, in was für eine Hölle man da hineinkommt. Und natürlich glaubt man, weil man auf der anderen Seite dieses verdammten Meeres steht, daß alles in Ordnung sei.
Sie haben noch andere Sprichwörter in Dubrovnik: Wie man die Gläubigen daran hindern könnte, in die Kirchen zu gehn ... indem man Titos Bild darin aufhängt. Und auf dem schönen ruhigen Stradun inmitten der alten Stadt kann es schon passieren, daß du gerade zum richtigen Zeitpunkt dazukommst, wenn eine junge Frau zum fetten Bonzen sagt: Gib mir dein Geld, und ich nehm' mir dafür dein Parteibuch. Und das Lachen, mit dem sie das sagt, ist niederträchtig und verzweifelt.

Eine Art Traurigkeit

Aber in diesen ersten Stunden, in diesen ersten Tagen kümmerst du dich darum noch nicht. Du bist wie immer vom Flughafen in die Stadt gefahren; und man hat wie immer dieses Panorama genossen; und es war wie immer sehr theatralisch gewesen. Die geballte Faust der Stadt mitten im Meer; und die weiße Gischt an den Knöcheln der Festungsmauern. Und das alles war wie eine Arena, in die man seine Wünsche legen konnte, seine Hoffnungen; und die Sonne lag auf deinem Gesicht wie das warme Fell einer schlafenden Katze.

Der Haß, der wie ein vermummter Mörder durch die Stadt schleicht und einen irritiert; das kommt später. Die Verzweiflung, die wie ein Psalm ist, den man nicht begreift; später. Und das Leben, das einem plötzlich wie Treibsand durch die Finger rinnt, weil es überflüssig geworden ist; auch später. Noch erkennt man nichts; nur Umrisse; noch hat man nur Vermutungen. Und manchmal schon einen schrecklichen Verdacht. Und du denkst dir vielleicht... zum Teufel, ich bin doch in Europa. Und du denkst dir, was ist das für ein Land, das man gut genug kennt, um noch im Traum den Finger über die Landkarte wandern zu lassen. Das stumpfe Rot und ehrwürdige Grau dieser alten Stadt; die Erinnerungen, die man hat; das Einverständnis, wenn einem Geschichte auf diese Weise gezeigt wird; noch ist dein Verdacht nur eine Vermutung. Aber diese Ausdünstungen der Angst, die du oft genug in deinem Leben schon geschmeckt hast; dieser fade Geruch, den man verströmt, wenn man hoffnungslos ist; dieses scharfe Aufbegehren in den Augen. Man ist wie ein verwirrter Zuschauer, der unvermutet zwei Schauspiele zu sehen bekommt. Das eine hat man bezahlt. Die Stadt. Das Meer. Die kleinen pelzigen Inseln davor: Lokrum, Koločep, Lopud, Sipan...

Das andere versteht man noch nicht. Das andere ist wie Hautjucken. Später, wenn du mit Pero, Ivo, Delo, Jelena zusammengewesen sein wirst; wenn man dir Zahlen gesagt hat; Verhältnisse erklärt hat; wenn sich dieser trübe Vorhang, der wie ein Schatten über die heftige Schönheit gefallen ist, ein wenig heben wird; wenn du nur noch zögernd daran glauben wirst, daß du tatsächlich in Europa bist... dann verstehst du alles.

Jugoslawien

Jetzt noch nicht. Jetzt bist du noch wie ein Spieler, der alles auf eine Karte setzt. Rot und schön und weit und gestreift wie ein Tiger muß das sein. Und die weißen Schiffe draußen im Meer mit ihrer schaumigen Spur; und die dicken frechen Albatrosse unten im Hafen von Gruž; und der scharfe wollüstige Schmerz, wenn du mit deinen nackten Füßen über das ausgezackte Gestein der Felsküste kletterst. Das ist dann alles so, wie man es sich vorgestellt hat. Und nachts dann Cavtat mit Highlife und Nightclub; und was sie dort draußen trinken, ist schon längst nicht mehr Krimsekt, sondern teures französisches Gewächs. Und was dort als Leben auftritt... Europa, denkst du dir. Europa hier und heute. Der Wohlstand juckt dich; und nicht dieser schreckliche Verdacht, den man einen Augenblick lang gehabt hat. Der Wohlstand, mit dem man sich auskennt. Deine zufriedene Zunge über den Lippen, nachdem du in Konavoski Dvori deine Forellen gehabt hast und dein Junglämmernes und den Dingač. Dein geübter Griff nach der Brieftasche; und die Kreditkarte, die Voucher — man hat sich vorbereitet. Und die Luft, die man befriedigt einatmet, an die man sich längst schon gewöhnt hat, schmeckt nach Freiheit; oder zumindest bildest du dir das ein.

Aber dann nehmen sie dir diese blödsinnige Unschuld, die sich mit Pinien und Orangen, mit Oleander, Feigen und Palmen zufriedengegeben hätte; diese lächerliche Unschuld, die man durch die schmalen Gassen der alten Stadt und über den schönen breiten Stradun mitschleppt wie einen Ausweis; wie etwas, das nach Fetisch riecht; nach Unantastbarkeit. Diese Unschuld, die so nutzlos sein kann wie ein Reisepaß... das nehmen sie dir. Du da, sagen sie, nachdem du bei Gverovič dein Dutzend Austern aus Ston hinuntergeschluckt hast; nachdem du deine Zahnbrasse gehabt hast; und deinen Pošip getrunken, deinen herrlichen kognakfarbenen Grk gehabt hast und jetzt voll schläfriger Sinnlichkeit in deinen Zähnen herumstocherst — du da, sagen sie freundlich, kennst du schon die Geschichte von Miro, den sie gestern abgeholt haben; einfach so; weil man einen Verdacht gehabt hat. Und vor zwei Tagen die Marija, du hast sie nicht gekannt; aber man hat dir davon erzählt. Du

Eine Art Traurigkeit

da, sagen sie freundlich und grinsen, als ob sie dir einen Witz erzählen wollten. Oben in Trebinje haben sie ein paar Arbeiter ins Zuchthaus geschickt; und die Geschichte vom Fleischermeister aus Dubrovnik, der sechs Monate bekommen hat — du da, kennst du die Geschichte schon?
Es sind immer die gleichen Geschichten. Es ist immer das gleiche Elend. Einer kann den Mund nicht halten; nennt ein Unrecht, was unrecht gewesen ist. Einer sagt, daß die Korruption zunimmt. Einer sagt, daß man erstickt unterm flirrenden Widerschein des Meeres. Einer sagt, besser die Italiener oder die Amerikaner als diese Art von Leben. Einer wehrt sich dagegen, daß man ihn nicht privat arbeiten lassen will. Es sind immer die gleichen Geschichten. Und es sind wahrscheinlich die gleichen Polizisten, die tagsüber vor den Touristen ihr dalmatinisches oder serbisches Lächeln zeigen und nachts an die Türen klopfen. Der Wohlstand, den man hat. Die Unverfrorenheit des guten Gewissens, die man mitgebracht hat. Und die lächerliche Unschuld, die man nach ein paar Tagen auch in Dubrovnik verliert. Leben, das einem jetzt wirklich unter den Händen stirbt. Und die unflätigen Wahrheiten, die man einkauft wie verdorbenes Fleisch; wie einen Fisch, drei Tage alt und faulig im Geschmack. Der Blick, mit dem du von deinem Hotelbalkon die Stadt und das Meer umfängst, hat sich endgültig getrübt. Du unterscheidest die Konturen; erkennst die Einzelheiten; begreifst die Farben; und sogar die Gerüche, die der allmählich erwachende Schirokko zu dir heraufweht, sind dir irgendwie vertraut. Das da vor dir ist Lokrum. Die Haut wie ein aufgerauhter dunkelgrüner Pelz. Und die fahlfarbene Felsküste, daran das habgierige Meer mit seinem Riesenmaul hängt. Und das da ist Lapad. Und das da die Schaluppe, die stündlich hinaustuckert aus dem winzigen Hafen der Altstadt. Und das da der Himmel, der wie eine stahlfarbene Sichel an der Sonne hängt. Morgen schon wird der Levante, der Schirokko, der Maestrale wie ein ungezähmter Wolf wüten; wird das brüllende Meer über die Inseln schleudern; wird die Touristen an die Hotelbars und in die Betten treiben. Heute. Morgen... Du da, hast du schon gehört, daß sie diesen Pero abgeholt haben; weil

er daran gezweifelt hat, daß dieser Tito ein rechtschaffener Kroate sei! Du da, sagen sie und grinsen dich an. Und die Art, wie sie lachen, bringt dich fast um den Verstand. Europa, denkst du ... Europa. Und du schüttelst den Kopf, weil du nichts mehr verstehst.

Und dann ein Nachmittag in dieser Wohnung an den Abhängen oberhalb der Altstadt. Das Meer vor den Fenstern ist groß und voll warmer Zuneigung. Der Hausherr ist unterwegs. Freunde haben dich mitgenommen. Die Gespräche sind manchmal zögernd, manchmal heftig. Anderthalbtausend Dinar, zweitausend Dinar; und wie soll man davon leben. Sie fragen dich das, als ob du eine Antwort darauf wüßtest. Und weil sie auf eine Antwort warten, sagst du: In Afrika, in den Entwicklungsländern... Aber sie lassen dich nicht ausreden. Das hier sei nicht Afrika, sagen sie. Und ob man denn noch immer nicht begriffen habe, wie alt die Zivilisation sei, die unter einem ausgebreitet liege; und wie organisiert; und wie beispielhaft. Das ist Europa, sagen sie langsam. Das ist ein kulturelles Zentrum in Europa, sagen sie. Aber anderthalbtausend Dinar. Aber die Schikanen, denen man ausgesetzt wird, wenn man nicht dazugehört. Und einer sagt: Nicht dazugehört zum dritten Programm. Und alle lachen auf diese Art, die dich umbringt. Und eine Frau sagt: Die einen haben den Rassismus, und wir haben den Unterschied zwischen der Partei und dem Rest der Menschheit.

Das Meer, auf das du deine verzweifelten Blicke wirfst, weil du nicht mehr weiterreden kannst; weil du nicht mitreden kannst. Weil alles, was du sagen würdest, wie blanker Hohn klingen würde. Das Meer ... es rettet dich auch nicht mehr. Und einer sagt mit halblauter Stimme: Das schlimmste ist die Sache mit unseren jungen Frauen; mit diesen Mädchen, die sich prostituieren. Und sie erzählen dir die Geschichte von Jelena; und das ist eine Geschichte, so uralt wie das Unrecht, aus dem sie entsteht — und so banal. Man ist zwanzig, fünfundzwanzig Jahre alt. Arbeitet für dieses wenige Geld; man hat nichts vom Leben; oder was man darunter versteht. Verstehst du, sagen deine Freunde, bei uns verhungert niemand; nicht einmal Hun-

Eine Art Traurigkeit

ger ist möglich in diesem Land. Aber man erstickt. Und das kann manchmal schlimmer sein als der Hunger. Und diese Jelena wollte nicht ersticken. Sie war jung und hübsch; und sie hat sich mit Touristen eingelassen. Das war nicht direkt Prostitution. Sie hat kein Geld genommen. Nur ein Abendessen, nur ein Ausflug, nur ein Kleid, etwas Schmuck. Nur etwas Leben von dieser Art, wie es die fetten raffinierten Bonzen jeden Tag haben können. Aber irgendwann geht man zugrunde dabei; irgendwann hat man zuviel getrunken; den falschen Mann erwischt; ein Wort zuviel geredet.
Drei Jahre, sagen deine Freunde und grinsen. Drei Jahre. Das ist nicht viel. Und die Frau des Hauses sagt mit flacher Stimme: Die Kleider haben sie ihr nicht nehmen können; und den Schmuck auch nicht.
Du da, sagen sie, kennst du schon die Geschichte vom Aluminiumwerk in Titograd? Und kennst du Mostar? Das sind etwas mehr als dreihundert Straßenkilometer. Und weil es in Titograd kein Bauxit gibt, bringt man es aus Mostar herbei. Und das könnte Gold oder Uran sein, es wäre kein Geschäft. Aber das Prestige. Aber das Image. Und sie lachen wieder. Und sie freuen sich über diesen gelungenen Witz. Und eigentlich wolltest du ihnen deine schlimmen Beobachtungen erzählen; deine merkwürdigen Erfahrungen, die man in diesen dalmatinischen Hotels machen kann. Aber jetzt hast du keine Lust mehr dazu; es wäre nicht fair. Einen, der zu Boden gegangen ist, tritt man nicht mit Füßen.
Und nur manchmal, wenn du allein bist für eine Stunde oder zwei, wenn du langsam über die Wälle der Altstadt gehst und dieses Gefühl nicht abschütteln kannst, endgültig ein alter verbrauchter Mann zu sein — und nur manchmal begreifst du erschrocken, daß du traurig bist in Dubrovnik. Du wolltest die Albatrosse durch den Wind taumeln sehn. Du wolltest die grünen Mauern des Meeres sehn und wie sie sich unter den hämmernden Stößen des Windes teilen. Du wolltest einer sein, der sein Vergnügen hat; der dafür bereit gewesen wäre, wegzuschaun; neutral zu bleiben. Man wollte diesen Enthusiasmus genießen, den man vor einer schönen Landschaft empfindet.

Jugoslawien

Man wollte viel. Aber so hat man sich das nicht vorgestellt. Aber darauf war man nicht vorbereitet gewesen.
Im Hotel unterhalten sich die Touristen über die Trinkgewohnheiten der Dalmatiner, der Jugoslawen überhaupt. Eine Dame aus Holland, um die fünfzig, voll ungebrochener Lebenslust und, wie sie selber sagt, tolerant auf ungewöhnliche Weise... aber das da versteht sie nicht. Nein, sagt sie, das übersteigt jedes Maß. Manchmal ein Glas, das ja. Manchmal sogar eine Flasche, wenn die Gelegenheit es ergibt. Aber diese Leute, sagt sie entsetzt, trinken, als ob sie atmen würden. Und alle Leute in der Hotelbar lachen, weil der Vergleich so gut ist, weil er stimmt; weil diese Säufer mit ihren Säuferleben und Säuferaugen frühmorgens um sechs schon trinken, als ob sie atmen würden. Und es fällt einem ein, was draußen in Konavoski Dvori eine junge Frau aus Dubrovnik einem erzählt hat; daß es keine guten Männer mehr gibt; daß sie sich zu Tode saufen; daß sie den Glauben an sich selber verloren hätten. Und hier in dieser hellen nüchternen Hotelbar mit dem hübschen Ausblick auf Lokrum und das Meer denkt man plötzlich an dieses seltsame Mühlenrestaurant von Konavoski Dvori; und wie der Regen in den schäumenden Mühlgang gefallen war; und wie die Männer, nachdem sie ihren Vinjak hinuntergeschüttet haben, diese trostlosen Lieder aus Montenegro gesungen haben. Und das Knarren, mit dem das drängende Wasser die uralten Mühlräder bewegt hat, war wie ein abgerissener Violinton gewesen. Aber ja, sagt man hier an der Bar; aber ja, diese Burschen trinken schon, das muß man sagen. Und alle nicken einem zu und sind ein wenig angewidert, weil es Menschen gibt, die auf diese verzweifelte Weise trinken, als ob sie atmen würden.
Du solltest nicht nach Dubrovnik gehen, ehe du nicht begriffen hast, daß Landschaft allein nicht genügt. Und du solltest nicht diesen Fehler machen, den man selber gemacht hat; indem man bei diesen langen, hartnäckigen Gesprächen einmal gesagt hat, daß es immerhin andere und bessere Provinzen gibt; Slowenien zum Beispiel. Und die Freunde, die man gehabt hat, haben einen lange angeschaut. Und einer hat dann gesagt: Wenn man erst einmal nach Vergleichen sucht... Und man hat ihn unter-

Eine Art Traurigkeit

brochen und gesagt: Aber die anderthalbtausend von Dubrovnik machen in Laibach dreitausend aus; und das ist doch ein Unterschied. Und sie haben einen angeschaut; und sie haben nichts mehr gesagt. Und du hast plötzlich begriffen, daß man Freiheit, Unabhängigkeit, Selbständigkeit, daß man diesen ganzen Scheißkram von Begriffen, den man wie ein billiger Gaukler je nach Bedarf aus der Trickkiste zieht, daß man diese phantastischen Parolen und großartigen Ideale nicht einfach mit Geld abtun kann.

Du solltest nicht nach Dubrovnik gehen. Das ist eine böse Stadt geworden; eine traurige Stadt. Und die Spiegelbilder des Meeres helfen dir nichts mehr. Die hellen Wetterfahnen am Himmel, das gedämpfte Knurren der Winde, und deine Einbildungskraft, daß die Sterne hier schon näher seien und die Sonne ein größeres Rad schlage — das nützt alles nichts mehr. Leben, verstehst du, dieses Leben, das man gewohnt ist und wie eine Frucht anbeißt, wie eine Zigarette raucht — Leben, verstehst du, kann wie Totschlag sein, wenn man erst einmal an diesen Kleinigkeiten scheitert, an die man sich gewöhnt hat. Ein Ersatzteil für das blödsinnige Auto, an das man sich gewöhnt hat. Ein blödsinniger Laden für das private Geschäft, an das man sich gewöhnt hat. Eine Zeitung aus München oder Paris, an die man sich gewöhnt hat. Dieses verdammte Bedürfnis nach Freiheit, an das man sich gewöhnt hat. Aber man scheitert daran; man bekommt diese Dinge nicht. Man kann nicht von der berühmten Vegetation allein leben; man kann sich nichts abbeißen davon. Das ist kein Ersatz. Und die Winde, die sie da haben, sind kein Ersatz. Und die Strömungen des Meeres sind kein Ersatz. Und das Klima und die Reisebeschreibungen und der Duft über der Stadt und die Tauben auf dem Stradun — kein Ersatz. Leben kann wie Totschlag sein; auch in diesen Buchten; auch an dieser Küste; auch dann, wenn sich diese Landschaft auftut wie der Leib einer Frau.

Alles, was wir wissen, haben Pero, Ivo, Delo gesagt; alles, was wir wissen: Russen kommen keine herein. Und das ist etwas gewesen, an das sie sich geklammert haben. Keine Russen. Wenn schon Kommunismus, wenn schon diese ganze Politik — keine

Jugoslawien

Russen. Und sie haben einem erklärt, daß man zuerst einmal diese zwanzig oder zweiundzwanzig Millionen Jugoslawen umbringen müßte, bevor nur eine einzige russische Division hereinkäme. Und sie haben einem von den Hoffnungen erzählt, die sie haben, wenn wieder ein Hotel mit amerikanischem Kapital gebaut wird; wenn wieder ein Vertrag mit amerikanischen Firmen abgeschlossen wird. Und sie haben verzweifelt gesagt: Diese Kapitalisten können es ganz einfach nicht zulassen, daß sie das ganze schöne investierte Geld verlieren. Und die Art, wie sie das gesagt haben, war so, daß es nach einer Frage ausgesehen hat.
Keine Russen, haben sie immer wieder gesagt. Dann schon Amerikaner. Dann schon alles andere. Nur die Russen nicht. Und man überlegt sich, wie tief ein Volk gedemütigt werden muß, daß es solche Unterschiede macht; und der eigene Wohlstand, die eigene Demokratie, der eigene Hochmut, das alles wird plötzlich ziemlich wertlos.
Du solltest nicht nach Dubrovnik gehen. Es könnte sein, daß du dein Verständnis für Menschen entdeckst. Es könnte sein ... manchmal zerreißt es einem das Herz. Du kannst durch die Altstadt wandern. Diese Jahresringe des menschlichen Geschlechtes studieren. Die dicken, frechen Albatrosse füttern. Mit einem dieser tuckernden Kähne hinausfahren. Den schweren Duft des Oleanders einatmen. Und nachdenklich sein in einer Stadt, die sich langsam zum Museum verändert. Du kannst nach Gruž gehen. Am Hafen die großen weißen Schiffe aus Italien anschaun. Nelken kaufen auf dem Markt. Die kleinen ölgetränkten Sardellen zwischen deine beiden Hände nehmen; du mußt sie auf diese Art essen, als ob du Mundharmonika spielen wolltest. Und wenn du Glück hast, wird man dir irgendwo in einer winzigen dunklen Pinte ein Glas Grk einschenken; nicht gerade den echten, kognakfarbenen aus Lumbarda; aber es wird Grk sein. Du kannst viel tun in Dubrovnik. Und du kannst nichts tun.
Wegschaun, wenn dir ein Betrunkener vor die Füße torkelt. Er hat getrunken, als ob er atmen würde. Wegschaun, wenn ein junges hübsches Mädchen aus Dubrovnik dir diese Blicke zu-

Eine Art Traurigkeit

wirft, die wie Angelhaken sein können. Man soll nichts dazutun, wenn ein Mensch zugrunde geht; man kann ihm nicht helfen; man soll ihn nicht umbringen. Du mußt dich immer nur an das Meer halten; an die Zeichnungen, die es dir zeigen wird. Du mußt die Namen der Stürme lernen, die sie da haben: Schirokko, Levante, Maestrale, Bora. Und wenn die schwere dalmatinische Sonne wie ein Gewitter über Dubrovnik steht, kannst du dich gegen die erhitzten Felsen lehnen. Und wenn der Regen wie ein warmer unaufhörlicher Wasserfall über Dubrovnik steht, kannst du dich in eine helle, freundliche Hotelbar zurückziehen. Du kannst viel tun in Dubrovnik. Und du kannst nichts tun.
Irgendwann einmal haben sie mich hinausgebracht zum Flugplatz. Wolkenbrüche verwandelten die Stadt und die Küste. Die Maschine aus Athen hat Verspätung gehabt. Du da, haben sie gesagt und mich angeschaut mit Augen, die man auf keinem Werbeprospekt sieht, du da, haben sie gesagt... wenn du draußen bist, wenn du wieder in Europa bist: sag die Wahrheit.

Die falsche Seite der Grenze

Die Namen der Dörfer, durch die man gefahren ist, zerplatzen einem wie Kirschen oder schwarze Oliven zwischen den Zähnen. Putnikoviči zum Beispiel; oder Draže, Trsteniko und Dingač. Aber angefangen hat es schon in Mali Ston, und der Regen ist dort ein paar Minuten lang ins Meer gefallen, als wären das Taubeneier. Aber dann ist die Sonne wieder dagewesen; und die Farben waren frisch und recht hübsch; und das Meer in der Bucht draußen war wie ein Spiegel. Wir haben die Austern gegessen, die sie dort züchten; und dieses halsstarrige magere Mädchen, das Jelena geheißen hat und von Pero mitgenommen worden ist, hat mindestens zwanzig Stück von diesen verdammten Austern hinuntergeschluckt. Das müsse man verstehn, hat Pero grinsend gesagt; aber auch in einem sozialistischen Land sei das eine Rarität; selbst wenn das Stück nur anderthalb Dinar koste; und manchmal sogar noch weniger. Und wir haben uns die ganze Zeit, während wir von Dubrovnik nach Korčula unterwegs gewesen sind, ziemlich gut amüsiert. Diese Jelena hat zwar anfangs ein verdrossenes Gesicht gemacht; und als uns einmal eine Polizeistreife kontrolliert hat, war sie nahe daran gewesen, hysterisch zu werden. Pero hat gelacht, nachdem wir weitergefahren waren. Dieses Kätzchen muß sich erst an den Umgang mit Kapitalisten gewöhnen, hat er gesagt. Und ich hab' mich zweifelnd gefragt, warum er sie eigentlich mitgenommen habe.
Aber dann die Austern in Mali Ston; und dieser Pošip, der ein recht guter Wein ist, wenn er auch an den Dingač nicht heranreicht; ganz zu schweigen vom Grk, der fast schon eine Sensation ist. Und wir haben ein paar Dutzend Austern gegessen und sind uns tatsächlich wie Kapitalisten vorgekommen; und sogar diese Jelena hat gelacht; und sie hat recht hübsche Zähne gehabt; und überhaupt war sie ein ziemlich handliches Mädchen, auch wenn ich die ganze Zeit nicht verstanden habe, warum Pero sie mitgenommen hat. Und nachdem wir die Austern ver-

Die falsche Seite der Grenze

drückt haben, sind uns noch Tintenfische gebracht worden; und die waren auch in Ordnung. Und natürlich haben wir ein paar Flaschen von diesem Pošip getrunken; und fast wären wir in Mali Ston hängengeblieben. Es hat uns ziemlich gut gefallen. Aber dann sind wir doch weitergefahren und durch diese Dörfer gekommen, deren Namen einem wirklich zwischen den Zähnen zerplatzen. Und einmal hat diese Jelena geschrien, das sei jetzt das Haus, in dem sie aufgewachsen sei; und ich habe noch rasch versucht, etwas mitzubekommen von diesen grauen Steinhaufen, die da manchmal wie bucklige Hirten in dieser unübersichtlichen Landschaft von Pelješac stehn. Aber natürlich ist Pero viel zu rasch gefahren. Und man hat nur ein paar Häuser gesehn; und keines dieser Häuser hat so ausgesehn, als ob ausgerechnet eine Jelena darin aufgewachsen wäre. Und dann hat es wieder erstaunlich viel Steine gegeben; und später diese erstaunlich rote Erde; und noch etwas später diese Weingärten im Talkessel von Dingač, über den die Sonne wie ein heißhungriger Wolf hergefallen ist. Und obgleich es jetzt sehr warm gewesen ist und dieser Pošip, den wir in Mali Ston getrunken haben, uns ziemlich zu schaffen gemacht hat, waren wir richtig aufgekratzt. Wir haben das Autoradio angedreht gehabt; und wir haben ein paar blödsinnige Schlager gesungen, und diese Jelena hat plötzlich laut und gern gelacht, wenn Pero seine schmutzigen Witze erzählt hat. Und er hat eine ganze Menge von solchen schmutzigen Witzen erzählt; und nur einmal, als er auf eine Funkleitanlage oder Radarstation gezeigt und dabei gesagt hat, das sei das großartige dritte Programm der großartigen jugoslawischen Sozialisten, hat diese Jelena nicht gelacht, sondern mich mit blöden Augen angestarrt. Und ich hab' mir einen Augenblick lang tatsächlich überlegt, ob sie nicht doch vielleicht ein eingeschriebenes Mitglied der Partei sei.
Aber eigentlich hat sie nicht wie eine linientreue Kommunistin ausgesehn. Diese Jelena ... wie eine kleine, zähe, magere Nutte, das ja; aber nicht wie ein Parteimitglied.
Dann sind wir endlich nach Orebić und zur Fähre nach Korčula gekommen; über diese Straße, die an der Südflanke des Sveti Ilia in schmalen Serpentinen hinabfällt zum Meer. Und

Jugoslawien

das war dann ziemlich eindrucksvoll. Das Meer ... an diesem Nachmittag lag es wie ein faules altes Weib unter einer stechenden und scheinheiligen Sonne; und es umschloß die Inseln mit seiner schuppigen Haut; und wenn man sich das einige Minuten lang überlegt, dann könnte es auch so gewesen sein, daß dieses Meer wie eine schlaffe Hand gewesen ist, die ein paar Inseln hält, als wären das graugrüne Eidechsen. Und Pero sagte seufzend, daß es schon eine verfluchte Sache sei, wenn ein erwachsener Mann Herzklopfen bekomme. Aber das ist einfach schön, murmelte er dann. Und diese Jelena sagte gar nichts. Aber an der Art, wie sie keuchend die Luft ausstieß, konnte man bemerken, wie beeindruckt sie war.

Wir setzten über, landeten, waren auf Korčula, fuhren durch die kleine alte Stadt, in der angeblich dieser Marco Polo zur Welt gekommen sein soll und die jetzt wie eine Schaufel voll nachlässig zusammengekehrter Vergangenheit ausschaut; und schließlich kamen wir zum Hotel, das ein paar Kilometer hinter der Stadt in einer kleinen hübschen Bucht liegt. Das war ein merkwürdiges Hotel. Das war eine ganze Siedlung; und die verschiedenen Schlafhäuser schauten wie verwahrloste Zinskasernen aus. Es war eigentlich ein schreckliches Hotel; und das Essen war schrecklich; und die Bedienung war schrecklich; und sogar das Wetter war schrecklich, solange wir in diesem Hotel auf Korčula waren. An dem Vormittag, als ich wieder abreiste, habe ich diese langweiligen Mädchen in der Rezeption gefragt, wer denn der Eigentümer dieses schrecklichen Hotels sei. Und die Mädchen, die alle aus dem kroatischen Hinterland stammten und auf eine etwas einförmige Weise hübsch waren, haben gesagt, das Hotel gehöre ihnen; es gehöre den Arbeitern; es gehöre allen gemeinsam und jedem einzelnen von ihnen, und jeder einzelne von ihnen sei ein Angehöriger der arbeitenden Klasse. Und wenn sie nicht gelacht hätten, als sie das gesagt haben, hätte ich wirklich geglaubt, sie wären verrückt geworden. Aber in diesem schrecklichen Hotel hätte mich nicht einmal das überrascht.

Und trotzdem sind wir vier Tage lang geblieben. Und trotzdem haben wir in dieser Zeit dieses ganze lange, schmale, ge-

Die falsche Seite der Grenze

birgige Korčula unsicher gemacht... und wir haben in Zavalatica unseren Spaß gehabt; und in Lumbarda; und sogar in Veli Luka, das randvoll mit Finnen und Schweden war, weil sie dort ein Vertragshotel haben, und in Blato mit seiner verwahrlosten Weinfabrik, und natürlich in Korčula selbst haben wir auch unseren Spaß gehabt. Und weil Pero jeden einzelnen dieser prachtvollen Halunken auf dieser Insel gekannt hat, haben wir bald keinen Augenblick mehr für uns selber gehabt. Und weil die anderen Halunken gerochen haben, daß diese Jelena die Freundin eines herrlichen Halunken aus Dubrovnik war, ist sogar das schreckliche Hotel in einen gewissen Verdacht gekommen. Die deutschen und österreichischen Touristen, die sich dort gelangweilt haben, waren aber auf unserer Seite. Und ein paar von den Dorfpolizisten waren auch auf unserer Seite. Und obgleich wir unheimlich viel getrunken haben; und fast die ganze Zeit nur über Politik und Schnaps und Weiber geredet haben... also es war schon eine großartige Zeit. Es hat in diesen vier Tagen beinah unaufhörlich geregnet; und nachts sind schwere Gewitter über dem Sveti Ilia gestanden. Und weil man von der Taverne, in der man bis nach Mitternacht den Grk oder Pošip oder auch den Dingač trinken kann, direkt auf den massiven gedrungenen Kopf dieses gewalttätigen Berges sehen konnte, haben wir immer ein ordentliches Schauspiel gehabt. Die deutschen Mädchen, die sich uns manchmal angeschlossen haben, sind natürlich unruhig geworden, als die Blitze zum ersten Mal wie Schlangen in diesen Berg fuhren; aber dann haben sie sich daran gewöhnt; und als wir ihnen erst einmal auseinandergesetzt haben, daß dieser Berg drüben auf Pelješac, der wie ein zorniger Bulle ausschaut, bei den Italienern Monte Vipero geheißen hat, weil so viele Schlangen auf ihm herumkröchen; und daß es dort drüben auch Schakale gibt; und daß die Blitze, die dort jede Nacht einschlagen, verdammt gut ein paar von diesen lästigen Dingern treffen könnten... da haben sie nur noch gelacht. Und natürlich haben sie uns kein Wort geglaubt, obgleich jedes Wort gestimmt hat, das wir ihnen erzählt haben. Nur diese Jelena... ob sie uns verachtet hat? Einmal, als eines dieser nächtlichen Unwetter wie eine Faust über uns stand und

Jugoslawien

der Sturm wütend und mit kreischender Stimme wie ein hysterisches Weib vom Himmel fiel, über den bald die orangefarbenen und violetten Feuer der Blitze tanzen würden... da hat diese Jelena ganz ruhig gesagt: Das ist gut, wenn man auf Pelješac geboren wird; man lernt die Angst nicht kennen. Und das ist gut in einem Land wie Jugoslawien.

Wir waren eine merkwürdige Clique. Diese Jelena, Pero, ich... natürlich haben die deutschen Mädchen gewußt, daß wir keine Touristen waren. Und sie haben sich an die einheimischen Halunken gehalten. Und jeder erzählte jedem Geschichten, die jeden davon überzeugen sollten, daß man es eigentlich nicht notwendig habe, auf dieser blödsinnigen Insel zu hocken. Dabei ist das eine sehr schöne Insel. Und es waren sehr ordentliche Leute. Verkäuferinnen und Sekretärinnen; Fischer und Bauernsöhne. Und manchmal habe ich mich gefragt, wo die Kommunisten bleiben; denn niemand wollte ein Kommunist sein. Einmal sagte Pero zu mir, daß es doch eine phantastische Sache sei, wie da alles zusammenpasse. Weißt du, sagte er zufrieden, das ist die wirkliche Koexistenz. Man legt sich gegenseitig aufs Kreuz, natürlich. Aber man bringt sich nicht um. Er nickte und lachte. Das Pech daran ist nur, sagte er dann, daß diese Art von Koexistenz nur bis zu einem gewissen Dienstgrad möglich ist. Touristen und Einheimische in normalen Verhältnissen und mit ihrem normalen Geld, das geht noch. Aber was darüber kommt, schmeckt dann schon nach Politik oder Diplomatie. Und das ist dann nicht mehr so gut.

Er hat gelacht, als er das gesagt hat. Er hat auf diese gleiche trostlose Weise gelacht, wie sie überall im Mittelmeerraum lachen, wenn sie solche Sachen sagen. Und sie sagen oft solche Sachen. Und immer hat man dann das Gefühl, als müßte man sich entschuldigen; oder wenigstens so tun, als hätte man nicht hingehört. Und man hat das Gefühl, als wäre man unverschämt reich und unverschämt glücklich; obgleich das natürlich überhaupt nicht stimmt. Aber so ist das eben; irgend etwas hat die Leute kaputtgemacht. Man weiß nicht, was das sein könnte... der Hunger manchmal, manchmal die Verhältnisse; aber immer ist es wie ein Fieber, das man nicht mehr los wird.

Die falsche Seite der Grenze

Ein paarmal sind wir allein losgezogen; ohne Jelena und ohne die anderen. Und wir sind durch diese Insel gefahren, als wäre das ein riesiger Fisch, dessen Grätenmuster man jetzt kennenlernen will. Wir sind nach Zavalatica hinunter, und die Felsen dort haben wie ausgebleichte zernarbte Wundränder ausgesehn, an denen das Meer mit ungestümer Wut nagt. Eine schweigsame Frau hat uns dort in ihrem winzigen Haus ein paar Fische auf den Rost gelegt; und der Regen draußen war wie altes Seidenpapier. Grau und steif und raschelnd.
Das ist die Sehnsucht, die man immer haben wird, hat Pero damals gesagt. Der Anlaß dazu. Die Voraussetzung. Das Meer. Die Schaumkronen. Eine Küste, die ausschaut wie ein Mensch, der leidet. Das, was einfach ist; was man sehen kann; und anfassen kann. Er hat gesagt: Die Menschen haben alles mögliche erfunden. Aber das, was sie wirklich bewegt, haben sie verloren. Sie verlieren es, wenn sie Erfolg haben. Und wenn sie angefangen haben, Ansprüche zu stellen.
Wir haben das weiße Brot, das sie dort haben, mit den Händen zerbrochen. Und die Fische, die uns die schweigsame Frau gemacht hat, haben wir wie eine Mundharmonika gehalten. Und wir haben hinausgeschaut auf diese dalmatinische Natur, auf diese Zähne der Felsen, die ins Wasser gebissen haben; auf dieses nagende Meer... Wir Jugoslawen, hat Pero gesagt, leiden darunter, daß wir unsere Selbstachtung verloren haben. Er hat gesagt: Und ich sage dir jetzt ausdrücklich, daß ich von uns als Jugoslawen rede; nicht Kroaten oder Serben oder Slowenen, nein... Jugoslawen. Kellner und Stubenmädchen; oder Gastarbeiter natürlich.
Aber es gibt doch diese Geschichten, habe ich gesagt, in denen vom außerordentlichen Stolz dieser Leute hier erzählt wird.
Er hat den Kopf geschüttelt. Geschichten sind keine Beispiele, hat er gesagt. Keine überzeugenden Beispiele. Die Geschichte, das ja. Aber heute wird in diesem Land nicht mehr Geschichte gemacht, verstehst du; nur noch Geschichten.
Das sei dann aber kaum ein Unterschied zwischen diesem Land und dem Rest der Welt, habe ich gesagt.
Pero hat mich zweifelnd angeschaut. Arm zu sein, während

andere zumindest wohlhabend seien; aufs falsche Pferd gesetzt zu haben, während andere schon durchs Ziel seien...
Er hat die Achseln gezuckt. Die jungen Leute hier auf dieser Insel, hat er gesagt; die jungen Leute überall in Jugoslawien... was glaubst du, woran sie sich ein Beispiel nehmen? An unserer großartigen Revolution? An den großartigen Errungenschaften dieser großartigen Revolution? Oder an den Autos, mit denen die Touristen angefahren kommen?
Aber er habe doch selber gesagt, sagte ich, daß die Menschen das, was sie wirklich bewege, schon verloren haben. Die Sehnsucht, erinnerte ich ihn, die man immer haben werde... und was sei jetzt damit?
Er hat in den Regen hinausgeschaut. Und ein paar Minuten lang nichts gesagt. Dann hat er gegrinst. Und ich habe gewußt, daß wir an diesem schmalen Tisch in dieser winzigen Stube unendlich weit voneinander entfernt waren; daß wir uns die Hände schütteln konnten wie zwei alte Freunde und trotzdem Jahre brauchen würden, um überhaupt einander näherzukommen. Und das war genauso wie in Korčula selbst; wie in dieser rauchigen Heiduckenkneipe, wo sie ihren Schnaps hinunterschütten; und du schüttest auch deinen Schnaps hinunter; und du hast die gleichen schmalen Augen wie sie, wenn du genug getrunken hast; und deine Wünsche und Instinkte sind auf eine verdammt ähnliche Weise schmutzig und zweideutig wie ihre Wünsche und Instinkte, wenn man nur genug getrunken hat. Und trotzdem wird es immer etwas geben, das dazwischen steht; das euch wie eine Waffe trennt; oder wie ein Katalog von Träumen, den die einen noch immer wie einen Fetisch mit sich herumschleppen; und dem du nachtrauerst auf diese verzweifelte Art, die einen hochmütig macht.
So ähnlich war das in diesem Zavalatica; während der Regen wie Seidenpapier war; und der Wind wie ein Hammer, der zornig ins leuchtende Grün der Insel fällt.
Diese Jelena, hat Pero später gesagt. Schau sie dir an. Fünfundzwanzig oder siebenundzwanzig Jahre alt. Und anderthalbtausend oder zweitausend Dinar im Monat. Und noch nichts gehabt vom Leben außer diesen Parolen. Und ein paarmal

Die falsche Seite der Grenze

gewählt; und ein paarmal geweint; und ein paarmal geglaubt, den richtigen Mann gefunden zu haben. Plötzlich war Pero zornig. Und er hat mit lauter, rechthaberischer Stimme gesagt: Aber wer nichts hat, darf auch nicht glauben! Da darfst du nur den Kandidaten wählen und so tun, als ob das der Wille des Volkes gewesen wäre! Da darfst du nur deine verfluchte sozialistische Pflicht tun! Und wenn du ein Mädchen bist, dem die Sehnsucht wie der Teufel im Leib steckt, dann hast du noch ein paar andere Möglichkeiten. Aber es sind keine guten Möglichkeiten, das weißt du doch!
Das Lachen, das sie dort unten im Süden haben; die Gespräche, die sie dort führen ... man steht mit leeren Händen daneben; und jedes Wort, das sie sagen, fällt wie eine Axt auf einen herab. Und man blinzelt und tut so, als wäre man immer nur an der Natur interessiert; oder an diesen Dingen, die sie in einem Museum haben; oder an den Lügen, die man sich ausdenkt, damit man diesem Lachen und diesen Gesprächen entgeht. Aber es nützt einem nichts. Die Natur, das Museum, die hübschen kleinen Restaurants ... das kannst du dir an den Hut stecken, wenn du erst einmal damit angefangen hast, Mitleid zu haben. Dieses Mitleid kommt und ist wie ein Windstoß; und während du noch glaubst, du hättest mit denen, deren Lachen und deren Gespräche dich verrückt machen, Mitleid ... während du noch davon überzeugt bist und darüber nachdenkst, wie man die Welt verändern könnte, damit dieses Mitleidhaben aufhört ... aber es ist zu spät. Das Mitleid, das du wie eine Krankheit empfindest, richtet sich längst schon gegen dich selber.
Und die ganze Zeit fällt der Regen wie eine traurige Fahne auf dieses zerrissene Land der grauen Felsen, grünen Wiesen und braunen Rebstöcke. Und das Meer ist manchmal blau; und manchmal ist es hellgrün; und manchmal überlegst du dir, was für eine Farbe das sein könnte, in die das Meer jetzt geschlüpft ist. Und das Leben rinnt dir durch die Finger wie Wasser durch ein Sieb.
Aber es war eine ordentliche Zeit auf Korčula. Der Regen ist gefallen. Die Gewitter sind über den Sveti Ilia niedergegangen.

Jugoslawien

Das Meer hat gerauscht. Der Schirokko hat geweht. Es war eine ordentliche Zeit. Diese Jelena... am Abend vor unserer Abreise habe ich endlich begriffen, weshalb Pero sie mitgenommen hat. Wir sind bis lange nach Mitternacht in der Taverne gesessen; haben den Grk getrunken; geraucht. Sie war schon auf dem Zimmer. Weißt du, hat Pero gesagt, man darf nicht voreingenommen sein. Das ist so wie mit dem Farnkraut da draußen, wenn es zitternd unter dem Wind liegt. Es verändert sich natürlich; aber die Farben bleiben. Und ein Mensch, der unter das Leben kommt, verändert sich auch. Aber er bleibt ein Mensch.
Du willst sie heiraten, habe ich gesagt, weil ich geglaubt habe, ihn plötzlich verstanden zu haben.
Er hat einen Augenblick lang nachgedacht. Dann hat er gesagt, daß man das natürlich erwarten müßte. Aber wesentlich... nein, das sei es kaum. Man muß sich anpassen, hat er gesagt. Ein Türke, ein Grieche, ein Jugoslawe... man muß sich anpassen. Man ist auf der falschen Seite der Grenze zur Welt gekommen. Aber man hat die gleichen Bedürfnisse. Eine Grenze oder eine Ideologie oder das Geschlecht, das man hat... das ändert nichts daran.
Warum hast du sie mitgenommen, habe ich gesagt. Und ich war ziemlich überrascht, weil ich gesehen habe, wie ernst er war; und weil er sich tatsächlich angestrengt hat, mir etwas zu erklären, das er eigentlich sich selber erklären mußte.
Warum habe ich dieses Mädchen mitgenommen, sagte er nachdenklich. Damit ich das tun kann, was man mit einem Mädchen macht, sagte er. Und dann schüttelte er rasch den Kopf. Wir werden fortgehn, sagte er. Wir werden das tun, was in diesem Zeitalter modern ist. Die Emigration. Der Gastarbeiter. Der weiße Neger. Deutschland. Österreich. Frankreich. Wir werden das tun, was schon selbstverständlich geworden ist. Wenn ein Mensch leben will; und man hindert ihn daran... jeden Tag ein wenig mehr, verstehst du; jeden Tag eine kleine Scheibe, die man abschneidet von seinem Leben... Er hat die Hände auf den Tisch gelegt, die Handflächen nach oben, als wollte er etwas auffangen. Nein, hat er gesagt, an Heirat habe

Die falsche Seite der Grenze

ich nicht gedacht. Ich habe nur an die Voraussetzungen gedacht, die man haben muß, wenn man diese Sehnsucht nicht verlieren will. Das kann ein Stück Brot sein. Das kann die Bora sein, an die man sich gewöhnt hat. Das kann ... Er hat gezögert. Dann hat er rasch gesagt: Das kann sehr viel sein; und verdammt wenig.
Und sie, habe ich gefragt, Jelena?
Nein, hat er geantwortet. Sie weiß noch nichts davon. Aber sie wird mitkommen. Fünfundzwanzig Jahre, siebenundzwanzig Jahre. Und anderthalbtausend Dinar. Und nur ein paarmal geweint und gehofft und einen Kandidaten gewählt ... würdest du da nicht auch fortgehn?
Und dann hat er gelacht ... dieser verrückte Pero. Und er hat laut gelacht; er hat gelacht wie jemand, der ganz einfach lachen muß, damit er etwas anderes unterdrückt. Damit er das vergißt, was ihn zum Lachen gebracht hat.

Die Ratten von Neapel

Das war vor ein paar Jahren. Das war in einer schwülen Augustnacht mit diesem fetten gelben Mittelmeermond hinter feuchtwarmen Dunstschwaden, und ich war unterwegs nach Sizilien und vertrödelte meine Zeit wie ein müßiggängerischer Gaukler, der nicht einschlafen kann, weil ihm zu viele verschwommene Bilder durch den Kopf gehen. Das war die Straße über Terracina, Sperlonga und Pozzuoli, dann die Katastrophe des Stadions von Lauro mit seinen verschleuderten Millionen, dann über das schreckliche neapolitanische Kopfsteinpflaster aus dem 19. Jahrhundert hinunter zur Riviera di Chiaia und hinüber zur Via Caracciolo, zur Via Partenope mit ihren gräßlichen Hotelfassaden und dem monströsen Kitsch der herabgewirtschafteten Seerestaurants, dann nach den pompösen Erscheinungen des Palazzo Reale und des Castel Nuovo die leeren Flächen des einstigen Hafenviertels mit der unvergeßlichen Erinnerung an das Barackenelend, und irgendwann gegen Mitternacht stellte ich meinen Wagen unweit des Corso Umberto ab und ging ins Quartier dahinter, hafenwärts, auf ein kaltes Huhn und ein paar geeiste Melonenscheiben.
Da waren sie. Die Ratten. Fett und dreist. Ratten rudelweise. Im Schatten der schwarzgrauen Mauern. Unterm gelben Mittelmeermond. Auf den Gehsteigen. Zwischen den geparkten Autos, zwischen den Kinderwagen mit den schwitzenden Schreihälsen darin, vor den dampfenden Löchern der bassi — diesen erbärmlichen Wohnlöchern Neapels —, zwischen den verspäteten Liebespaaren, Obdachlosen, Huren und Matrosen dieses Viertels hinter dem Corso Umberto und der Nuova Marina; überall die Ratten. Manche waren beinah so groß wie die streunenden Katzen, die sich scheu verdrückten. Und da war eine Kirche mit offenem Tor, das verdrossen in den Scharnieren hing; und auf den Stufen zum Portal, lauernd, unbehaglich, bedrohlich, die Ratten. Und da war der Laden, in dem ich das kalte Fleisch von meinem Huhn abriß, da war

Die Ratten von Neapel

Licht, waren Menschen, war eine Musikbox, und draußen auf dem Gehsteig huschten die Ratten wie Fledermäuse in der Dämmerung. Und da war mein Wagen auf dem Corso, und eine dicke, dreiste Ratte in dieser schrecklichen Augustnacht hatte sich darunter verkrochen... Ich fuhr damals wie ein Verrückter hinaus zur alten Autobahnstation und hinunter nach Salerno, Cosenza.
In der darauffolgenden Zeit flog ich immer über Neapel hinweg, fuhr daran vorbei, drückte mich vor dieser Stadt mit ihrem Dreck und den fetten Ratten, bis ich schließlich im vergangenen Februar wieder einmal resigniert hinunterfuhr.
Diesmal kam ich gegen sechs Uhr an; an einem Samstagabend und über die Autobahn. Und ein paar hundert Meter hinter der Station standen schon die ersten Händler und winkten mutlos mit ihren geschmuggelten Zigarettenstangen. Es regnete leicht. Und vor einigen Stunden erst hatten sie wieder einen neapolitanischen Halbstarken-Gangster abgeknallt. Das geht immer ganz rasch. Ein Wagen zieht auf gleiche Höhe. Ein Fenster wird herabgedreht. Eine Maschinenpistole fängt ihr kurzes Ave Maria an... Anderntags wird ein wichtigtuerisches, ratloses Bürschchen mit schwarzen Filmkoteletten und miserablen Zähnen erklären, daß alles halb so schlimm wäre, wenn man nur wüßte, welche Banditen sich da hineindrängten ins lukrative Zigarettengeschäft. Leute aus Marseille. Die Mafia. Neapolitanische Konkurrenz. Das wird im Hotel »Vesuvio« sein, dem vergammelten Luxusschinken an der Via Partenope, und während ich an diesem verregneten Samstagabend dahin unterwegs bin, geht alles mit der üblichen Folgerichtigkeit vor sich. Zuerst die halbwüchsigen Zigarettenhändler, dann, schon auf der alten Straße nach Caserta, die ersten Mädchen vor ihren Lagerfeuern, dann der übliche Tumult an der Porta Capuana. Ein vielleicht vierzehnjähriger Zutreiber will mir dort seine nicht vorhandenen Schwestern andrehen; vor zwei, drei Jahren noch hätte er mindestens einen Kompagnon bei sich gehabt, und der stieß dann mit der eisenbewehrten Kappe seines Schuhs gegen den Reifen, und der andere war einem dann beim Radwechsel behilflich, und wenn es schon nicht

immer gelang, den Wagen auszuräumen: ein vernünftiges Trinkgeld sprang stets heraus bei diesen Geschichten. Neapel ändert sich.

In der nächsten Nacht würden sie mich dann im »San Francisco« — einer wüsten Kneipe im Schatten der Via del Duomo — um ganze hunderttausend Lire erleichtern. Und sie würden das so erledigen, daß in der Brieftasche immer noch ein paar Banknoten wären, damit es nicht auffällt, damit man heimkommt ins Hotel.

Aber im »Vesuvio« mit seinen überladenen 137 000-Lire-Zimmern und seinem 55 000-Lire-Silbergedeck und mit diesem verschlafenen Stadtpolizisten vor der Tür, der sich abends selig ins Fernsehzimmer flüchtet, während draußen auf der Via Partenope sachkundig ein halbes Dutzend Halbwüchsiger die abgestellten Autos der ahnungslosen Touristen untersucht — im »Vesuvio« kann man nicht nur die verregnete Nacht draußen vergessen, sondern sich auch noch erleichtert und bildungsbeflissen mit der kulturhistorischen Seite dieser neapolitanischen Medaille beschäftigen. Natürlich hat in dieser Stadt alles seinen Preis, aber wer sich das vertraute Bild einer von Kunstschätzen und anderen Sehenswürdigkeiten überquellenden Stadt nicht zerstören lassen will, sollte schon im »Vesuvio« oder wenigstens in einem ähnlichen Hotel absteigen. Hier sitzen dann abends alle diese vertrauten Amerikaner, Briten und Deutschen vor ihrem sündteuren Whisky, vor ihrem importierten Bier und überlegen sich noch einmal seufzend die phantasievollen Namen der Kirchen, in die sie tagsüber von ihren unermüdlichen Gefährtinnen und den unvermeidlichen Fremdenführern geschleppt worden sind; oder sie rechnen einander liebevoll die Ausgaben vor, die sie in den Luxusrestaurants am Posillipo oder draußen in Pompeji und Herculaneum machen durften. Ein erschöpftes Kindermädchen plagt sich mit einem langmähnigen Deutschen ab, um ihn aus dem Fernsehzimmer zu bringen; schließlich landen sie in der Bar bei einem Cola. Das Kindermädchen ist vielleicht dreißig, der langmähnige Deutsche höchstens acht. Ein paar Geschäftsleute aus der Lombardei studieren mutlos die eingecremten welken Altweibergesichter einiger Ma-

Die Ratten von Neapel

nagerwitwen aus Chicago oder Detroit. Und ein nettes, rundes, kleines Hürchen mit Pelz und Silberblick tänzelt zufrieden mit einem sizilianischen Gigolo hinauf in die Restaurant-Etage. Das ist die eine Möglichkeit, in Neapel zu leben; ein wenig kostspielig und im Grunde langweilig, aber immerhin! Und dann, jenseits dieser Hotels und Restaurants, jenseits aller Prachtstraßen und Kirchen — dann wären da noch diese dicken und asthmatischen Matronen mit ihren geschwängerten Bäuchen und den längst verdorrten Brüsten, die in den stinkenden Schlachthöfen geduldig darauf warten, daß aus den Wampen der getöteten Tiere endlich der dicke Blutstrahl stößt, den sie dann in ihren mitgebrachten Behältern auffangen und davonschleppen wie eine kostbare Beute. Blut — Brot der armen Leute! Da wären die Banden der Halbwüchsigen aus den Armenvierteln, diese blassen, raschfingrigen, mageren Kinder, die noch am Anfang einer hoffnungslosen Karriere stehen und ein paar Jahre warten müssen, ehe sie das abbrechende Stakkato einer Maschinenpistole wert sind; jetzt streunen sie noch wie Wölfe durch den neapolitanischen Dschungel, billige Handlanger der kleinen Zigarettenschmuggler, raffinierte Zuhälter, geschickte Diebe und immer auf der Jagd nach einem Fetzen Fleisch, das weiblich sein muß, das weich und warm und weiß sein muß, das irgendwie nach Mama schmeckt und doch fremdartig sein muß. Da wäre dieses neue Stadion, das achthundert Millionen gekostet hat, diese schrecklichen achthundert Millionen, die für den Bau von neuen Schulen gedacht und bewilligt waren und die dann ein psychopathischer Bürgermeister, Lauro hieß er, in den sporthungrig aufgesperrten Rachen seines dummen und maßlos eitlen Volkes geworfen hat. Dafür hat es die Perversionen seines Bürgermeisters lange Jahre mit frenetischem Applaus bedacht. Auf die neuen Schulen wartet es freilich immer noch. Und da wären die jungen Nutten im Schatten der Via Kennedy, vierzehn-, sechzehnjährige kostspielige Einzelstücke und erst nach einem anstrengenden Jahrzehnt für den Hafenstrich geeignet, und die Pfiffe ihrer frühreifen Galane und Einpeitscher schneiden wie Messer durch die neapolitanische Nacht, wenn von der Stadt herauf die Streifenwagen der Stadt-

polizei kommen. Und da wäre dann auch dieses überwältigende Barock einer verfaulenden Stadt, die noch mit ihren schmutzigen Eingeweiden auf dem Jahrmarkt prahlt. Da wären die Wohnhöhlen der dreihunderttausend Armen von Neapel, die vielbesungenen bassi, in denen Tuberkulose und Inzest, Hunger und Verbrechen seit einigen Jahrhunderten ihre zerstörerische Herrschaft alltäglich, allnächtlich immer wieder von neuem antreten. Da wäre der Terror der Fleischeslust, verschärft durch bigotte Prüderie, diese neapolitanische Urkrankheit, die jedes geschlechtsreife Geschöpf wie Schüttelfrost überfällt... und dann die Gebärmaschinen. Der entsetzliche Kult sinnloser Mütterlichkeit. Die Variationen neapolitanischer Perversion. Und schließlich die Kunstfertigkeit, der unerschöpfliche Einfallsreichtum jugendlicher Handtaschendiebe, Mantelaufschlitzer, Geldbörsenschneider. Das wertlose Mehl unter der dünnen Heroinschicht. Die blinden Verpackungen in den geschmuggelten Zigarettenstangen. Das eingefärbte Papier in den Kaugummipackungen. Der Ramsch, von dem man lebt. Die Kinder, von denen man buchstäblich aufgefressen wird. Und immer wieder die Ratten.
Wunderbares, exklusives, herrliches »Vesuvio«, Hotel des ruhigen Schlafs und der zahlungswilligen Touristen; sogar die Nachwuchsganoven dämpfen hier ihre Stimmen. Und dieser junge Mensch mit seinen Filmkoteletten und den schadhaften Zähnen, mit dem ich für ein paar Cinzanos und Martinis und Cuba libres beisammensaß, war von diesem ganzen ausbeuterischen Plunder genügend beeindruckt, um zögernd zuzugeben, daß das Ganovengewerbe in Neapel seit einiger Zeit nicht mehr das sei, was sich ein junger Neapolitaner in seinen hitzigen, ehrgeizigen Träumen darunter vorstelle. Früher einmal, bis vor ein paar Jahren noch, war man als armes Bürschchen ganz selbstverständlich hineingewachsen ins fragwürdige Handwerk des Überlebenmüssens um jeden Preis; früher einmal hatte man noch als Gehilfe der Schmuggler und Diebe seine Ehre, konnte man es als bescheidener Handlanger der Schwarzmarktkönige — und irgendeinen schwarzen Markt hat es in Neapel immer gegeben — Respekt für sich beanspruchen. Und früher

Die Ratten von Neapel

einmal gab es vor allem die großen Kapos, die als Gemüsehändler, Obstaufkäufer oder einfach als Verwalter irgendwelcher ominöser Ländereien ganze Provinzen beherrschten. Luigi Barzini, von dem mein junger Freund freilich nichts ahnte, hat einen solchen Gemüsehändler einmal beschrieben: *Er begibt sich in der Regel mit seinen Spezis über Land, tyrannisiert und schützt die Bauern seines genau abgesteckten Bezirks, er zwingt sie, ihre Erzeugnisse nur an ihn zu den von ihm festgesetzten Preisen zu verkaufen. Er verteidigt sein Gebiet und seine Produktionsvasallen gegen die Übergriffe der Konkurrenz. Er ist bewaffnet. Er zielt sicher. Er kann einen Mann töten, falls das nötig wird. Er hat Leute, die für ihn morden. Da nun jeder weiß, daß er zur Durchsetzung seines Willens und zur Verteidigung seiner Macht seine Gegner notfalls umlegt, bleibt ihm stets oder doch beinahe stets das Schießen erspart. Sollten die Bauern seinen Preis nicht akzeptieren, bleiben Gemüse und Obst eben auf dem Acker und verkommen. Doch die Bauern beugen sich immer, denn kein anderer würde es wagen, als Konkurrent einzusteigen und ihnen ihre Waren abzunehmen. Der oberflächliche Beobachter freilich wird nicht erkennen, was hier wirklich vorgeht, welcher Art die Beziehungen des Großhändlers zu den Bauern und Weiterverkäufern sind; er wird die unsichtbaren Drohungen und Ängste nicht wahrnehmen, denn sie alle lachen, scherzen, reißen Witze, heben das Weinglas und schütteln sich die Hand. Sie scheinen beste Freunde zu sein. Sehr selten nur geht etwas schief, und die Polizei findet dann irgendwo auf einem Feldweg einen toten Mann. Die Schuldigen sind meist nicht zu ermitteln. Indessen, man kommt in Neapel für gewöhnlich nicht ums Leben, solange man aufpaßt und sich an die Spielregeln hält.*
Aber das alles verändert sich. Heute fährt ein Rudel Gymnasiasten mit dem Motorboot eines reichen Vaters hinaus in den Golf und jagt dort den hart arbeitenden Profis nicht selten die Beute ab. Die begabteren unter den jungen Burschen, die, denen man eine gewisse Karriere auch in Neapel prophezeien könnte, gehen nach Deutschland, nach Frankfurt und München vor allem; dorthin also, wo sie mit dem uralten Instinkt

Italien

ihrer Rasse für das Verbotene und Abseitige rascher ans große Geld herankommen als in ihrer verarmten Heimat. Eine andere Ursache für diese mysteriöse Verwahrlosung aller guten Sitten in Neapel ist das Rauschgift. In einigen der dunklen Altstadtquartiere weiß inzwischen schon jeder Zwölfjährige, wo und zu welchem Preis man das weiße Pulver, den grünen oder schwarzen Stoff bekommt; er weiß aber auch, daß solche Geschäfte jenseits seiner Möglichkeiten liegen. Das belfernde Husten der Maschinenpistolen in Neapels Straßen hat hier manche Illusion zerstört; niemand weiß, wie dieser blutige Machtkampf ausgehen wird; nur ein paar junge Männer verschwinden ein, zwei Jahre früher aus der Stadt, als das noch vor einer halben Generation der Fall gewesen wäre.
Und als sich dann der junge Mann schließlich artig von mir verabschiedet, sagt er noch — und es klingt recht traurig —: Auch die Politiker heute sind nicht mehr das, was sie einmal waren!
Dann streunt man wieder durch diese Stadt der fetten Ratten und mageren Kinder. Ein Fünftel der Neapolitaner lebt heute noch in diesen fensterlosen Erdgeschoßwohnungen, in den bassi; davor der Abfall, darauf die Katzen und Kinder, dazwischen die Ratten. Irgendein Poet hat das alles einmal eine Landschaft außerhalb der Zeit und der bekannten geologischen Zeitalter genannt. Und ein anderer Poet — ein Franzose war das, Fernandez hieß er — hat allen Ernstes erklärt, daß das neapolitanische Elend niemals ein dürres, armes Elend sei, sondern eine phantastische und dramatische Unordnung. Aber die Kinder, die aus den bassi kommen, sind für ihr Leben gezeichnet. Und verdrossene Polizeioffiziere erklären jedem, der es hören will, daß die Kinder- und Jugendkriminalität in Neapel unaufhaltsam ansteige; nur nennen sie das nicht Kriminalität, sondern verwenden ihre eigenen, nüchternen und manchmal brutalen Ausdrücke. Und dann heißt das Vergewaltigung, Messerstecherei, Brandstiftung, Zuhälterei und immer wieder Schmuggel.
Aber in den großen Hotels an der Via Partenope und auf dem Posillipo lassen die frustrierten Kinder der Touristen ihre Langeweile an den Kindermädchen aus.

Siziliens geduldeter Untergrund

Wer genug Brot zwischen den Zähnen hat, kommt nicht in Versuchung, eine Revolution auszurufen.
Nein, das ist kein italienisches Sprichwort; nicht einmal ein kalabresisches oder sizilianisches, was immerhin noch vorstellbar wäre. Aber seit geschäftstüchtige Produzenten sowohl den brutalen Zusammenhang zwischen sozialem Elend und der Mafia als auch die daraus resultierende Faszination eines erlebnishungrigen Publikums begriffen und für ihre Praktiken ausgenützt haben, könnten solche und ähnliche Parolen ohne weiteres einem der zahllosen Mafiafilme vorangestellt werden. Das zerschlissene Mäntelchen sozialer Scheinheiligkeit macht sich immer noch gut im internationalen Sex-and-crime-business, zumal dann, wenn man süditalienische oder sizilianische Slums tageweise für billiges Geld mieten und sich dabei auch noch die Hungerlöhne für die Statisterie ersparen kann. Auch bei aller Detailfreudigkeit im Aufzeigen der Häßlichkeit des Lebens, bei aller zerstörerischen Wollust in der Darstellung menschlichen Elends und menschlicher Gemeinheit, bei aller Geschicklichkeit im Aufspüren mysteriöser Zusammenhänge zwischen legalisiertem Verbrechen und skrupelloser Politik — einige der miserabelsten und zugleich auch ergreifendsten Dinge, die den Untergang eines ganzen Volkes beschleunigen helfen, vermögen auch diese geschickten Filmproduzenten, Regisseure und Journalisten weder darstellerisch zu bewältigen, noch gewinnträchtig zu verkaufen. Es scheint nämlich immer noch ein paar Absätze zu geben in der endlosen Biographie gesellschaftlicher Würdelosigkeit und menschlicher Verzweiflung, über die selbst die zynische Geschicklichkeit professioneller Profiteure stolpern muß, weil davor sogar das hartgesottene Publikum zurückschreckt. Die verlogene Harmlosigkeit altbewährter Leinwandbrutalität ist eine Sache; eine andere wäre es, den Selbstmord einer sizilianischen Mutter zu zeigen, die, ehe sie sich in die Tiefe eines ausgetrockneten Brunnens stürzt, zuvor ihre Kinder

hinabstößt. Und auch die Darstellung von Hunger und Hoffnungslosigkeit auf der Kinoleinwand oder auf der Zeitungsseite ist eine Sache; eine andere wäre es, das Psychogramm derjenigen Präfekten, Abgeordneten, Kommunalpolitiker, Bischöfe und Äbte zu schreiben, die gegen diesen Hunger nicht nur nichts unternehmen, sondern ihn sogar noch zugunsten ihrer eigenen Interessen, ihrer eigenen Politik und Religion tolerieren. Die moralische Entrüstung über die Fingerfertigkeit eines zwölfjährigen Diebes, über die feige Grausamkeit eines neunzehnjährigen Killers aus Raffadali, Trapani oder Caltanisetta mag in jedem einzelnen Fall berechtigt sein; aber häufig bedeutet die schmale Beute des zwölfjährigen Diebes, bedeuten die einhunderttausend Lire, die der Neunzehnjährige für seinen Mord ausbezahlt bekommt, die einzige echte Überlebenschance. Denn auch die Erziehung der Jugend ist in diesen süditalienischen und vor allem sizilianischen Regionen zuerst einmal ein Politikum, ein Instrument für diejenigen, die Macht besitzen und sich ihrer perfekt zu bedienen wissen. Die letzte einigermaßen glaubwürdige Statistik aus den sechziger Jahren hat bestätigt, daß beispielsweise auf Sizilien an die dreißig Prozent aller Erwachsenen ohne jede Schulbildung sind, während weitere sechzig Prozent nur eine höchst unzulängliche Volksschule absolviert haben. Dieser erschreckende Beweis für staatliche Schlamperei und regionale Unfähigkeit schlägt aber ins Kriminelle aus, wenn man weiß, daß nach den letzten amtlichen Erhebungen — die auf Sizilien immer ungenau sind — rund sechzigtausend Kinder der obligatorischen Schulpflicht nicht genügen können. Die Aufschlüsselung dieser erschütternden Zahl ergibt, daß rund zehntausend Kinder wegen chronischer Krankheit von der Schule fernbleiben müssen, rund vierzehntausend aber wegen zu großer Armut der Familie; von rund achttausend Kindern weiß man, daß sie trotz des Verbots der Kinderarbeit deshalb keine Schule besuchen, weil sie arbeiten müssen. Das ist aber noch nicht alles. Selbst diejenigen, die mehr oder minder regelmäßig eine Schule besuchen, werden vor allem auf Westsizilien schwer benachteiligt. Der Mangel an Schulräumen ist nämlich chronisch, und gewissenhafte rö-

Siziliens geduldeter Untergrund

mische Verwaltungsbeamte haben errechnet, daß in den Provinzen Palermo, Trapani und Agrigent auf ein einziges Klassenzimmer täglich drei Schulklassen entfallen, was wiederum bedeutet, daß es in diesen Provinzen für jeden Schüler täglich nur zweieinhalb Stunden normalen Unterricht gibt. Aber während rund eintausend Schulräume und rund achtundzwanzigtausend Plätze für Schüler fehlen, sind auf Sizilien an die fünfzehntausend Lehrer und hauptsächlich Lehrerinnen arbeitslos. Warum das alles so ist, warum hier keine radikale Veränderung einsetzt, wird ansatzweise deutlich, wenn man erfährt, daß von den fünfzig Milliarden Lire Staatsbeitrag für das Erziehungswesen vor ein paar Jahren aus Gründen der Nachlässigkeit oder auch wegen der komplizierten römischen Bürokratie nur siebzehn Milliarden verwendet worden waren. Der beachtliche Rest von dreiunddreißig Milliarden blieb ungenützt oder verschwand in irgendwelchen dunklen Kanälen. Übrigens vermieten nicht wenige Latifundienbesitzer und Adelige auf Sizilien ihre pompösen Stadtpaläste an die Schulbehörden. Solches Mäzenatentum bringt öffentliche Ehrung und Ansehen. In Wahrheit verschlingt der Unterhalt dieser Paläste riesige Summen, ganz zu schweigen von den horrenden Mieten, die manchem dieser sogenannten Mäzene ein schönes Auskommen garantieren.

Das alles sind freilich keine Anlässe für filmische oder journalistische Verwertbarkeit. Das alles hat freilich nicht immer mit der Mafia zu tun, wenngleich die Mafia ohne diese Mißstände kaum die unantastbare Macht besäße, die sie zumindest auf Sizilien zur wahren Geißel Gottes macht. Das alles könnte freilich ohne besondere Schwierigkeiten sowohl von den Regionalbehörden als auch von der römischen Zentralverwaltung und erst recht vom sizilianischen Klerus reorganisiert werden. Aber das desolate Schicksal sizilianischer Kinder interessiert anscheinend weder ein öffentliches Amt noch einen Bischof.

Palma di Montechiaro liegt an der Südküste Siziliens zwischen Agrigent und Licata. In den verfallenen Häusern dieser toten Stadt stecken rahmenlose Fenster. Auf den ungepflasterten Straßen liegt haufenweise Abfall, in dem knochendürre Hunde

Italien

und Katzen nach einem Fetzen Fressen wühlen. In der Straßenmitte wälzen sich Kot und Urin durch armbreite Rinnen, neben denen halbnackte, verdreckte, kranke und hungernde Kinder spielen. Elf Prozent aller Kinder von Palma di Montechiaro leiden an Trachom-Erkrankungen, fünfundneunzig Prozent der Einwohner sind von Wurmkrankheiten befallen, fünfundvierzig Prozent sind arbeitslos, und fünfundachtzig Prozent aller Häuser wären aus hygienischen oder baupolizeilichen Gründen unbewohnbar, obgleich natürlich auch in diesen Häusern Menschen leben. Sie leben unter Wolken von Fliegen und in ewigem Kloakengestank. Sie leben in einem einzigen Raum ohne Wasser und ohne Klosett. Sie leben mit den Tieren zusammen, mit dem Esel, dem Schaf, dem Schwein, sie bilden Familien von acht, zehn und zwölf Menschen, und neben den hungrigen Säuglingen liegen sterbende Greise, neben den tuberkulösen Vätern die gebärenden Mütter, und mit den Menschen und Tieren leben die fetten Ratten. Neun Monate im Jahr knallt eine mörderische Sonne auf Palma di Montechiaro, und die Kindersterblichkeit beträgt hier achtzig pro Mille, was nur noch mit der Mortalitätsziffer im anatolischen Hochland übereinstimmt. 1960 waren von Rom 140 Millionen Lire als Soforthilfe bewilligt worden. Die Menschen von Palma di Montechiaro warten immer noch auf das Geld. Alles, was hier an Veränderung in den letzten zehn Jahren geschehen ist, besteht aus einem Straßenstück von etwa fünf Kilometer Länge; man hat die Staatsstraße einfach um den Ort herumgebaut, so daß zufällige Touristen nicht der Versuchung erliegen können, in die Stadt hineinzufahren. Der Hunger ist gleichgeblieben. Der Hunger hat sich nicht verändert. Frühmorgens ein Stück Brot und ein Schluck Wasser; mittags ein Stück Brot mit Spinat und ein paar Auberginen; abends ein Stück Brot und ein paar Orangen; zwischendurch immer wieder einmal ein Schluck Wasser. Den Müttern versiegt die Milch in den Brüsten; und Kindern, die an grauenhaftem Durchfall leiden, steckt man Farnkräuter in den After. Manche überleben; manche sterben. Die Väter verdienen umgerechnet zwischen siebenhundert und neunhundert Schilling im Monat, und wenn sie zu jenen fünfundvierzig

Siziliens geduldeter Untergrund

Prozent gehören, die man als Arbeitslose oder Unterbeschäftigte bezeichnet, verdienen sie nichts. Manche überleben auch das; manche sterben. Und manche wandern aus. Die Mafia hat damit nichts zu tun. Auch die allmächtige Kirche wäscht ihre gesalbten Hände in Unschuld. Und die Behörden in Palermo und Rom sind guten Willens, aber machtlos. Wer also hat hier in Palma di Montechiaro Schuld auf sich geladen? Der Bürgermeister? Der örtliche Parteisekretär der Democrazia Cristiana? Die Gewerkschaft der Landarbeiter, die sich nicht durchzusetzen vermag auf Sizilien? Der liebe Gott?
Wer genug Brot zwischen den Zähnen hat, kommt nicht in Versuchung, eine Revolution auszurufen? Nein, das ist tatsächlich kein italienisches Sprichwort.
Drüben auf dem Festland, in Reggio di Calabria, lagen die Verhältnisse ähnlich. Etwas weniger Hunger, etwas weniger Arbeitslose, eine etwas geringere Kindersterblichkeit, nur die Korruption war auch hier allgewaltig. Und doch war es im Juli 1969 zu einer Art Revolution gekommen. Allerdings war es hier im äußersten Süden des italienischen Stiefels sowohl um politische Macht als auch um Milliardeninvestitionen und letztlich auch um den Beweis für die Durchschlagskraft faschistischer Prinzipien gegangen. Und während im verlotterten, halbverhungerten und im Schmutz verkommenden Palma di Montechiaro äußerstenfalls ein namenloser Bürgermeister oder ein hilfloser Carabinieri-Maresciallo zitiert werden könnten, tauchen in Reggio di Calabria ganz andere Namen auf, berühmte, machtvolle und vor allem überzeugende Namen, mit denen sich schon etwas anfangen läßt. Eine kleine Rebellion zum Beispiel. Und noch ein Unterschied ist bemerkenswert! Auf der Insel träumen die zwölfjährigen Diebe und neunzehnjährigen Killer davon, einmal in die Fußstapfen eines Don Vito oder Don Caló zu treten; sie lernen die Biographien dieser beiden mächtigen und heute schon legendären Mafiafürsten auswendig, träumen von ähnlichem Wohlstand und ähnlicher Macht; sie eifern in aller Unschuld dem Verbrechen nach. In Reggio di Calabria haben die Halbwüchsigen andere Idole. Hier heißen sie Mauro, Matacena oder Zerbi, sind Kaffeeimporteure, Reeder

oder Großgrundbesitzer und repräsentieren für die Öffentlichkeit den Glanz und den Reichtum, der die mediterranen Menschen immer schon fasziniert hat. Aber in Reggio di Calabria kommt noch etwas hinzu: Mauro, Matacena und Zerbi zählen auch zu jenen politischen Spekulanten, die mit allen Mitteln — natürlich auch mit illegalen — nach der Macht streben; ob aus ehrlichem Patriotismus, aus Größenwahn oder aus übertriebenem Ehrgeiz, ist in diesem Zusammenhang völlig gleichgültig. Sie verfügen über Geld und Beziehungen; und sie besitzen vor allem das schauspielerische Talent, das in Italien für eine politische Karriere nun einmal unerläßlich ist.
Übrigens ist es kein Zufall, daß die Arbeiter und Angestellten eines Mauro, Matacena oder Zerbi die miserabelsten Löhne erhalten.
Der Aufstand in Reggio di Calabria, der am 14. Juli 1969 mit einem Generalstreik begonnen hat, wird heute noch von der europäischen Öffentlichkeit als ein Ausdruck provinzieller Rivalität gewertet und dadurch auf eine Weise verharmlost, die gefährlich ist. Es ist richtig, daß man 1969 die Nachbarstadt Catanzaro zur Hauptstadt Calabriens dekretiert hat; es stimmt, daß Reggios Bürgermeister Battaglia Rom vor die Alternative gestellt hat, entweder seine Stadt als Verwaltungszentrum zu belassen oder eine Revolution in Kauf zu nehmen. Aber der blutige Rest bestand aus politischer Konspiration, war eine Generalprobe für den großen Auftritt der Faschisten bei den zwei Jahre später stattfindenden Regionalwahlen, war eine Bankrotterklärung für die Demokratie in Italien. Immerhin, noch am 14. Juli begann das alles wie ein großes Fest. Zorn, Schmerz und Empörung haben die Menschen auf die Straßen getrieben. Aber ein paar Bereitschaftszüge der Polizei setzten diesem verunglückten Generalstreik rasch ein Ende. Und am 15. Juli ging das Leben wieder seinen gewohnten Gang.
Und dann kam der 16. Juli. Und plötzlich überschwemmten junge Burschen, Halbwüchsige und halbe Kinder die Stadt, und sie unterschieden sich in nichts von den zwölfjährigen Dieben und neunzehnjährigen Killern Siziliens — bis auf eine Kleinigkeit: sie gehörten zu den faschistischen Kaderorganisa-

tionen und standen regelmäßig im Training. Denn das ist ja das Ungeheuerliche, daß der italienische Staat zwar ganz genau weiß, daß es in den sizilianischen Dörfern und Städten jugendliche Mörder und in den süditalienischen Provinzen reguläre Trainingslager der faschistischen Jugend gibt, daß er aber nichts dagegen unternimmt, nichts unternehmen kann oder will. Und so erschienen am Morgen des 16. Juli 1969 faschistische Roll- und Störkommandos in Reggio di Calabria, und noch am Abend dieses gleichen Tages war die Stadt völlig verändert. Es gab jetzt keine improvisierten Barrikaden mehr, sondern nach ganz bestimmten militärischen Regeln errichtete Bauwerke: durch Ölflecke unpassierbar gemachte Straßen, Stahlseile in Hüfthöhe, vor massiven Barrikaden aus Pflastersteinen die Barrieren aus Blech und Stahl, und selbst die üblichen Molotow-Cocktails waren auf perfide Weise perfektioniert: unten Sand, dann erst die Schrotkörner und Kugeln, die aus diesen Benzinflaschen die mörderische Wirkung eines Schrapnells herausholen. Im übrigen die üblichen Begleiterscheinungen einer Revolution: Heckenschützen, brennende Autos, zerstörte Wohnviertel, verletzte und getötete Menschen. Diese faschistische Revolution hatte freilich auch ihre festen Preise; anfangs zumindest. Zehntausend Lire für ein paar zerschlagene Fensterscheiben, ein zerstörtes Auto. Zwanzigtausend für ein brennendes Haus. Später dann drückte man die Preise. Es gab genug junge Burschen, die für eine Handvoll Lire einen Carabinieri-Posten angriffen. Die Rechnung der Faschisten ging in jedem Fall auf; nämlich spätestens bei den Erdrutschwahlen von 1971.
Die Revolte von Reggio di Calabria hat fast ein Jahr gedauert. Aber sowohl die jungen Killer von Sizilien als auch die jungen Faschisten aus Reggio brauchen keine Angst zu haben, im Italien von heute arbeitslos zu werden. Das Problem des Südens ändert sich nicht. Die soziale Misere der Menschen ist immer noch die beste Garantie für Nachschub an jugendlichen Mördern und Revolutionären. Und es ist schon längst nicht mehr die Mafia allein, die aus dieser Misere ihre verbrecherischen Vorteile zieht. Der Staat ist machtlos. Die Kirche — dieser be-

deutende Machtfaktor des Südens — arrangiert sich wie seit Jahrhunderten mit den Siegern. Diese Sieger aber stehen im dringenden Verdacht, das unvorstellbare Elend des Südens für ihre eigenen Zwecke auszunützen. Denn solange eine Minderheit von Reichen eine überwältigende Mehrheit von Armen ausbeutet, dirigiert und verführt, besteht keine Hoffnung auf soziale und politische Veränderung. Und wer die Rabiatheit, Durchtriebenheit und Hoffnungslosigkeit zwölfjähriger Diebe, neunzehnjähriger Killer und blutjunger Faschistenschläger kennt, der weiß auch mit erschreckender Sicherheit, daß schon wieder eine neue Generation von sozialen Opfern darauf wartet, zur Schlachtbank geführt zu werden. Die Profiteure freilich bleiben immer im Hintergrund: die Matacenas, Mauros, Zerbis, die Mafia- und Kirchenfürsten und die Parlamentsabgeordneten in Palermo und Rom. Jugend zählt nicht im Süden. Und auf Sizilien braucht man nicht einmal Brot; es genügt schon der Sand der Hoffnungslosigkeit zwischen den Zähnen, um nicht in Versuchung zu kommen, eine Revolution auszurufen.

Die Sinnlichkeit des Meeres

Pantelleria. — Als ob ein gestrandeter Wal zwischen der sizilianischen Flunder und dem dunklen Strich der nordafrikanischen Küste triebe. Und du wirst dir das vorstellen müssen, wenn du in dieser kleinen halsstarrigen Fokker zwischen den winterlichen Wolkengebirgen über das schaumköpfige Meer hüpfst. Du wirst dir ein Bild machen müssen von dieser aufgestülpten und dann zerrissenen, dann erstarrten Blase aus schwarzer Lava da unten im Süden. Der Himmel über den schmutzig schäumenden Wolken wird ein Glassturz sein, in den sie ein paar Farben geschüttet haben. Blau natürlich. Violett. Ein Violett, das du auf manchen Kopftüchern finden wirst, die sie drüben im Osten tragen; in das der Schweiß vieler Generationen seine dunklen Spuren eingegraben hat. Und dann dieses Flamingorosa, das einen atemlos macht und traurig. Im Osten wird die verrottete Festung von Malta liegen; dort, wo der Himmel diesen dünnen, scharfen Schatten wirft, den du dir jetzt am frühen Nachmittag noch nicht erklären kannst. Südöstlich Lampedusa, Linosa; ein paar vergessene Fußstapfen im Meer, die einer hinterlassen hat, als er vor langer Zeit durch die Straße von Sizilien gewatet war. Das alles wirst du dir vorstellen müssen. Das graue winterliche Meer mit seinen weißen Unterbrechungen. Den Wind. Den Schaum. Und manchmal die Sonne, die dann mit einem einzigen scharfen Schnitt die Farbbeutel dieses Meeres öffnet. Grün. Hellgrün. Plötzlich ein zitterndes blasses Blau, das wie ein zweiter unruhiger Himmel unter dir liegt. Und während du noch hinunterstarrst; und während das nervöse Italien, das hysterische Sizilien langsam abfällt von dir wie ein Mantel, der einem von den Schultern gleitet, ohne daß man es bemerkt; und während die beiden Motoren der Fokker noch wie ein zorniger Engel singen — da taucht vor dir aus dem Meer da unten das ernste Antlitz dieser Insel auf, die dich anschaut wie ein in seinem dunklen Schmerz erstarrter Mensch. Und das wird nicht ohne Würde sein. Und die Überraschungen, die auf dich zukommen, werden nur geringfügig sein; aber sie werden dich nachdenklich machen auf eine Weise, die man nicht mehr vergißt.

Man ist auf Pantelleria gelandet; und man hat sich hinterher gewundert, daß einem dieser Sprung auf die kurze Piste, die sie zwischen zwei Hügelkämme geschnitten haben, gelungen ist. Und während du noch aus der Maschine kletterst, siehst du schon wieder dieses Meer, das dich jetzt immer begleiten wird. Und obgleich du noch nicht begriffen hast, daß dieses schöne, große, gelassene Tier auch durch deine Träume wandern wird, schaust du es schon mit dieser ängstlichen Ungeduld an, die man für etwas empfindet, das man liebt und fürchtet. Und der Inselwind ist dich angesprungen und wischt dir mit seiner feuchten Zunge übers Gesicht. Tramontana. Poniente. Scirocco. Nach ein paar Tagen wirst du sie aufzählen wie ein Schlafwandler. Und du wirst an den Geräuschen begreifen, an den Gerüchen ablesen, welcher Wind, welcher Kontinent dich da anweht. Das sind die einfachen Dinge, die man lernt. Die Farben der Bilder, die man sich machen muß. Die Lust, die man am herben Fleisch einer Olive haben muß. Das Leben, das man wie eine zerbrochene Muschel in der Hand hält. Nur das Meer rauscht auf diese Weise, die du nicht beschreiben kannst. Das Meer. Deine Mutter. Das große, schöne Tier. Die Trommel, auf die der Wind seine Nachrichten hämmert.

Das hast du gewußt: Pantelleria, ein Punkt auf der Karte. Ein Vulkan. Etwas, das beinah unauffindbar ist. Das hast du gewußt: ein paar tausend Bauern und Fischer; und das alte Kastell, das jetzt ein Zuchthaus ist. Und der verwirrte Blick hinüber nach Afrika, das fast alle, die zum ersten Mal auf die Insel kommen, für Sizilien halten. Aber Europa, Sizilien, das wird bald nur noch eine halbverwehte Erinnerung sein. Das hast du gewußt. Die gleitenden Bewegungen der Möwen. Jetzt siehst du es. Die weißen Würfel der Häuser. Die kleine Rundung des Hafens. Die schwarzen Zeichnungen der erstarrten Lavaströme. Das helle Grün der Kapernfelder und Pinien. Die gelassene Freundlichkeit des Dezembers, der wie ein entkleideter Weihnachtsmann in Pantelleria auftritt. Und die Weingärten.

Die Sinnlichkeit des Meeres

Schon am Abend wirst du den Inselwein trinken. Schon an diesem ersten Abend. Und die Unruhe, die du mitgebracht hast; diese merkwürdige Unruhe der großen Städte und kleinen Geschäfte. Es wird nicht einfach sein für dich. Du wirst draußen in Mursia hinter den großen runden Scheiben sitzen, vor denen dann die mediterrane Nacht wie eine durchlöcherte Haut hängt. In Mursia. In diesem seltsamen Haus, das vormittags eine Schule ist und nachmittags ein Hotel. Oder im »Agadir«. Oder in einer kleinen Weinschenke unten am Hafen. Und der Wind wird ein Schakal sein. Und der Wein ein raschzüngiger Freund. Und die ganze Zeit an diesem ersten Abend, der dich mit gesottenen Tintenfischen, Spaghetti arrabiata und weißem Ziegenkäse empfängt — die ganze Zeit wirst du erstaunt nach Ähnlichkeiten mit den Dingen suchen, die du kennst. Aber die Namen, die man dir aufgeschrieben hat, sagen dir nichts. Und die wenigen Dinge, die du erkennst, begreifst du nicht. Cúddia Attaloca, wird man dir sagen. Contradini Khaggiar. Und Cala di Tramontana, Cala di Levante oder Punta di Tre Pietre. Aber du wirst wie ein Blinder durch die großen runden Scheiben draußen in Mursia starren; dahinter nur das winterliche Meer; dahinter nur die erstickten Geräusche der Nacht. Und langsam wird dich der Wein, den du getrunken hast, einschläfern. Und das Meer wird wie ein Wiegenlied sein, dem du nicht länger widerstehst.
Aber diese Augenblicke des allmählichen Begreifens, sie kommen schon noch. Nach den ersten Tagen, die man gebraucht hat, um sich einzurichten. Diese Augenblicke, in denen man zögernd versteht, wer einem bei den Mahlzeiten gegenübersitzt; wer einen durch die Dörfer und über die Insel führt. Und daß dieser gestrandete Wal, der Pantelleria heißt, in seinem großen dunklen Bauch Überraschungen verbirgt, die sich manchmal fast wie ein Schicksal anhören. Zum Beispiel diese Lehrerin, die dir schweigend gegenübersitzt. Und die man kaum einmal mit einem flüchtigen Blick gestreift hat... bis man begreift, daß diese schon leicht verwelkte Hand, die immer mit diesen kleinen, zitternden Stößen, die einen irritieren, nach dem Weinglas greifen; daß diese schweißgelben Achselhöhlen eines längst

Italien

aus der Mode gekommenen Pullovers; und daß dieses kleine runde Gesicht hinter dicken Brillen — daß es Bruchstücke sind eines Lebens, das sich vor Jahren in einer einzigen Nacht, in einer einzigen Woche ereignet hat. In Mailand oder Turin. Und es war wahrscheinlich wie immer gewesen. Liebe war dabei. Und natürlich ein gebrochenes Ehrenwort. Und natürlich dieses trockene Schluchzen in vielen Nächten, das einem das Herz abwürgt. Dann ist man nach Pantelleria gekommen; und man hat resigniert und ist geblieben. Und das kleine runde Gesicht, das ein einziges Mal aufseufzend und vielleicht auch blind vor Wollust in das eingetaucht war, das man Leben nennt oder Liebe: das wird jetzt schon grau und zerknittert. Aber du starrst in dieses Gesicht wie ein Raubtier, das grinsend ein fremdes Schicksal verschlingt. Und manchmal fragst du dich: Warum holt sich das entjungferte Fräulein nicht diesen dicken, asthmatischen Handelsvertreter aus Palermo über Nacht aufs Zimmer? Oder den Weinhändler aus Catania, der immer mit süßen gespitzten Lippen eintaucht ins dicke Gelb, ins strahlende Rot dieser Weine, die er dann feilschend bestellen wird?

Battista Errara zum Beispiel: Er hat dich vom winzigen, verwahrlosten Airport abgeholt und dich in dieses Haus draußen auf den Klippen gebracht. Und später wird er dich, wann immer du es haben willst, über die Insel führen. Er wird dich zum Lago di Caldo bringen, der wie ein großes, immerzu triefendes Auge mit seinen warmen Quellen einfach daliegt; nutzlos; und immer noch liegt Schwefelgestank über diesem längst erloschenen Krater. Und das Soda, das es hier gibt, hat die Ufer wie mit einer zweiten Haut überzogen. Battista Errara wird dich aber auch zur Grotta dello Storto bringen, zum Felsen, der wie ein mächtiger Elefant in der Straße von Sizilien kniet, auf den Monte Gibele oder auch nach Scáuri, das wie eine freundliche Nachricht an den Abhängen der Cúddia Attaloca liegt und mit seinen arabischen Häusern schon ein Hinweis ist auf Afrika, das du bei klarem Wetter immerzu wie eine riesige Braue am Horizont erkennen kannst. Battista Errara. Zweiundzwanzigjährig war er in diesem letzten Dezember. Und seine Mutter, die strenge, zornige Witwe Caterina, hat

Die Sinnlichkeit des Meeres

ihm beigebracht, wie man so ein Leben, das man hier führen muß, begreift. Er sei glücklich. Er sei zufrieden. Battista sagt: Man arbeitet auf Pantelleria, weil man immer etwas zu tun hat. Das hier sind keine Landarbeiter, keine Fischer. Das sind Bauern und Fischer in einer Person. Er sagt voll jugendlichem Ernst: Wenn einer von uns hinausschaut, dann sieht er das Land, das Meer und auch den Himmel. Und alles gehört ihm. Und alles gehört allen. Die Fische. Die Früchte des Meeres. Die Schildkröten. Man braucht nur aufzustehn und aufs Meer hinauszugehn. Und die Oliven. Die Kapern. Die Pilze in den Wäldern, wenn es lange genug geregnet hat. Und nirgends auf der Welt wird man bessere Pilze finden als hier auf Pantelleria. Und die Vögel. Die Hasen. Man braucht nur aufzustehn und sich das alles zu holen. Er sagt: Wir haben auch ein paar Faulpelze hier. Aber sogar diese Faulpelze leben. Und sie leben gut. Dieser Battista Errara! Und irgendwann einmal wirst du ihn fragen, weshalb denn die Häuser von Pantelleria so verlottert seien; warum in allem schon der Verfall niste; auch in den neuen Hotels, die sie in den letzten Jahren gebaut haben, weil man auch hier auf den Geschmack gekommen ist, wie großartig das sein könne, die Touristen. Das Geld der fremden Leute. Aber Battista wird wahrscheinlich nur den Kopf schütteln. Er wird sagen: Das Salzwasser. Die Stürme im Winter. Und ein Esel braucht keine Autobahn; er kommt auch so zurecht. Wozu brauchen wir Straßen und große Plätze? Er sagt: Ein paar Touristen sind gut. Viele Touristen sind schlecht. Und jetzt sind schon zu viele Hotels da. Und dann sagt er erleichtert: Aber in diesem ersten Sommer, nachdem wir die Hotels gebaut haben, sind noch keine Touristen gekommen. Ein paar Leute aus dem Norden. Diese schrecklichen Lombarden und Piemontesen. Er sagt: Immer wieder einmal kommen einige Engländer auf unsere Insel. Das sind gute Touristen. Sie verstehen uns. Und sie denken nicht daran, uns zu ändern. Und während du ihm zuhörst; und während du noch auf sein ernstes Gesicht starrst; und während du schon überlegst, ob du ihn beneiden oder auslachen sollst, sagst du schon mit dieser selbstsicheren Stimme, die man sich wie eine Krankheit geholt

Italien

hat da oben im Norden: Und was dann, wenn man Wünsche hat? Fernsehen. Ein Auto. Ein Motorboot. Ein zweiter Anzug. Manchmal ein Mädchen, das man im Arm hat, als ob es ein großer knisternder Geldschein wäre? Was dann, wenn man begriffen hat, daß dieses Leben auch noch ein anderes Gesicht hat?

Aber Battista Errara wird dich nicht verstehen. Er begreift schon, was du meinst. Aber er wird dich nicht verstehen. Er wird höflich und ernsthaft bleiben; aber in seinen Augen wird dieses spöttische Mißtrauen sein, das sie manchmal noch haben auf diesen verlorenen Inseln im Mittelmeer. Er sagt: Das mit dem großen knisternden Geldschein wäre schon gut. Aber wozu? Das Mädchen, das man auf Pantelleria umarmt, braucht keinen Geldschein; und es hat auch nichts mit Geld zu tun, wenn man... Er wird zögern; dann dich anschauen; dann den Kopf schütteln. Und er wird sagen: Wenn das Meer ruhig ist, klettern wir über die Klippen hinunter und sammeln dann die Seeigel ein. Wir haben eine ganz bestimmte Sorte. Und die muß man entzweibrechen wie eine Frucht. Und man muß etwas Zucker hineingeben. Er sagt: Fernsehen? Was nützt das! Die Seeigel von Pantelleria muß man haben!

Du wirst ihn anstarren. Er wird dich anschauen. Und das, was zwischen euch beiden ist, wird so klein wie eine Träne sein; oder wie ein Seeigel vielleicht, aber es wird genügen. Und der Schmerz, den du eines Nachts in deinem Zimmer empfindest, dieser Schmerz, während draußen das Meer gleichmäßig gegen die Klippen schlägt — da wirst du dich an diese verdammten Seeigel erinnern. Und du wirst für ein paar Augenblicke lang begriffen haben, daß es kein Schmerz ist, der dich überfallen hat. Kein Schmerz. Nur das Heimweh nach etwas, das du schon längst verloren hast.

Und dann Salvador zum Beispiel. Dreizehn Jahre alt. Ein Zwerg mit einem uralten Gesicht. Und wenn er hinter dem kleinen Verschlag hockt, der die Rezeption dieses merkwürdigen Hotels in Mursia draußen ausmacht, dann mußt du dich erst immer weit über das braune Holzpult beugen, damit du ihn sehen kannst. Salvador. Dreizehn Jahre... und die ver-

Die Sinnlichkeit des Meeres

blühte Lehrerin aus dem Norden bekämpft seinen würdevollen Analphabetismus. Einmal hat er mich erstaunt gefragt, ob ich denn nichts Ernsthaftes zu tun hätte. Er hat in meinem Paß geblättert; die Stempel gezählt. So viele Länder, sagte er kopfschüttelnd. Und so viele Stunden, die man dabei unterwegs sein muß? Wozu? Ich habe gelacht. Aber er hat gesagt, daß man über das Leben nicht lachen dürfe. Und weil er meine Augen gesehn hat... er hat gesagt: Fremdes Leben, eigenes Leben. Darüber lacht man nie. Und seine Stimme ist ganz rauh gewesen und dunkel.
Einmal habe ich ihn gefragt, ob er immer auf Pantelleria bleiben werde. Er hat nur genickt — ohne nachzudenken. Natürlich, hat er gesagt. Das ist meine Insel. Das ist mein Land. Und die Art, wie er das gesagt hat, war so, daß man glauben könnte... Ein König im Märchen oder ein mittelmäßiger Schauspieler: die würden das nicht anders gesagt haben. Salvador. Und manchmal möchtest du ihm mit der Hand über den Kopf fahren.
Aber das alles vergißt du wieder. Wenn die kleine Fokker abgehoben hat von dieser windschiefen Piste, die sie da haben; und wenn sie in die tiefstehende Sonne, ins seufzend erstarrte Meer hineinhüpft; wenn die Farben dieser Insel von dir abfallen wie ein rasch vorübergehender Regen; wenn du dir die erste Zigarette nach dem Start angezündet hast — da bist du schon damit beschäftigt, das alles zu vergessen. Ein Stein im Wasser, den du zurückgelassen hast. Ein windschiefer Mond, den man verliert. Ein Traum, den man wieder vergißt.
Aber war das ein Traum, nur ein Traum? Das nächtliche Meer vor deinem Fenster? Die nassen Seufzer. Und das Flackern der Karbidlampe draußen am Horizont. Der Wind wie eine große, graue, schläfrige Katze. Und in deinem Rücken, dort, wo sie diese uralten Gräber haben; wo sie die Riesen mit Steinen zugedeckt haben; wo der Mythos dieser Insel wie eine Fahne ist, die man immerzu nur grüßen möchte. In deinem Rücken wandern die Schatten, als wären die Riesen der Vorzeit zu neuem Leben erwacht. War das nur ein lächerlicher Traum? Das leise Stöhnen der Schläfer in diesem riesigen Haus auf den

schwarzen Klippen. Die erloschene Sehnsucht der kleinen, müden Lehrerin. Das würdevolle Grunzen Salvadors. Und das hastige Keuchen der Männer, wenn sie das gut verpackte, verschnürte Schmuggelgut vom schlingernden Kahn an Land bringen. Nur ein winziger, lächerlicher Traum?
Und jetzt hast du dich aus dem Staub gemacht wie ein gerissener Zigeuner, der sein Handwerk versteht; der geglaubt hat, ihm könne nichts mehr passieren. Aber ein paar Dinge hat dir diese Insel doch beigebracht. Ein paar neue, überraschende Tricks. Und während vor dir schon die bleiche sizilianische Küste auftaucht, kapierst du endlich: man vergißt etwas vorübergehend, aber man verliert es nicht aus dem Gedächtnis. Und du begreifst plötzlich, daß die neuen Tricks, die du auf Pantelleria gelernt hast, unerhört wichtig sind; und daß sie dich so gut wie unverwundbar machen. Du hast vorher nie gewußt, daß hier im Süden das Meer nie völlig dunkel ist; auch nachts nicht. Du hast es vielleicht gewußt. Aber gesehn... jetzt weißt du, wie das ist. Da ist die Nacht. Diese kuhäugige mediterrane Nacht. Und da ist das Meer. Und das Schimmern, das du siehst, überfällt dich wie eine Erkenntnis. Das Meer schimmert nachts. Es glänzt. Und es ist immer in Bewegung. Es hat immer Geräusche. Das Meer. Ein Leben, das nie aufhört. Und du kauerst in dieser einen Nacht wie ein großer weißer Frosch neben dem Meer und hoffst mit aller Inbrunst, derer du nur fähig bist, daß du so sein wirst wie dieses Meer; wie ein Leben, das nie aufhört. Und das schwarze zerrissene Gestein, aus dem diese Insel besteht, zerrt an deiner Haut wie diese neue Erkenntnis, die du gewonnen hast. Leben hört nie auf. Und wenn jetzt der Tod neben dir stünde; wenn er in deinem Sack hängen würde, den du anfaßt wie ein Mann, der weiß, daß er sterben wird — du lachst nur. Und das Meer schimmert. Und das Meer sagt dir mit seiner nassen, schläfrigen Stimme: Leben hört nie auf.
Salvador hat das gewußt. Der kleine Analphabet mit der tiefen, rauhen Stimme. Ein paar Ziegen, hat er einmal gesagt. Ein paar Vögel. Ein paar Fische. Und eine Frau, die man haben muß, damit man nicht stirbt. Das genügt dann. Salvador. Dreizehn

Die Sinnlichkeit des Meeres

Jahre. Und schon ein Mann, der ganz genau weiß, was man mit den Mädchen machen muß.
Das ist Pantelleria. Die winzige Spur im Mittelmeer. Der Abdruck eines Riesen, der durch die Straße von Sizilien gewatet ist. Eine Träne. Der Schrei eines Vogels. Und manchmal, wenn du die Augen geschlossen hast, denkst du: Griechenland. Peloponnes. Monemwasía. Gytheion... und der Geruch des Ginsters, die Farben des Oleanders haben dich berauscht. Das war Pantelleria. Ein Mittelmeer, das sie dir noch nicht weggenommen haben mit ihren Betonhüllen und kreischenden Diskotheken und Frauen, die wie läufige Hündinnen sind. Und die kleine Fokker, in der du dir inzwischen schon die dritte oder vierte Zigarette angezündet hast, hüpft über Marsala hinweg, über die schlammigen Salinen vor Trapani. Gedankenlos schnallt man sich wieder an; ein paar Minuten noch; ein paar Augenblicke, dann schon die schnittigen Düsenjäger der Italiener auf dem Militärplatz von Trapani; dann schon das harte rumpelnde Aufsetzen der Maschine.
Das war Pantelleria. Das war ein Mittelmeer, das noch gelebt hat. Das war... War es nur ein Traum?

Ein Mallorca zuviel

Das hat sich aus dem morgendlichen Dunst geschält wie eine Schildkröte, die graubraun und gelangweilt durchs westliche Mittelmeer treibt. Die Sonne ist zwei Handbreit hoch im Osten gestanden; schräg darunter der schwere schwarze Wolkensack einer Schlechtwetterfront über Sardinien. Aber noch in Málaga, wo die planmäßige Caravelle der Iberia an diesem 31. Oktober zum letzten Mal in diesem Jahr nach Mallorca gestartet war, hat es in der Dunkelheit nach Südwind gerochen, nach diesem süßen, feuchten, verheißungsvollen Muschelwind, der manchmal die pfefferfarbenen Sandfontänen aus den Tiefen der Sahara herauftreibt nach Andalusien. Dann die gleißenden Schneekappen auf der Sierra Nevada. Dann die verschlammten Spuren einer Sintflut von Almería. Und schon war die Maschine über dem offenen Meer und sprang zwischen diesen kleinen weißen Wolkenbällen umher, die wie dicke Schmetterlinge über den Horizont tanzten. Aber es war alles in allem ein glatter, ruhiger Flug; und nur ein paar Touristen, unterwegs nach Mallorca, hingen kichernd an einer Riesenflasche voll spanischem Cognac und waren aufgekratzt und schon um neun Uhr vormittags leicht angetrunken. Es waren Skandinavier und Österreicher; und es hat an diesem Oktobermorgen, der wie ein schöner, warmer Frühlingstag aus Samt und Seide gewesen ist, ganz danach ausgesehn, als ob sie scharf auf einen Partnertausch gewesen wären. Aber Touristen, die in diesem südwestlichen Winkel des verrückten Mittelmeeres früh genug mit diesem heimtückischen spanischen Cognac angefangen haben, kommen auf die merkwürdigsten Einfälle. Und da wußte ich noch nicht, wie das ist, wenn man Mallorca vor sich hat; wenn man diese paar Tage und Wochen eingebildeter Freiheit vor sich hat. Da werden die Leute, auch wenn sie nichts von diesem Cognac angerührt haben, wie betrunken. Da schnallen sie die alten Gefühle und Gewohnheiten ab und tun sich ihren Urlaub um wie einen Hüftgürtel. Und ein paar Stunden später, wenn man

Ein Mallorca zuviel

schon ganz genau weiß, daß zuerst diese Windmühlen kommen müssen, ehe die Maschine schwankend einschwenkt zum Anflug auf die Landepiste — ein paar Stunden später, nachdem man die erste Taxifahrt und die ersten üblichen Hafenansichten, Palmen und Straßencafés hinter sich hat, da hat man sich dann fast schon daran gewöhnt, daß nebenan am Tisch eine füllige Dame aus Wien, der die Schenkel wie angeschwollene Brotwecken aus dem gekürzten Rock hüpfen, herzzerreißend erklärt, wie gern sie jetzt jede einzelne Palme umarmen würde; und daß der Herr an ihrer Seite, der weder ein Herr noch ihr Mann ist, schnaufend erzählt, wie seine beiden Töchter damit beschäftigt seien, mit den Spaniern zu bumsen. Und dann schaun beide sich etwas erschrocken um, dann kichern beide etwas verlegen, weil sie einen Augenblick lang gespürt haben, daß sie eine ungewohnte Rolle spielen, daß das Kostüm, in das sie sich gezwängt haben, ihnen nicht paßt; weil sie vielleicht ahnen, daß so etwas wie Unglück, Einsamkeit oder auch nur Unzufriedenheit und mißglücktes Fernweh hinter dieser ganzen Sache von Mallorca stecken muß; weil sie fürchten, daß das Abenteuer, mit dem sie gerechnet haben, plötzlich gar kein Abenteuer mehr sein wird; weil sie schreckliche Angst davor haben, zu begreifen, daß man eigentlich nur auf diese Insel gekommen ist, weil irgendwann einmal die dünne, verletzliche Haut, die man hat, zerbrochen ist, verwundet worden ist; weil man diese schlimmen Erfahrungen schon zu oft gemacht hat — diese verlorenen Spätnachmittage und frühen fröstelnden Abende voll Einsamkeit und Nebel; diese Kaffeehäuser, die man nicht mehr aufsuchen mag; dieses Frösteln, das nicht nur vom österreichischen November kommt —, weil man gespürt hat, daß Mallorca vielleicht nicht nur ein Abenteuer, sondern auch eine Etappe auf dieser anstrengenden Flucht vor sich selber ist; und weil einem seit ein paar Jahren schon eingeredet wird, hier sei alles anders; hier könne man endlich aus der alten, gewohnten, verbrauchten Haut schlüpfen ...
Und das hat einen Augenblick lang gedauert, daß man das alles betroffen gespürt hat; daß man sich erschrocken gefragt hat, wie groß die Enttäuschung sein wird, hinterher, später.

Dann grinsen sie sich schon wieder aufmunternd zu. Dann lassen sie sich vom Kellner noch eine Ladung an den Tisch bringen; Schnaps, Cognac oder auch nur diesen billigen, schrecklichen Jerez, den man hier trinkt. Es geht schon in Ordnung. Es tut schon seine Wirkung. Und der Herr, der gar kein Herr ist, legt der Dame aus Wien, die ihre angeschwollenen Schenkel jetzt wie ein Fangeisen von sich streckt, zärtlich den Arm um die Schultern.

Die Stadt. Palma muß früher einmal schön gewesen sein. Das muß eine stille, selbstverständliche und kraftvolle Schönheit gewesen sein, durch die man auch den Stolz gespürt hat, den diese Stadt einmal wie ein Wappen besessen haben muß. Das muß einmal mediterran gewesen sein auf diese besondere Weise, die man heute im Mittelmeer fast überall schon verloren und auch vergessen hat. Weil diese Uniformität des Massentourismus, die man über die Küsten gestülpt hat, weil diese Gefräßigkeit der Industrie, weil das alles aus dem Mittelmeer eine schmutzige Badewanne gemacht hat. Aber Palma muß einmal schön gewesen sein. Und der Wind hier hat vor einem Jahrzehnt, vor anderthalb Jahrzehnten noch nicht wie eine launische Wetterfahne die Gassen gekehrt, war noch nicht diese Nebensache gewesen, um die sich heute auf den Inseln und an den Küsten fast niemand mehr kümmert, sondern das war ein kraftvoller Blasebalg, der die weißen Segel von Palma, von ganz Mallorca ordentlich gefüllt und gebläht hat. Ein Wind ist das gewesen, der Jahreszeiten angekündigt und Fischschwärme prophezeit hat. Heute gibt es hier keine Jahreszeiten mehr, sondern nur noch Urlaubswetter. Und die Fische sterben aus, wie drüben im Osten unter den dunklen Küsten Anatoliens und des Peloponnes. Früher ist das ein Wind gewesen, der Namen gehabt hat; mit dem man geredet hat. Heute erkundigen sich Touristen und Mallorcaner nach der Großwetterlage und buchen einen Trip in die Nachtlokale von Palma, wenn Wind angesagt wird. Und die Fischer von Palma sind längst schon Kellner geworden; Geschäftsleute, die mit der routinierten Freundlichkeit eines Fremdenführers ihre Küste verkaufen. Sogar die Lehrer wechseln hier den Beruf. Don Fernando zum

Beispiel hat früher einmal, als die Insel noch spanisch, balearisch und mediterran gewesen ist, kaufmännische Fächer unterrichtet; und Sprachen. Heute beurteilt er die Touristen nach dem Trinkgeld, das sie ihm geben, wenn er sie nach Formentor, Valldemosa oder Manacor führt. Heute sagt er einem voll erstaunter Melancholie: Wir haben allmählich vergessen, daß auch wir eine Kultur besitzen. Aber unser Publikum ist an Kultur nicht interessiert. Und jene schöne, gerundete, gereifte Katharina, die für die Lufthansa Tickets verkauft und gebuchte Flüge umschreibt, erklärt einem nach sechs, acht Jahren Palma, daß es schon ein paar Dinge gebe, die nur schwer zu begreifen seien. Der plötzliche Reichtum, sagt sie, den der Massentourismus über die Mallorcaner gebracht habe, habe manche von diesen Leuten hier hochmütig und indolent gemacht. Und da seien viele schräge Typen und Spekulanten, und die machen dann die Insel fast kaputt.
Nur wenn man ins Flugzeug steigt und darüber hinwegfliegt, schaut die Insel noch so aus, daß man so etwas wie Sehnsucht spürt. Nur wenn man die Betonklötze vergißt, die wie weißer Abfall an den Buchten liegen; nur wenn man diese lächerlichen Jachthäfen vergißt, diese blauen Tropfen der Swimming-pools. Das alles hat die Insel überfallen wie eine Krankheit. Und das schlimme daran ist, daß wir noch daran profitieren. Don Fernando sagt: Solange diese Krankheit fortschreitet, haben wir unseren Profit. Wir dürfen es der Insel und uns selber gar nicht erst erlauben, sich von dieser Krankheit zu erholen. Denn daran verdienen wir ja.
Und dann zählt er ein paar Symptome auf, die einen vom fortgeschrittenen Stadium dieser Krankheit überzeugen. Für den täglichen Bedarf an Fisch und Meeresfrüchten müssen schon die Fischer vom Festland sorgen. Und was an Kellnern, Stubenmädchen und Rezeptionisten in den zahllosen Hotels tätig ist, kommt gleichfalls schon vom Festland herüber; Gastarbeiter, mit denen man wenig Freude hat. Die Zahl der Betten wächst allen vernünftigen Kalkulationen zum Trotz immer noch weiter. Und manche Grundnahrungsmittel müssen längst schon eingeführt werden, weil man auf Mallorca ganz einfach nicht

mehr in der Lage ist, die eigenen Ernten zu betreuen. Es gibt keine Leute mehr. Alles will ans rasche Geld, sagt Don Fernando. Alles will in die Hotels und Restaurants. Und der Rest arbeitet in den Souvenirläden, in den Geschäften mit diesen billigen Lederwaren; oder man füllt Schnaps ab, den man vom Festland herüberbringt. Das alles sind Dinge, mit denen man hier Geld verdient. Nur die Landwirtschaft: das ist schwere Arbeit, das ist etwas, was nicht sehr viel Geld einbringt. Also importiert man. Alles. Sogar Orangen und Zitronen. Und die Orangen, die wir selber noch haben, exportieren wir, sagt er achselzuckend. Das ist eine verrückte Sache.
Ich hätte ihn gern gefragt, ob man vor ein paar Jahren, als er ins Touristengewerbe übergewechselt war, auch für ihn einen Lehrer vom Festland hat holen müssen; oder ob man die Fächer, die er unterrichtet hat, einfach aufgelassen hat. Aber das würde ihn wahrscheinlich irritiert haben. Und Spanier, die man irritiert, sind unberechenbar; sogar auf Mallorca.
Don Fernando. Und der Bart, den er rund um sein Gesicht wie eine Auszeichnung trägt, macht fast so etwas wie einen Bastard aus ihm. Wikinger können das verursacht haben; ein paar Araber können da mitgespielt haben. Aber er ist eine seriöse Person. Er nimmt einen mit; er läßt einen teilhaben an seinen Exkursionen; und er sagt wie ein düsterer Prophet: Zwei Tage genügen, und Sie wissen alles. Das genügt dann. Aber Sie müssen gute Nerven haben. Sie müssen ausdauernd sein. Und Sie müssen so tun, als ob Sie in eine fremde Haut schlüpften. Sonst schaffen Sie das nicht. Denn es ist schlimm.
Und es ist tatsächlich schlimm geworden. Es ist so schlimm geworden, wie man sich das vorher nicht gedacht hat.
Sie machen dich dort auf diese levantinische Art fertig, gegen die du nicht ankommst. Sie nehmen dich aus, und du bist ihnen im Augenblick noch dankbar dafür. Und wenn du erst einmal in einen ihrer Autobusse geklettert bist, wenn dich erst einmal ihre Chauffeure und Reiseleiter begrüßt und taxiert haben...
Du hast dich einer Gesetzmäßigkeit unterworfen, die diese Halunken längst schon zum Gesetz gemacht haben. Du bist ein Opfer, mit dem man gerechnet hat; und von dem, was du an

Ein Mallorca zuviel

einem einzigen Tag auf dieser Insel opferst, auf dieser Insel, die sich manchmal wie eine billige Nutte aufführt — das macht ihren Profit aus. Das, was du deinem Reisebüro eingezahlt hast, das Geld, das du vorher schon angelegt hast für diese schrecklichen Augenblicke einer vermeintlichen Freiheit — das rühren sie nicht an; davon kann sich keiner eine Scheibe abschneiden. Erst deine Unvernunft, neugierig zu sein; diese dumme Sehnsucht, deine vermeintliche Freiheit noch ein wenig auszuweiten; erst deine Einwilligung, dahin und dorthin zu fahren auf dieser Insel, die einem bald wie ein kastrierter Hahn vorkommen wird; erst diese Exkursionen und Ausflüge — da wird das gute Geld gemacht. Da wird der Profit gemacht. Sie machen dich auf diese kalte, glatte, levantinische Art fertig, ehe du noch zur Besinnung kommst. Und wenn du um neun Uhr vormittags unter dieser verräterisch freundlichen Oktobersonne, unter diesem gefährlich einladenden Novemberhimmel mit einem ihrer Autobusse abgefahren bist, weil du dir Formentor und ein paar Volkstänze und Binisalem und Inca ansehen willst, dann wirst du am späten Nachmittag das alles zwar flüchtig gesehen haben; du wirst genau drei Minuten von Binisalem und fünf Minuten von Inca gesehen haben; und auf Formentor werden sie dich zwanzig Minuten lang ins warme Wasser springen lassen; oder ein paar Biere werden sie dich trinken lassen; aber gesehen hast du eigentlich nichts. Und wissen — etwas über diese Insel, die du spätestens am Nachmittag zu hassen beginnst, zu wissen, das haben sie dir auch nicht erlaubt. Nur eingekauft hast du. Das hast du gründlich besorgt. Du hast Dinge eingekauft, die du gar nicht brauchst. Aber weil alle einkaufen, weil zwei, drei Dutzend Busladungen voll freiheitstrunkener Menschen — das sind alles Opfer auf diese dumme Art, wie du eines bist — und weil sie alle eingekauft haben, hast du auch eingekauft. In Binisalem einen hölzernen Christus. Und in Inca eine Handtasche, eine Brieftasche oder einen Gürtel; und in der Gegend von Formentor hast du mit dieser großartigen, lässigen Handbewegung, die man von dir erwartet, irgendeine Muschel gekauft, die du später mit einem Gefühl ganz schlechten Gewissens wieder fortwerfen wirst. Und auf diese Weise wird man

dich einen ganzen Tag lang in Atem halten. Volkstänze wirst du natürlich keine zu sehen bekommen. Und die paar Minuten, die man dir gegeben hat, damit du dir diese Landschaft anschaun kannst; diese Steilküste und diese Orangengärten und diesen kahlen, mürrischen Felsen mitten im violetten Wasser — das alles schaust du dir nicht an, weil du keine Zeit mehr hast dafür. Du photographierst das nur. Du machst Bilder für später. Aber gesehen hast du absolut nichts. Und wenn man dir sagen würde, daß dieses Mallorca manchmal wie ein kampfbereiter Rochen aussieht oder wie ein großes graugrünes Segel, das schlaff und zerknittert im Wasser liegt, du müßtest das einem glauben; du mußt alles glauben, was man dir erzählt, denn selber hast du nichts gesehen. Und wenn du am Nachmittag endlich nach Binisalem zurückkommst und es nur noch ein paar Autominuten hinein nach Palma, hinein in dein billig gebuchtes Hotel sind, dann lassen sie dich noch einmal durch eine Ladenstraße laufen; und noch einmal kaufst du ein, was sie dir vorgestellt und gezeigt haben; und du kaufst wie verrückt Schnaps, Sherry und Cognac; du kaufst sogar Whisky und Gin; und die ganze Zeit kaufst und zahlst du; und die ganze Zeit bist du über irgend etwas erstaunt, von dem du nicht genau weißt, was es sein könnte. Melancholie. Ratlosigkeit. Trauer. Und im Hotel dann wirst du zu müde sein, um die Sachen, die du eingekauft hast, die du jetzt über dein Bett verstreut hast, um das alles genauer zu untersuchen. Du hast dich umgetan auf Mallorca. Du kannst mitreden, wenn einer sagt: Mallorca, Binisalem, Formentor. Du hast etwas geleistet. Nur gesehn hast du nichts.
Und das ist der Profit, den sie machen. Und das ist nur der eine Teil des Profites, den sie da machen. Das sind Gastgeber, die einen unbarmherzig an die Pflichten erinnern, die man hat, wenn man als Tourist nach Mallorca kommt. Das sind Gastgeber, die einem diese Sonne zeigen und diesen Berg und diese kleine, sanfte, müde Dünung; und sie zeigen das einem, als ob sie erwarteten, daß man es ihnen abkauft; und wenn man applaudiert und sagt, das sei eine besonders eindrucksvolle Sonne, ein besonders eindrucksvolles Panorama, dann klären sie einen darüber auf, daß es nicht mehr so sei wie früher einmal. Die Tou-

Ein Mallorca zuviel

risten, sagen sie und zucken mutlos die Achseln. Zu viele Touristen, sagen sie. Und beinahe schämt man sich dann ein wenig vor diesen levantinischen Spaniern, daß man auf ihre Insel gekommen ist.
Auf Mallorca darf man kein empfindsamer Mensch sein, sagt Don Fernando an diesem Abend, als wir im uralten Viertel hinter der Kirche von Santa Cruz in einer rauchigen Bodega sitzen und den offenen Landwein probieren, den ein altes, gekrümmtes Weib aus riesigen Fässern abzapft. Dieses ganze Viertel, das ich tagsüber schon manchmal durchstreift habe und das auf diese besondere Weise spanisch, mediterran ist, daß sich kaum einmal ein Fremder hierherein verirrt, es riecht durchdringend nach Petroleum. Das ist dieser alte, gute, scharfe Geruch, den man nie vergessen hat; der einen an Dinge erinnert, von denen man glaubt, daß es sie auf Mallorca nicht mehr geben würde. Petroleum. Und der scharfe Geruch nach Gewürzen. Der Weihrauchduft. Die Signale der Zimtnelken. Und diese zuhauf geschlichteten Fische, von denen Wolken aufsteigen, die einem diesen Hunger schenken, der einen dankbar und genügsam sein läßt. Don Fernando hat ein paar Muscheln bestellt; wir drücken Zitronen darüber aus; dann eine Schneckensuppe, in die uns die Alte noch Knoblauch hineinpreßt. Auf Mallorca darf man kein empfindsamer Mensch sein, sagt Don Fernando noch einmal. Und wenn uns die Touristen jetzt sehen würden, wenn sie das sehen könnten, was wir hier essen! Er lacht und zuckt die Achseln. Der Fremdenverkehr, sagt er, ist wirklich wie eine Krankheit; wie eine Seuche. Er zerstört das Gute im Menschen. Er macht die Menschen verrückt. Er sagt: Das, was du heute noch sehen wirst, ist schrecklich. Und weil er mich plötzlich auf diese Weise anredet, sage ich zu ihm: Du hättest die italienische Küste im Norden sehen sollen. Und dann die jugoslawische Adriaküste! Nein, sagt er, das sind andere Küsten. Andere Methoden. Aber wir sind Spanier. Verstehst du? Und er schaut mich verzweifelt an. Wir sind Spanier, sagt er, und wir tun Dinge, für die wir uns eigentlich schämen müßten. Das ist nicht unsere Natur, so zu sein. Das ist eine verdorbene Natur, die wir uns angeeignet haben.

Spanien

Und dann sind wir hinaus an die Carretera Puigpunent gefahren, hinaus auf die Hazienda Son Gual; und das liegt nur einige Kilometer außerhalb Palmas. Aber das ist dann das Schlimmste gewesen, was man im Umgang mit Menschen erleben kann. Das ist dann so gewesen, wie man sich das vorher nicht hat vorstellen können. Und diesen Don Fernando, der sich jetzt fast hilfesuchend an einen drängt, beginnt man zu begreifen, wenn er sagt: Unsere Chauffeure, unsere Reiseleiter, wir müssen sie alle paar Monate auswechseln. Das hier halten sie nicht durch. Und obgleich sie bitter auf den Verdienst angewiesen wären — sie halten das nicht durch.
Einige hundert Menschen hat man in diesen riesigen Saal der Hazienda, der früher einmal eine Scheune gewesen ist, hineingepreßt. Sie sind mit vierzig, fünfzig Autobussen aus Palma, aus ihren Hotels hergebracht worden; sie haben rund vierhundert Peseten bezahlt, um ein typisch spanisches Barbecue mitzumachen. Aber sie werden mit diesen vierhundert Peseten nicht durchkommen; und was ein spanisches Barbacoa ist, werden sie hinterher auch nicht wissen. Sie werden nur unheimlich zu trinken anfangen. Sie werden das Trinken wie altgewohnte Säufer handhaben. Und bevor sie auch nur einen halbverbrannten Flügel eines zähen, alten Huhns, bevor sie auch nur eine halbverbrannte Schwarte einer uralten Sau vorgesetzt bekommen — da ist ihnen schon Schnaps und Wein eingeschenkt worden; da sind schon die beiden Gitarristen, die an diesem einen Abend insgesamt vier solcher Haziendas abtingeln, bevor sie dann in einem der Nachtklubs von Palma auftreten, da sind diese beiden Gitarristen dann schon als Stimmungsmacher aufgetreten; und die übermüdeten, verdrossenen, routinierten Reiseleiter hetzen von Tisch zu Tisch und benehmen sich wie Zuhälter; und wer am lautesten schreit, wer am schrillsten kreischt, bekommt am schnellsten nachgeschenkt; und weil diese paar hundert Touristen aus Deutschland, Holland und der Schweiz, aus Frankreich, Belgien und England wie verrückt nach Alkohol sind, weil sie alle glauben, hier müßte man sich zu Tode saufen, schreien und kreischen sie alle. Mädchen, alte Frauen und natürlich die Männer. Und die Gitarristen spielen immer

Ein Mallorca zuviel

wieder diesen schnellen Marsch »Eviva Espagna« — und plötzlich schreien dann alle »Eviva Espagna!« Und die Gitarristen spielen irgend etwas von einem Hofbräuhaus. Und alle schreien: »Hurra! Hofbräuhaus!« Und nach der ersten halben Stunde sind die ersten Frauen betrunken; und nach der zweiten halben Stunde sind auch diejenigen betrunken, die immer geglaubt haben, sie würden gute, sichere Trinker sein. Und nachdem dann die Gitarristen abgegangen sind, nachdem sie sich rasch verdrückt haben, weil man schon in der nächsten Hazienda auf sie wartet, beginnt eine Kapelle wie rasend zu spielen; man spielt nur rasche, hitzige Sachen; man nimmt nur Musikstücke, zu denen man sich rasch und bedenkenlos antrinken kann. Aber das wäre schon nicht mehr notwendig gewesen. Die Touristen sind schon betrunken. Sie fangen schon damit an, diese Dinge zu tun, die man sich vorher nicht hat vorstellen können. Sie kotzen schon die Tische voll; und urinieren unter die Tische. Sie tanzen schon auf den Tischen und reißen sich gegenseitig die Kleider vom Leib; und die Frauen um vierzig, fünfzig sind die schlimmsten; und die Männer über vierzig sind die schlimmsten. Aber die ersten, die bewußtlos zusammenbrechen, die ersten, die zuerst wie verrückt zu schreien anfangen oder die hemmungslos schluchzen und dann bewußtlos zusammenbrechen — das sind halbe Kinder. Mädchen. Und ein paar Buben, zwölfjährig, vierzehnjährig. Und ein Mädchen, das vielleicht noch nicht einmal fünfzehn war, brach zusammen und wälzte sich ein paar Augenblicke hysterisch auf dem Boden, bevor es bewußtlos wurde; und die ganze Zeit, die es sich da auf dem schmutzigen Boden wälzte, sah man, daß es keine Unterwäsche mehr am Leib hatte. Aber das war schon nicht mehr das Schlimmste, denn eine ganze Reihe von Paaren hatte vorher schon ziemlich offen zu koitieren angefangen; und diese Leute koitierten an den hinteren Tischen, dort, wo man die Wände dieser ehemaligen Scheune mit Stierkampfplakaten verklebt hatte; und einige Paare, die sich vielleicht genierten, waren hinaus in den Garten gegangen; aber was sie dann dort machten, geschah wie in einer gut erleuchteten Arena; und man konnte ihnen vom Rand des Gartens zusehen; und viele Leute, und es

Spanien

waren auch Frauen darunter, haben ihnen dabei zugesehen; und haben schmutzige Worte in den Garten gerufen; und die Paare haben nur gelacht. Aber eine Frau hat plötzlich zu schreien angefangen; und der Mann, der auf ihr gelegen ist, hat gerade noch rechtzeitig wegspringen können, bevor sie sich erbrochen hat; dann ist auch sie bewußtlos geworden. Und das alles hat ein paar Stunden lang gedauert. Und ein paar Stunden lang haben die Menschen unmenschlich geschrien. Und manche Kellner und Reiseleiter haben manchen bewußtlos angetrunkenen Frauen immer zuerst die Brüste freigemacht, ehe sie ihnen geholfen haben. Und am schlimmsten waren die Kinder betroffen, die auch in den Autobussen nicht zu sich gekommen sind.
Und das geht ein ganzes Jahr so, hat Don Fernando gesagt, der an diesem Abend immer bei mir geblieben war. Ein ganzes Jahr. Jeden Abend. Jede Nacht.
Das war es also. Und der Mond ist hinter ein paar dünnen Wolken gestanden; damals, in dieser Nacht. Und das Schreien der Leute ist wie eine Glocke gewesen. Und die Dinge, die sie getan haben, sie waren wie das Spielzeug, das man sich ein Leben lang gewünscht hat. Und das man, wenn man es plötzlich bekommt, in seiner Dummheit zerstört.

Die preiswerte Melancholie

Zuerst hat es diesen Zwischenfall in Barcelona gegeben. Da haben sie einen Studenten zum Tod verurteilt. Er soll einen Polizisten umgebracht haben. Und er hat das die ganze Zeit, während über ihn verhandelt worden war, wütend geleugnet. Aber weil der Student ein Mitglied irgendeiner Widerstandsbewegung gewesen ist, war das natürlich ein politischer Prozeß; und er ist natürlich zum Tod verurteilt worden. Und noch in der Nacht nach der Urteilsverkündung explodierten in der Stadt ein paar Bomben; und am anderen Tag sind einige tausend Leute auf die Straße gegangen und haben gegen das Urteil demonstriert. Die Polizei ist auf die übliche spanische Art mit den Demonstranten fertig geworden. Und der Jänner in diesem Jahr ist in Barcelona recht launenhaft gewesen. Die Touristen sind wie verwirrte Zugvögel über die nächtlichen Ramblas gezogen und haben nicht gewußt, auf welcher Seite sie zuerst anfangen sollen; und die meisten Touristen wissen wahrscheinlich nicht einmal, daß es wichtig ist, die beiden Seiten der Ramblas voneinander zu unterscheiden. Und man zuckt die Achseln und nimmt die Nachtmaschine nach Ibiza; und noch während sie abhebt von der Piste draußen in Prat de Llobregat, hat man diese Geschichte mit dem Studenten, den entsetzten Demonstranten und den wie besessen prügelnden Polizisten schon wieder vergessen; oder man glaubt zumindest daran, daß man sie vergessen hat. Und über Barcelona ist noch dieser dünne katalanische Regen gestanden, der mit seiner zähen, freundlichen Feuchtigkeit die Stadt und das hügelige Land dahinter wie in eine nasse Haut gehüllt hat. Und dreißig Minuten später dann über Mallorca sind die Wolken nur noch wie kleine Wäschestücke am Himmel gewesen. Und der Regen ist zurückgeblieben wie etwas, das man nicht vermißt. Aber erst auf Ibiza hat es diese Helligkeit einer Nacht gegeben, in der man den Frühling begreifen lernt. Und es war eine gute Sache, aus der alten, stöhnenden DC 9 zu klettern und mit dem nächsten

Spanien

erreichbaren Taxi durch die warme Nacht rasch in den Hafen zu fahren, wo man sich noch ein Dutzend dieser frischen, fleischigen Muscheln mit Knoblauchsauce und einen Krug Rosado auf den einzigen Tisch der winzigen Kneipe stellen läßt, ehe man dann endgültig nach Talamanca hinausfährt und ankommt in diesem komischen Touristenhotel, wo die alten Leute aus Deutschland und England ihren Pensionistenwinter absitzen. Ibiza, denkt man, und man stößt die Fensterläden vor dem muffigen Hotelzimmer auf und beugt sich weit in die helle Nacht hinaus. Das Leben, meint man in solchen Augenblicken, müsse eine schöne, glatte Sache sein.
Am anderen Tag steht der zurückgekehrte Winter wie ein trauriger Mann über Ibiza. Ein grauer Tag mit grünem Meer und den weißen Brauen der Gischt. Die schneidenden Geräusche des Windes. Und die Möwen stehen wie Schmetterlinge am Himmel. Die alten Leute wandern unruhig durch die Hotelhalle; in der Stadt haben sie die Straßencafés geräumt. Ein solcher Tag ist nicht eingeplant gewesen. Er wird später abgehen bei dieser Rechnung, die man über ein zu kurz geratenes Leben aufmachen muß. Und so etwas wie ziehender Schmerz liegt in der Luft; nur das leuchtende Grün des Grases erinnert einen an die fröhlichen Heimsuchungen des Frühlings. Und die Landschaft, die vor einem liegt, ist immer noch wie eine sanfte Verheißung. Der weiße Blütenschnee auf den Mandelbäumen. Die gelben und rostfarbenen Sterne der Orangen. Das sanfte, zarte Rot dieser geduldigen Erde. Und dann sieht man den hellen katalanischen Regen wie Silber auf die grünen Wiesen fallen.
Aber da ist Miguel, der stolze Katalane. Da ist Rochelle, mit ihren Deserteuren und den ekelhaften dunkelgrünen Haschischklumpen. Da sind die alten Schwätzer in der Hotelhalle mit ihren austauschbaren Erinnerungen an Schlachten und Schlächtereien. Da sind die Menschen, die man nicht eintauschen kann für eine Insel, für einen Traum, der einem doch nur wieder unter den Händen zerbricht.
Miguel ist Taxichauffeur. Ein in die Breite geratener vierzigjähriger Riese. Drüben auf dem Festland haben sie den Ministerpräsidenten umgebracht. Er findet das in Ordnung. Es wird

Die preiswerte Melancholie

ein anderer Ministerpräsident kommen, sage ich. Die Verhältnisse werden sich nicht ändern. Er, während er vorsichtig den knarrenden Wagen diesen steinigen Feldweg hinauflenkt, an dessen Ende das graue geduckte Steinhaus steht, wo diese Rochelle mit ihren drei Kindern, zwei Hunden und Deserteuren lebt — er sagt: Die Verhältnisse ändern sich immer. Auch in Spanien. Man muß nur dafür sorgen, daß sie sich ändern. Und ich antworte ihm, daß ein Mord immer ein Mord bleiben wird. Und er sagt voll unbeherrschter Wut, daß die wahren Mörder diejenigen seien, die ihr Kapital in Spanien investieren mit dem ausdrücklichen Wunsch, daß die Regierung ihnen jeden Streik vom Halse halte. So kann man natürlich auch Geschäfte machen, sagt er zornig. Mit dem Schweiß des Volkes. Und mit der Ohnmacht des Volkes. Und die Zinsen, die man sich holt ...
Miguel bremst hart und heftig, während er das sagt: Und die Zinsen sind dann wie die Flüche, die man ausspuckt.
Miguel ist ein entschlossener Mann. Er hat Prinzipien. Und weil er weiß, daß ich zu Rochelle will, zu dieser Amerikanerin, die schon seit ein paar Monaten hier lebt. Ihm gefällt das nicht. Eine Revolution, sagt er mürrisch, ein Polizistenmord oder ein Attentat, das einem gelingt — das ja. Aber nicht diese Leute hier. Aber nicht diese Amerikaner, die keine Verantwortung auf sich nehmen.
Aber denen, die er meint, ist jede Verantwortung gleichgültig geworden; oder sie ist ihnen zu früh gekommen wie eine Last, die einem zu schwer ist; oder es hat ein Sinn gefehlt hinter dieser besonderen Art von Verantwortung. Es sind Wehrdienstverweigerer und Deserteure. Flüchtlinge. Wenn dieses Wort nur nicht einen so tragischen Hintergrund hätte. Das hat manchmal schon in den Staaten begonnen. Und in Vietnam. Und irgendwo unterwegs. Dann war Schweden, Marokko. Und jetzt Ibiza. Und nur der schwarzgrüne Staub an ihren Händen würde sie verraten, wovon sie leben und woran sie eines Tages sterben werden. Rochelle, dieses heitere dreißig- oder vierzigjährige Geschöpf von der amerikanischen Ostküste, das mit seinen Kindern und den Hunden aus einem perfekten Dasein geflüchtet ist, an dem man vielleicht auch zugrunde gehen kann. Sie hat

diese Männer aufgenommen; Männer, die noch keine Männer sind, obgleich man ihnen das Handwerk des Tötens beigebracht hat. Und obwohl sie jetzt von einer anderen Art des Sterbens leben: die dunkelgrünen Klumpen, die sie aus Marokko, Tanger heraufbringen. Miguel wird, nachdem er mich abgeholt hat, sagen: Manchmal ist es eine Schande, daß man gezwungen wird, von fremden Menschen zu leben.
Aber was ist eine Schande? Ein Deserteur zu sein? Jemand zu sein, der nicht mitmachen will? Ist das schon eine Schande, diese Angst nicht abstreifen zu können, die man hat, wenn man töten soll? Schande... Marihuana, Haschisch, den Tod mitbringen in fremde Länder, die vielen Formen und Möglichkeiten des Todes kennenlernen? Kinder aufwachsen zu lassen in solcher Umgebung? Bomben werfen, Separatist sein, die Welt nicht mehr begreifen wollen... was ist das: Schande?
Das Haus, in dem sie dort leben, ist alt und solide. Rochelle bezahlt monatlich dreitausend Peseten dafür. Das ist ungefähr so viel, wie ihr der Mann, dem sie in Amerika davongelaufen ist, manchmal für die Kinder überweist. Und während im offenen Kamin ein knackendes Feuer steht; während sich diese jungen Männer, die Miguel leidenschaftlich ablehnt, einen Joint drehen; und während draußen schon wieder dieser helle, freundliche, katalanische Regen die Welt verändert. Wie reagiert man in solchen Augenblicken? Was empfindet man? Und es fällt einem ein, daß die Pensionäre drüben in den Hotels um diese Nachmittagsstunde schon leicht angetrunken sind; wenn dieser sanfte, heimtückische Regen auf die Insel fällt, dann trinken sie; als ob sie sich ängstigten, einmal nachdenken zu müssen. Und es fällt einem ein, daß die Moral, die man auf diesen Inseln hat, nicht immer maßgeschneidert ist; und man denkt an diese abendlichen Gespräche in den verrauchten Hotelbars, wo einem die eisgrauen Veteranen ganze Schlachten noch einmal erzählt haben; nur die Toten haben sie unter den Tisch fallen lassen. Nur das Handwerk des Abschlachtens haben sie vergessen. Und Rochelle sagt lächelnd, daß man diese ruinierten Kinder, die bei ihr untergekrochen sind, nicht zurückschicken dürfe in eine Welt, die sie nicht begreifen. Und das Lächeln, mit dem

Die preiswerte Melancholie

sie das sagt, ist so traurig wie das Abschiednehmen von einem guten Freund.
Aber ein Deserteur ist ein Deserteur. Aber ein Dealer ist ein Dealer. Aber den Studenten, den sie drüben in Barcelona zum Tode verurteilt haben, kann man auch nicht mehr vergessen. Das ist es. Man kann nicht vergessen. Das macht es einem auf Ibiza schwer. Das macht einen ratlos und manchmal müde, daß man beide Möglichkeiten begreifen lernt. Die Touristen in ihren abgewohnten Hotels mit diesen leidenschaftslosen Gewohnheiten, die einen umbringen. Diese kleinen scharfen Nutten, die drüben in Deutschland oder England brave Sekretärinnen oder Hausfrauen sind; diese wütenden Marodeure und Feldwebel — und alle wollen sie das Leben trinken, als wär's ein Schluck Wasser. Und die Hippies in den Hügeln; mit dieser Verzweiflung, die wie eine Mode ist; oder manchmal nur noch die letzte Handbreit vor einem raschen, stillen Tod. Hier der süße, schwere Haschischduft und die zerwühlte, schmutzige Matratze; und dort die bierfeuchten, weinhellen Stimmen und die verstohlene Umarmung in fremden Zimmern. Und immer das rasche Urteil bei der Hand; hüben wie drüben. Immer die Verachtung, die man hat. Immer die Verständnislosigkeit, die man wie ein Dokument mit sich herumschleppt. Und dann Miguel, der gutmütige, jähzornige Riese. Einmal sagt er unvermittelt: Was wird aus dieser Insel! Als ob das ein Zoo wäre; und wir dürfen nur noch als Besucher hinkommen ...
Und dann fährt man hinaus in die einsamen Dörfer; und das ist wieder ein Tag wie blaugefärbte Seide; und wenn man ins Meer starrt, das manchmal wie eine zweite riesige Sonne vor dieser Insel liegt und manchmal wie ein großes, träges Ungeheuer. Das sind die kostbaren Augenblicke, in denen man lernt, tief Atem zu holen. Das war in San Vicente. Ein heller, warmer Vormittag; und dann die heiße Mittagssonne im Jänner. Das große Touristenhotel leer, die Fensterläden geschlossen, der Strand davor wie eine saubere nackte Wunde. In der kleinen Fischerkneipe daneben hat sich eine Familie aus Ibiza um zwei große runde Tische versammelt. Die größeren Kinder balgen sich mit Hunden unten am leeren Strand; ein stilles braun-

haariges Mädchen, vielleicht vierzehnjährig, sechzehnjährig; und sie lehnt wie im Traum an einer Balustrade und starrt aufs Meer hinaus. Dunkelbraune Krüge voll hellrotem Wein werden gebracht; und die kleinen gebratenen Fische, daneben die gelben Knoblauchzehen, darauf die hellen Zitronenscheiben. Die Stimmen sind rasch und heftig, aber immer freundlich; ein Lachen hängt in der Luft, das einem guttut. Leben kann schön sein. Leben kann leicht sein. Da sind die Dinge, die man liebt. Eine Sonne wie aus flüssigem Feuer. Eine andere Sonne in diesem unwahrscheinlich blauen, unter den sanften Windstößen des Jänners erzitternden Meer. Der weiße Sand in der Bucht; manchmal die dunkelgrünen Tangflecken darauf. Ein paar betuliche dicke Seeschwalben, die wie kleine Wolken am Himmel stehn. Und dann endlich das große Panorama der offenen See. Die Reinheit. Die Makellosigkeit. Das ist wie ein Traum, den man nicht vergessen will; von dem man nicht haben will, daß er einem auch unter den Händen zerbricht; den man mitnehmen möchte. Das ist wie ein Traum; das kommt und geht. Und man vergißt es wieder.

Aber die einen wissen von den anderen nichts; hier auf Ibiza. Und wahrscheinlich muß das überall so sein. Und es gibt manche Cafés, in denen sich die Hippies drängen; und in manchen Cafés sitzen die Touristen wie zufriedene Katzen in der warmen Sonne. Und niemand weiß etwas vom anderen. Und der eine fürchtet den anderen; oder verachtet ihn. Und ein paarmal bin ich nach Portinatx hinausgefahren, in diese schmale vergessene Bucht, in der es im Winter weder Touristen noch Hippies gibt; und ich habe mich mit diesem alten Mann unterhalten, der ein Leben lang auf See gewesen ist und jetzt im leeren kalten Hostal sein Leben buchstäblich aushustet. Das ist eine Krankheit, die keine Medizin mehr heilen kann. Er sagte einmal: Wenn man zuviel von diesem Salzwasser eingeatmet und geschluckt hat, dann verbrennt es einen innerlich. Dann muß man dafür zahlen. Aber die Augen des alten Mannes sind so hell und scharf, als wäre er noch ein Jüngling. Und man wird zufrieden neben ihm. Im Mai, Juni, wenn die Touristen kommen, geht er hinüber nach Formentera oder ins Innere der Insel.

Die preiswerte Melancholie

Du kannst manchmal einen ganzen Sommer haben, sagte er, ohne ein fremdes Gesicht sehen zu müssen. Das Leben, die See, der Wind, das Salzwasser, sie haben tiefe Spuren in sein Gesicht geschlagen. Dabei ist er über das Mittelmeer nie hinausgekommen. Das war mein Verhängnis, sagte er. Ceúta, Tanger, Gibraltar und was dahinter liegt; was einem das Geld bringt ... nichts. Und er meinte, daß man in diesem Meer hier kein Geld mehr verdienen würde. Nicht mit ehrlicher Arbeit, sagte er gleichgültig. Wenn einmal Hotels gebaut werden und die Fremden kommen, sagte er, dann darfst du kein Fischer mehr sein. Dann mußt du dir eine andere Beschäftigung suchen. Der Fisch spürt das, wenn die Unruhe kommt.
Ich habe nie seinen Namen erfahren. Und in der ersten Zeit glaubte ich sogar, daß er da draußen in Portinatx bei irgendwelchen Verwandten wohnte; bei einer Schwiegertochter; bei Enkelkindern. Aber eines Tages sagte er, und da habe ich ihn schon regelmäßig besucht: Ein Mensch wie ich muß bereit sein. Da braucht man keine Leute mehr, die um einen weinen werden. Das taugt nichts.
Er war wie ein Stein, den man gegen die Küste schleudert. Er wußte alles über die Strömungen, den Fisch, das Wetter. Er sagte: Der Fisch ist klüger als wir. Er geht in die Tiefe. Er flüchtet. Wir können nur zerstören. Maschinen. Kräne. Lärm. Du wirst sehen, sagte er, eines Tages wird es in diesem Meer überhaupt keinen Fisch mehr geben. Dann werden wir ihn vertrieben haben. Du wirst das noch erleben.
Und das konnte er sich nicht vorstellen. Ein Mittelmeer, durch das kein Fisch mehr schwamm. Manchmal denke ich daran, daß er sich auf den Tod freut. Der Fisch, den er liebt. Der Husten, der ihn quält. Die Flucht vor den Fremden im Sommer. Manchmal war er wie der triefäugige Mond über den Inseln, wenn Regen am Horizont steht und der schwere feuchte Südwind mit seinen nassen Zungen seufzend an die Ufer steigt.
Menschen, denen man auf diesen Inseln begegnet; und immer steht diese Ratlosigkeit neben einem, weil man das Leben verrinnen sieht wie den heißen Sand durch die Finger; weil man das Meer im heißen Nachmittagsdunst liegen sieht und es eifer-

süchtig für sich bewahren möchte; weil Ibiza wie eine Freundin sein könnte, der man nie begegnet ist. Diese Hilflosigkeit im Umgang mit Menschen! Und manchmal fuhr ich hinauf zu Rochelle und ihren Deserteuren; und einmal wollten sie mich draußen in meinem Hotel in Talamanca besuchen. Aber man hat ihnen den Zutritt verwehrt; man hat sie an der Rezeption nicht vorbeigelassen. Und später fragte mich der Manager, ein höflicher, glatter Spanier vom Festland, wie ich zu solcher Bekanntschaft gekommen sei. Und die Art, wie er das sagte, war so schmutzig, daß ich ihm antwortete, ich hätte immer geglaubt, in Spanien kenne man keine Vorurteile. Aber diese Leute, sagte er unbehaglich, passen doch nicht in unser Hotel. Und ich fragte ihn, ob er davon überzeugt sei, daß sein Hotel erstklassig sei und ob in ein erstklassiges Hotel nur gewisse Leute hineindürfen. Aber das seien doch keine Touristen, sagte er. Und ich sagte, daß sogar das wenige Geld, das diese Hippies auf der Insel lassen, einigen Leuten hier sehr willkommen sei.
Es war töricht. Und es war beschämend. Und es war wie immer. Der Kastengeist, der umgeht wie ein Wolf in dieser Welt. Der Hochmut, an dem man manchmal zu ersticken glaubt. Die Eitelkeit, die einen umbringt. Und dann setzt man sich mit den Hippies zusammen; und sie erzählen einem grinsend ihre Verachtung, die sie für die Touristen haben. Und sie sagen einem, daß sie nie so sein möchten wie diese Bürger. Und auch das ist töricht und beschämend; und auch das ist wie immer. Und manchmal dachte ich daran, vorzeitig abzufliegen; oder hinüber nach Mallorca zu gehen, wo es nur eine einzige Klasse von Menschen gab; wo der Haß der einen gegen die anderen noch nicht ausgebrochen war.
Und irgendwann resigniert man. Die Geschichten der Deserteure verlieren an Spannung. Die Erzählungen der Veteranen über das Handwerk des Tötens werden langweilig. Manchmal kommt noch der Winter mit seiner strengen Melancholie über die Insel. Manchmal steht die Sonne schon wie ein Engel am Himmel. Und immer die Geräusche des Windes; und immer die Geräusche des Meeres. Und in den Nächten diese Helligkeit, die einen verwirrt. Miguel hat mich zu einer Paella eingeladen;

Die preiswerte Melancholie

unten am Hafen. Stolz führt er mir seine Frau und seine beiden kleinen Töchter vor. Ein Idyll. Wir bleiben bis in die Dämmerung hinein zusammen. Er erzählt mir von seinem Vater, der im Bürgerkrieg auf der falschen Seite gestorben ist. Er war kein Roter, sagte Miguel. Also zumindest kein Kommunist. Mein Vater — das war ein genauso guter Katholik wie jeder andere Spanier. Nur das Unrecht hat ihn verrückt gemacht. Aber er ist gestorben. Und wozu? Das Unrecht ist nicht weniger geworden.
Seine Frau, klein, rundlich, eine fröhliche Katalanin mit einer Stimme, die überraschend tief klingt. Manchmal beteiligt sie sich an dem Gespräch. Einmal erklärt sie mir, daß ich ihrem Mann gegenüber vorsichtig sein solle. Er sucht immer neue Opfer für seine verrückten Ideen, sagte sie. Er glaubt, daß wir Katalanen die besseren Spanier seien; und vielleicht sogar die besseren Menschen — als ob es uns nicht gutginge! Als ob wir nicht alles hätten, was wir brauchen! Miguel wollte protestieren. Aber sie ist ihm lachend ins Wort gefallen. Männer, hat sie gesagt, brauchen immer eine fixe Idee.
Und dann ist die Sonne untergegangen. Und die Farben haben diese harten scharfen Konturen verloren. Das Wasser im Hafen ist wie Öl gewesen. Und der Himmel war rauchig. Männer brauchen immer eine fixe Idee... ein paar Augenblicke lang habe ich an diese jungen Männer oben in den Hügeln gedacht; an Rochelle. Wie wird das weitergehen? Und wie lange noch? Rochelle hat mir verraten, daß sie daran denke, nach Kreta zu gehen. Und Ihre Schützlinge?, habe ich sie gefragt. Sie hat nur mit den Achseln gezuckt. Es ist eine Sache, auszubrechen aus einem mörderischen Kreislauf. Aber es ist eine andere Sache, dann so leben zu wollen, als wäre nichts geschehen. War es die Sache mit dem Marihuana, was sie störte? Sie hat den Kopf geschüttelt. Waren es die Kinder? Rochelle hat mit der Antwort gezögert. Dann hat sie leise gesagt: Das ist ein langer Weg, bis man begreift, was ein Kind wirklich braucht. Die Freiheit. Oder die Dressur. Aber in einer dressierten Welt ist es vielleicht besser, wenn man ein Kind frühzeitig an diese Dressur gewöhnt.

Spanien

Ibiza. Ein scharfer Geschmack bleibt zurück, wo man zuerst nur hineintauchen wollte wie in ein Meer voll Glückseligkeit. Abends tanzen sie im Hotel. Die munteren alten Männer und die scharfen kleinen Nutten, die in ein paar Tagen wieder brave Hausfrauen und eifrige Sekretärinnen sein werden; und denen manchmal die Enttäuschung scharf wie ein Schnitt im Gesicht steht. Diese bittere Enttäuschung, daß es bis zuletzt ein Urlaub wie jeder andere gewesen ist. Und das Abenteuer, der Traum, das, worauf sie gewartet haben ... nichts. Manche dieser jungen Frauen haben in ihrer ratlosen Verzweiflung oder auch in ihrer Habgier auf das Leben wie gelähmt die Zeit verrinnen lassen. Talamanca. Die Stadt. Die paar Nachtlokale. Die Hotelbar. Sonst nichts. Die grünen Hügel der Insel, die schroffen Steilhänge an der Küste, die einsamen Buchten — sie wissen nichts davon; sie haben es nicht gewagt, die Meute zu verlassen. Und jetzt sind sie so einsam wie vorher; und so verdrossen. Und am letzten Morgen, bevor sie zurückfliegen werden nach Hannover, Köln oder Manchester, stehen sie mit geschwollenen Augen und mutlos vor Enttäuschung vor ihren Koffern. Das Ende von etwas ...
So ist das auf Ibiza. So war das auf Ibiza. Und selber besteigt man dann irgendwann eine Nachtmaschine und fliegt hinüber nach Barcelona. Das Gefühl, das einen bewegt, wenn man die Lichter der Insel unter sich verschwinden sieht ... ist es Sehnsucht?

Stiere sterben wie Menschen

An diesem Nachmittag, an diesem letzten Sonntag im Oktober. Hell war das Licht, hart. Heftig wie ein Schlag mit der flachen Hand war das, wenn vom Meer herauf manchmal ein heißer Windstoß kam. Und von den sechs Stieren, die man an diesem Nachmittag in der Arena von Marbella abgeschlachtet hat, starb einer diesen Tod, den man nie mehr vergißt. Er starb sehr langsam und fast wie ein Mensch; und das Blut, das er keuchend ausspuckte, zeichnete eine große zerrissene Rose in den gelben Sand der Arena. Und der Torero — Alvaro Laurin heißt er, und er ist noch jung, er besitzt noch diesen dummen Mut, den man in seinem Alter haben muß —, er hat dem sterbenden Stier die rote Capa vor die Augen gehalten; und ihm fast zärtlich zwischen die Hörner gegriffen, die jetzt nicht mehr gefährlich waren. Dann hat er die Capa in den roten Strahl getaucht, der aus dem Maul des Tieres troff, als ob er selber in diesem Blut, das er durch seinen schlecht gezielten Stoß mit dem Degen verursacht hat, baden wollte. Und der Stier hat ihn angestarrt mit Augen, in denen schon ein wehmütiger Tod stand; und das Blut, das ihm die ganze Zeit wie ein Sturzbach aus dem Maul schoß, war eine rote Fahne, eine rote, zerrissene Rose. Und die Leute auf den Rängen haben den Atem angehalten. Die Touristen waren gerührt, weil sie sahen, daß der Schlächter sein Opfer liebte .. bis Laurin endlich in der vorgeschriebenen Zeit seinen Descabello angebracht hat; diesen erlösenden Stich ins Genick mit dem anderen Degen. Dann ist der Beifall losgeprasselt. Die spanischen Aficionados haben ihre Tücher geschwenkt, ein paar Engländerinnen haben gekreischt, und wahrscheinlich waren sie befriedigt, daß der Torero so jung und hübsch war. Und daß ihm nichts passiert war, obwohl ihn der Stier einmal kräftig in den Sand gestoßen hat. Aber jetzt waren alle ergriffen, wie gefühlvoll Laurin mit dem blutenden, sterbenden Stier umgegangen war.

Dann ist der Kadaver hinausgeschleift worden. Und die Mulillas, die das machen müssen, haben dabei wie fesche Fleischergesellen ausgesehen. Und man hat etwas Sand über diese zerrissene Rose aus Blut geschüttet. Dann ist der nächste Stier in die Arena getrieben worden. Und es war wirklich sehr heiß an diesem Nachmittag. Die Touristen, die sich das leisten können, haben ganze Batterien von Bierflaschen leergetrunken. Und das alles — die sechs Stiere, die man abgeschlachtet hat, die drei Toreros und das Blut und auch die grotesken Sprünge der Banderilleros und die angstvolle Erstarrung der Picadores, wenn der Stier ihr Pferd gegen die Barrera der Arena gedrängt hat —, das alles hat den Touristen ziemlich gut gefallen. Beim zweiten Stier hat ein Amerikaner geschrien: »Die in the sun!« — Stirb in der Sonne! Und alle haben gelacht. Und der zweite Torero, ein hagerer Kerl mit einem blassen, nervösen Gesicht, er hat den Todesstoß, La Estocada de Muerte, dann tatsächlich in dem Teil der Arena probiert, auf den noch diese ganze heftige andalusische Sonne gefallen ist.

So war das in Marbella; an diesem letzten Sonntag im Oktober. Und nur ein paar fanatische Aficionados haben gepfiffen, weil keinem der drei auftretenden Toreros diese Estocada de Muerte geglückt war, weil man in den Stieren herumgestochert hat, als wären es dicke schwarze Bratwürste. Nur die Touristen haben bei allen sechs Kämpfen applaudiert; und am heftigsten haben sie applaudiert, wenn dieser Alvaro Laurin aufgetreten ist.

Aber am Abend, wenn man zurückgekommen ist nach Málaga, hat man das alles fast schon wieder vergessen. Den Kreis des Todes, in dem der todwund getroffene Stier taumelnd steht. Das Blut und den Schweiß. Und das aufgeregte Kreischen der Weiber aus Skandinavien, England oder Deutschland, man vergißt das. Man ist durch die Steinwüste gefahren, die sie aus der Costa del Sol gemacht haben; durch diesen Dschungel aus Beton, Stahl und günstiger Rendite. Und man ist überrascht gewesen, wenn in einer Baulücke noch groß und dunkel das Meer gestanden war.

Und so bin ich nach Málaga gekommen wie ein hilfloser Tänzer, der die Musik, zu der er tanzen soll, nicht mehr hört. Und ich bin in mein Hotel gegangen, in das verstaubte, schäbige

Stiere sterben wie Menschen

»Emperatriz« am Paseo Sancha, wo die pensionierten spanischen Kolonialoffiziere und die ältlichen englischen Fräulein wie blind in die Nacht starren und geduldig darauf warten, daß sie einschlafen können; ein Spanien ist das hier im »Emperatriz«, das es an der Costa del Sol eigentlich gar nicht mehr geben dürfte. Dafür kann man manchmal weit draußen auf der offenen See die weißen Schaumkronen sehen; und wenn der Wind günstig steht, weht er Afrikanisches in die schmalen Kammern, weht er alte Erinnerungen herüber aus Tanger, Tetuán oder Melilla. Und die Leuchtfeuer wandern mit ihren unruhigen Fingern wie aufgestörte Diebe zwischen den beiden Kontinenten.
Am anderen Abend steht dann plötzlich Regen am Himmel. Aber die Fischer in den dunklen Bodegas und Pinten im Viertel hinter der Stierkampfarena und unten am Hafen schütteln nur den Kopf. Und auch die Flugzeuge stehen wie Wolken am Himmel, wie zitternde Vögel, die wie Wolken aussehen. Und der Himmel am anderen Tag schaut aus wie die zerfurchte graue Haut eines alten Elefanten. Regen. Und die Leute sagen, das Unglück von La Rábita, von Almería werde sich wiederholen; und an der Küste starren sie verzweifelt ins aufgerauhte Meer, das immer noch zerfetztes Holz antreibt; das immer noch verdunkelt ist von diesem Schlamm, den diese große Sintflut im Oktober von den Hängen der Sierra heruntergetrieben hat. Niemand weiß, wieviel Leichen im Meer treiben. Die Leute reden vom Unglück, das die Nachbarprovinz betroffen hat. Vom eigenen Unheil, das um ihre sauberen weißen Häuser schleicht, reden sie nicht. Nur die Fischer in den dunklen Bodegas schütteln verzweifelt den Kopf und verfluchen die Marokkaner, die mit ihren schnellen Fregatten schon seit Monaten Jagd machen auf die schwerfälligen Kutter aus Málaga, Cádiz und Nerja. Man kann mit ihnen den trockenen Jerez trinken und ein paar Tapas essen; und sogar über das Wetter kann man mit ihnen reden, über die Touristen, die auch in diesem Jahr hier an der Küste überwintern werden — nur über ihr Handwerk, das sie nicht mehr ausüben können, reden die Fischer nicht. Die plumpen Fischkutter liegen nutzlos vertäut in

den Häfen. Und die großen Schleppnetze liegen wie Abfall auf den Molen. Die Marokkaner, sagen die Fischer, wenn man lange genug mit ihnen den billigen trockenen Jerez trinkt, die Marokkaner... und dann spucken sie aus und schaun einen mißtrauisch an.
An diesem Abend, an dem der Regen plötzlich am Himmel steht — und drüben im Osten fällt er auch wie ein dünner Vorhang über die Küste, fällt er viertelstundenweise und lange genug, daß die Leute wieder Angst bekommen, die Sintflut könnte sich wiederholen —, an diesem Abend bringt das spanische Fernsehen die Meldung, daß die Regierung fünfzig Millionen Peseten bewilligt habe für die Modernisierung der Fischereiflotten hier unten im Süden; damit die Leute aus Nerja, Málaga und Cádiz in den Atlantik hinauskönnen; damit sie nicht mehr abhängig seien von den Fischgründen vor der marokkanischen Küste. Und der alte Mann, der Pablo Paton heißt und der mich zur Corrida nach Marbella mitgenommen hat, er hat nur den Kopf geschüttelt und mir erklärt, daß es zu spät sei. Du hast den Stier gestern gesehen, sagte er, und wie er gestorben ist. Da hat dieser verfluchte Hund, dieser Laurin, schon seine Estocada verpfuscht gehabt, und der Stier hat geblutet, als ob er ein Faß wäre, aber praktisch war er tot. Er sagte: So ist das mit den fünfzig Millionen. Das kommt zu spät. Praktisch ist alles hier tot. Und seit die marokkanischen Nigger ihre siebzig Meilen abgesteckt haben: aus. Er hat seine alte, welke Hand auf den Tisch fallen lassen wie einen Hammer. Er sagte: Ein Dutzend Kutter haben sie schon aufgebracht. Und manchmal haben sie den Fang einfach über Bord gekippt. Und manchmal haben sie Uhren und Geld mitgehen lassen. Und immer waren sie zum richtigen Zeitpunkt an der richtigen Stelle. Die fünfzig Millionen kommen zu spät.
Und später hat er gelacht und gesagt: Atlantik! Da kommen dann die Russen oder die Amerikaner und sagen, sie hätten die Fanggründe schon gepachtet.
Und die Fischer in der dunklen Bodega haben dem alten Pablo Paton zugehört, als erzählte er ihnen eine Neuigkeit; diese Fischer, die das nicht mehr riskieren können, vor der marok-

kanischen Küste die Netze auszuwerfen. Weil dann immer eine dieser Fregatten zur Stelle ist; weil dann immer die Netze verlorengehen; oder das Geld, die Uhren oder das Boot. Und seit die Marokkaner auf den siebzig Meilen bestehen, sind die Fischer an der reichen Costa del Sol arm geworden. Und sie sind noch viel ärmer geworden, als sie es eigentlich immer schon gewesen sind.
Pablo Paton hat versucht, mir das Problem zu erklären. Zuerst sind nur ein paar Touristen gekommen, sagte er. Das war gut. Aber dann sind die Spekulanten gekommen. Und dann haben sie die Küste zugebaut. Und jetzt haben wir tausend Hotels und eine Million Touristen und keine Fische mehr. Der Fisch ist fort, verstehst du. Drüben steht er, vor der afrikanischen Küste, die noch vor ein paar Jahren eine spanische Küste gewesen ist. Aber dort drüben nützt er uns nichts. Wir dürfen nicht mehr hinüber. Und bis sie ihre fünfzig Millionen auf diesen alten Kuttern verbaut haben, ist auch der Atlantik leer. Und die Fischer sind verhungert. Oder sie servieren dir in deinem verfluchten Hotel dein verfluchtes Frühstück. Nur Fisch darfst du dann keinen mehr bestellen.
So war das an diesem Abend, an dem der Himmel plötzlich nach Regen ausgesehen hat. Und ich fragte, ob denn die Regierung nichts getan hätte. Und Pablo Paton lachte und sagte, aber ja, und sie hätten schon einiges getan, sie verhandelten mit den marokkanischen Niggern, aber nachdem sie jetzt mit diesen fünfzig Millionen winkten... Und er sagte: Weißt du, den Fisch kann man nicht mit Geld ködern. Geld interessiert ihn nicht. Ein Fisch, das ist ein Lebewesen, das noch Charakter hat; so wie dieser Stier, den der verrückte Laurin ausbluten hat lassen, nur weil er den Todesstoß noch nicht beherrscht. Der Fisch steht gegen die Strömung; er steht im tiefen Wasser oder direkt unter der Sonne; er steht da und wartet aufs Netz, weil das sein Schicksal ist. Das ist es. Aber wenn du kein Netz mehr hinüberbringst an diese verfluchte Küste, in diese verfluchten Fanggründe...
Pablo Paton hat die Innenflächen seiner Hände nach außen gekehrt, als wollte er einem das Nichts zeigen. Dieses Nichts,

das hinter den schönen Worten und den fünfzig Millionen Peseten auf diese Fischer wartet, die nicht mehr in die Siebzig-Meilen-Zone der Marokkaner hinein können. Und denen der Fremdenverkehr mit seinen Millionen Menschen und Abwässern die uralten Fanggründe vor der spanischen Küste zerstört hat. Und ich habe an diesem Abend im Oktober, ich habe in dieser dunklen Bodega mit den großen runden Fässern voll Jerez und Cognac, ich habe in Málaga an eine andere Nacht denken müssen, drüben an der afrikanischen Küste, drüben vor Ceúta, und das war erst vor ein paar Monaten gewesen, und ich bin damals mit einem spanischen Schiffer hinaus vor den Hafen gefahren. Aber auch da waren keine Fische. Und dieser spanische Fischer unter der nordafrikanischen Küste hat mir beizubringen versucht, daß der Fisch verschwunden sei. Aus. Nichts. Ein großes Nichts, durch das die Tankerriesen ihre schmutzige Spur ziehen.

So war das damals auf dem unruhigen Meer vor Ceúta. So war das jetzt in Málaga. Und Pablo Paton, dieser schlaue alte Mann, der schon zu alt ist, um noch ausfahren zu können, der jetzt die Lose der staatlichen Lotterie verkauft und mich durch die Costa del Sol führt — er hat gesagt: Die Russen haben das gemacht. Und nur sie stecken dahinter. Sie haben die Marokkaner auf ihre Seite gebracht. Er sagte: Sie haben auf den Kanaren eine Fangstation eingerichtet. Und sie stehen mit ihren Schiffen mitten in den siebzig Meilen. Drüben im Atlantik und hier im Mittelmeer. Sie arbeiten, als gehörte das Meer ihnen.

Aber jetzt redete plötzlich einer der Fischer, die bisher geschwiegen haben; die mißtrauisch gewesen sind, weil sie das Kauderwelsch aus englischen, italienischen und spanischen Sätzen, das zwischen Pablo und mir hin und her gegangen ist, nur mühsam verstanden haben. Und dieser eine Fischer sagte etwas in diesem schnellen, harten und zornigen Andalusisch, das sie da unten an der Küste reden und das man nicht versteht; das man nicht einmal dann versteht, wenn man aus Galicien, Katalonien oder sogar aus Madrid kommt. Und Pablo Paton hat aufmerksam zugehört. Er hat dann selber ein paar Fragen an den Fischer gerichtet. Und die anderen Männer haben auch

zu reden angefangen. Es waren alles Fischer hier in der Bodega. Fischer, die jetzt schon seit Wochen, Monaten arbeitslos waren. Kräftige, zähe Männer mit verschlossenen mißtrauischen Gesichtern; und fast waren sie unfreundlich gewesen; die ganze Zeit unfreundlich, während Pablo Paton sich mit mir unterhalten hat. Aber jetzt redeten sie alle auf ihn ein; sie erklärten ihm etwas, das wichtig genug war, damit sie ihre Abneigung gegen Fremde vergessen können. Und sie schauten mich dabei auf eine Weise an, die mich an den wehmütigen Tod in den Augen des blutenden Stiers in der Arena von Marbella erinnert hat.
Alborán, sagte Pablo Paton, nachdem er ein paar Minuten lang zugehört hat. Und ob ich wisse, wo diese Insel liege.
Das wisse ich, sagte ich. Das wisse ich ungefähr. Zwischen Spanien und Nordafrika. In der Mitte. Ungefähr.
Ja, sagte Pablo Paton, in der Mitte. Ungefähr. Und wenn man von Almería nach Melilla übersetzt, wenn man mit dem Fährschiff übersetzt, wenn der Kapitän ein paar Grad West zulegt und das Wetter sauber ist — also dann kannst du diese verfluchte Insel dort unten im Meer schon sehen.
Ich habe mir eingebildet, sage ich, daß ich sie schon als einen lächerlichen Punkt gesehen habe. Als ich nach Melilla geflogen bin, sagte ich. Von Málaga nach Melilla. Und es kann natürlich ein Schiff gewesen sein. Es kann aber auch Alborán gewesen sein.
Alborán, sagte Pablo Paton. Und da gibt es nur einen Leuchtturm. Und natürlich den Leuchtturmwärter. Es ist selbstverständlich eine spanische Insel.
Aber da haben sich dann schon die Fischer eingemischt. Aber da war ihnen die Art, wie der alte Pablo das gemacht hat, schon zu umständlich gewesen. Sie haben mich umringt und mir gesagt, was sie gesehen haben. Sie haben mir das in ihrem schnellen, harten und zornigen Andalusisch gesagt; und ich habe sie, so gut das gegangen ist, zu verstehen versucht. Schiffe, haben sie gesagt. Immer wieder große Schiffe in den Gewässern von Alborán. Und sie zeigten auf ihre Augen und sagten, das habe jeder von ihnen mit eigenen Augen gesehen. Oft

genug, sagten sie, haben sie das gesehen. Russen, sagten sie, und da gebe es keinen Zweifel. Und Pablo Paton sagte, das seien keine Fischerboote, keine einfachen Kutter, sondern mächtige Schiffe. Russen, sagte er. Und die Fischer nickten und sagten: Russen. Einheiten ihrer Mittelmeerflotte, die hier von Versorgungsschiffen Treibstoff und Proviant aufnehmen. Hier vor Alborán. Das eine spanische Insel sei; spanisches Territorium mit einem spanischen Leuchtturmwärter. Und sie selber dürfen nicht mehr die nordafrikanischen Fanggründe anlaufen, weil ihnen sonst die marokkanischen Fregatten den Fisch und die Netze und manchmal sogar die Uhren klauen. Und sie selber müssen ihre Kutter nutzlos vertäuen. Aber die Russen können sich in spanischen Gewässern umtun. Und drüben in Rota die Amerikaner ...

Das ist die Politik, hat Pablo Paton gesagt. Die Politik. Und sie hat uns auch den Fisch genommen. Und die Touristen gebracht. Und ich fragte ihn, ob sie denn nicht froh seien, daß jetzt soundso viele Millionen an der Costa del Sol die guten spanischen Peseten ausgeben. Daß der Tourismus alles verändert habe. Ich fragte ihn, ob sie im Grunde nicht alle davon profitieren würden.

Aber er war hartnäckig. Er war ein harter, alter spanischer Mann, der zwar mit Vergnügen den Jerez trank, den ich für ihn bestellt habe, der aber deshalb noch lange nicht zu einer Gefälligkeit bereit war, die gegen seine Überzeugung gewesen wäre. Früher sei das besser gewesen, sagte er. Der Fisch sei noch hier vor der Küste gestanden. Die Lebensmittel seien billig gewesen. Und man habe immer gewußt, wo man sich gerade aufhalte. Jetzt, sagte er nachdenklich, siehst du Spanien nicht mehr; so viele Hotels ... Und dann sagte er: Die Fischer — ärmer als heute waren sie früher auch nicht.

So ist das in Málaga gewesen; und in Marbella. So ist das an dieser Küste gewesen, die du heute nicht mehr erkennst, wenn du nur lange genug fortgewesen bist. Und an manchen Tagen in dieser letzten Oktoberwoche war es so heiß, daß die Touristen kaum nachgekommen sind, sich mit Bier und Limonaden einzudecken. Und dann ist wieder der Regen wie eine

Stiere sterben wie Menschen

nasse Drohung am Himmel gestanden; und dann haben die Leute gesagt, das Unglück von La Rábita, von Almería werde sich wiederholen. Und schon ein paar Kilometer nach Málaga, wenn man die Straße nach Nerja nimmt — das Meer hat unermüdlich das zerfetzte Holz, den dunklen Schlamm angetrieben, diese Dinge, die der große Regen von den Hängen der Sierra gerissen hat. Und ich bin jeden Tag, wenn diese andalusische Dunkelheit über die Küste gefallen ist, nach Málaga hinein gegangen, hinein über den Paseo Reding und zur Cortina del Muelle, hinein zur Kathedrale und auf die Calle del Marqués de Larios und in die stillen, glänzenden Viertel dahinter, in die Granada mit ihren duftenden Gewürzläden und diesen kleinen gemütlichen Pinten mit den köstlichen Tapas und Entremeses; und auf der Plaza José Antonio habe ich den abendlichen Aperitif getrunken, den man braucht, bevor man gegen zehn, halb elf Uhr auf der Compañía Santa Maria oder in den Flores dieses ordentliche andalusische Abendessen bestellt, das einen dann wieder auf die Beine bringt und hinein in die volkstümlichen Viertel entlang der Avenida de la Rosaleda, wo alle Farben eindringlicher und alle Gerüche stärker und schärfer sind, wo man noch spürt, daß Málaga eine maurische Stadt gewesen ist, und wo die Neger aus Marokko, aus dem großen, tiefen Süden mit ihren glänzenden Zuhältervisagen — wo die alten Weiber in ihren malerischen Lumpen vor den Koffern voll hereingeschmuggelter Zigaretten und Verhütungsmittel sitzen.

Das alles habe ich getan in Málaga. Und das alles war nichts. Mit den Fischern unten auf der Muelle Heredia und auf der Muelle Guadiara habe ich geredet. Und mit Pablo Paton bin ich bis nach Nerja gefahren, bis in die riesigen Höhlen, in denen man sich verliert wie im aufgerissenen Schlund eines Wals. Und auf den Alcazaba bin ich hinaufgestiegen und habe mich ziemlich gelangweilt, als ich mit keifenden Engländerinnen und kreischenden Deutschen die Lichter von Málaga studiert habe. Und zu Antonio Martin auf dem Paseo Marítimo bin ich gegangen; und natürlich habe ich dort diese ordinären Ostras gegessen, diese andalusischen Muscheln, auf die man nur etwas

Pfeffer und Zitronensaft gibt. Es war ein angenehmer Oktober, es war eine angenehme Woche, diese letzte Woche im Oktober. Und einmal bin ich in die Kathedrale gegangen, an einem Sonntag gegen neun Uhr; und vielleicht habe ich daran gedacht, mich mit den Heiligen dort zu unterhalten; vielleicht war ich ein wenig ratlos; vielleicht habe ich Zuspruch gebraucht. Aber dann hat ein zorniger Priester eine zornige Predigt in diesen großen, kahlen Raum hineingeschrien, in diesen Saal, der so erstaunlich wenig von einem Kirchenschiff an sich hat. Und dann habe ich einen jungen Mann weinend vor einem Seitenaltar knien sehn. Und dann ist eine junge Frau mit dem Geldteller zu mir gekommen und hat mit den Münzen auffordernd geklimpert. Und ich bin sehr rasch hinausgetreten in die helle Sonne; und die Plaza Obispo vor der Kathedrale war von dieser hellen Sonne ganz erfüllt.
So war das in Málaga. Die heiße, heftige andalusische Sonne; und manchmal Regen am Himmel. Die welken, traurigen Gesichter im »Emperatriz«. Und nachts das helle Leuchten der Schaumkronen unterm dünnen Mond. Und die Fünfzig-Millionen-Peseten-Fischer mit ihren Siebzig-Meilen-Sorgen. Und Pablo Paton. Und das freundliche Schlurfen der Füße in den schmalen, glänzenden Gassen von Málaga...
Aber immer habe ich die Augen dieses einen Stiers gesehn, der geblutet hat wie ein zerschlagenes Faß. Diese Augen, in denen du einen Tod gesehen hast, der wehmütig war. Dieser Stier, der fast wie ein Mensch gestorben ist.

Spaniens Sonne über Afrika

Rusaddir oder Melilla — Spaniens ältester Besitz auf afrikanischem Boden. Aber lange zuvor schon war das alles phönizisch, karthagisch, römisch und arabisch gewesen, waren schwerfällige griechische Galeeren, dickbäuchige christliche Kauffahrteischiffe und immer wieder die flinken, verwegenen Piraten — beschützt durch ein Dekret der Hohen Pforte oder aber auch durch allerchristlichste Dokumente und Patente — hier vor Anker gegangen, hat hier die große Karawanenstraße quer durch Mauretanien, Tunesien und die Cyrenaica bis hinüber zu den Wundern Alexandrias und Kairos begonnen. Dann freilich kamen endlich die Spanier; kamen und okkupierten maurisches Erbe und blieben bis auf den heutigen Tag. Die Prospekte, Kataloge und Handbücher allerdings geben verwirrende Auskunft, bieten verschiedene Daten an, warten mit Jahreszahlen auf, die nicht übereinstimmen können und wohl nur annähernd der historischen Wahrheit entsprechen. Ein gewisser Don Pedro de Estopinan, vertreten durch ein pompöses Denkmal auf der gleichnamigen Plaza, war jedenfalls der bravouröse Konquistador gewesen — war das jetzt 1496 oder 1497 oder vielleicht doch schon 1470? —, der erstmals Burg, Stadt und kahlen Felsen den Berbern entrissen hat. Melilla la Vieja oder auch El Pueblo heißt das heute, heißt dieser erste Beweis spanischer Habgier nach maurischem Reichtum und heidnischer Seele. Und das alles ragt jetzt wie ein zertretener Dorn aus dem unruhig schäumenden Meer und wird irgendwann einmal in nicht mehr allzu ferner Zukunft letzte Zuflucht sein für die christlichen Weiber und Kinder, wenn das erbitterte und mürrische Marokko sich die Stadt endgültig zurückholen wird. Heute schon sind von den rund einhunderttausend Menschen, die auf den paar Quadratkilometern rund um den Felsen von Melilla leben, mehr als die Hälfte keine Spanier mehr; und von allen diesen Berbern, Negern, Arabern und Mischlingen haben wiederum an die dreißig bis vierzig Prozent keinen spanischen Paß, leben illegal in den verdüsterten, schmutzigen Barreiros, leben am äußersten Rand von Gesetz und Ordnung. Leben? Auf der anderen Seite, dort, wo immer noch Spaniens Sonne über Afrika leuchtet, bewältigt ein schwaches Dutzend gesellschaftlicher Vereinigungen und Klubs das spärliche kulturelle Leben in Melilla; aber kaum ein Berber, Marokkaner oder Negermischling hat Zutritt in die verschlissene und hoffnungslos antiquierte Welt dieser abbröckelnden Kolonialherrlichkeit von einst; und im übrigen wäre das auch noch die Frage, ob diese (wahrscheinlichen) zukünftigen Besitzer von Felsen, Burg und Stadt überhaupt hineinwollten ins Casino General Sanjurjo in der Teniente Casa oder gar in die Sociedad de Ilusionismo, solange dort noch verwelkte spanische Stabsoffiziere und melancholische Regierungsbeamte ihre trübseligen Nachmittage verbringen. Illusionen freilich haben sie alle, Berber, Marokkaner, Spanier und vor allem die Neger, die aus den Tiefen des schwarzen Kontinents heraufgezogen sind ins gelobte Melilla, das für sie das Sprungbrett sein sollte hinüber nach Europa. Und die einen vertrödeln ihre Nachmittage in den muffigen Kasinos und Klubs zwischen falschem Marmor und mit falschen Hoffnungen; und die anderen vertrödeln ihre Nachmittage in den zerlumpten Bars zwischen Hunger und Schmutz und mit habgierigen Illusionen; und alle warten sie auf irgendein Wunder, ein Zeichen des Himmels.

Einmal am Tag kommt das Fährschiff aus Málaga herüber; dreimal wöchentlich legt ein anderes Fährschiff im kleinen Hafen an; es stammt aus Almería. Und immer holpern dann Dutzende von uralten Autos hinüber an die nahe marokkanische Grenze, quälen sich diese letzten zehn Minuten noch einmal durch abgewohnte, erniedrigte und zerfallende europäische Scheinwirklichkeit, ehe sie stinkend und knatternd am marokkanischen Grenzbalken halten. Die Autos haben fanzösische, holländische und belgische, manchmal aber auch schon westdeutsche Nummernschilder; das sieht verführerisch aus, international fast, aber die zusammengepferchten Familien darin stammen ausnahmslos aus allen Provinzen Marokkos. Gastarbeiter. Unterwegs nach irgendeiner Wüstenstadt, nach irgend-

Spaniens Sonne über Afrika

einem Bergdorf, unterwegs mit dem neu erworbenen Reichtum, der sich doch so rasch wieder verflüchtigt; unterwegs mit ihren bitteren Erfahrungen, die sie in den Slums und Hinterhofwohnungen westeuropäischer Industriestädte erworben haben. Und die Spanier, hier in Melilla am Ende ihrer begreifbaren Welt und doch noch illusionistisches Herrenvolk und getragen von jahrhundertealter Gewohnheit, immer noch kleine Konquistadores und halbe Verwaltungsgötter — die Spanier starren mißmutig auf die hochauf beladenen Autos mit den verführerischen Nummernschildern. Neid spiegelt sich manchmal in diesen hochmütigen Augen. Aber wenn man sie in ihren Klubs darauf anspricht, folgt das gewohnte geringschätzige Lächeln. Denn wo sich das Hinterhofelend noch durch soziale Klassen unterscheidet, verbietet die gemeinsame Misere, Gefühle zu zeigen. Die geringfügigen und manchmal auch nur noch eingebildeten sozialen Unterschiede ersetzen hier das Rassenproblem von anderswo.
Melilla, Spaniens Sonne über Afrika. Und die verwitterten Tafeln mit dieser emphatischen Inschrift begrüßen den Neuankömmling am Hafen genauso wie am winzigen Flugplatz, wo die zerbrechlichen Flugkisten der Spantax landen, äußerstenfalls zehn oder zwölf verzweifelte Passagiere an Bord, die vor allem in den Wintermonaten manchmal gezeichnet scheinen von den plötzlich auftretenden Unwettern draußen überm Meer. Wenn dann die Maschine aus Málaga rumpelnd immer wieder absackend zur Landungsschleife ansetzt, hebt sich erstmals das Berberland mit seinen zwei, drei Grundfarben dem nachdenklichen Besucher entgegen: ein blasses Grün, ein fahles Ocker, ein erstaunter Blick über die durcheinandergewürfelten Stadtteile mit der bleichen Wunde des Kastells inmitten, und dann seufzen die beiden Motoren der uralten Maschine auch schon auf, seufzen, rülpsen und verstummen. Und halb Melilla, so scheint's, orientiert sich nach dem mageren Flugplan. Die Paßkontrolle ist penibel, lästig, obgleich man sich immer noch auf spanischem Territorium befindet, während sich um das Gepäck überhaupt niemand kümmert. Die ersten Berberfrauen mit ihren trapezförmigen Kopftüchern, den weißen oder rosafar-

Spanien

benen Schleier eng ums Gesicht gedreht, hochgewachsen; dann die ersten kraushaarigen Negerinnen; dann erst ein paar blasse spanische Frauen, die einen — man weiß anfangs nicht genau, warum — an zugefrorene Tümpel im späten November erinnern. Und dazwischen alle Schattierungen von Militär. Daran wird man sich gewöhnen müssen. Melilla ist immer noch eine Art Exerzierplatz für spanische Konquistadores, auch wenn sie heute hinter Schreibtischen, hinter Stößen raschelnden Papiers allmählich ihre christlichen überseeischen Träume begraben müssen. Andertags freilich werde ich in den unwegsamen Klippen nördlich des Hafens entsetzt das bösartige Zirpen der Querschläger hören, eng an abbröckelndes Gestein gepreßt, während ein paar hundert Meter oberhalb eine ganze Kompanie der spanischen Legion ihre vormittäglichen Schießübungen absolviert. Ein Polizist hatte mich allerdings davor gewarnt, hinunterzusteigen zur ausgezackten, zerschründeten Küste; jetzt grinst er selbstzufrieden aus dem toten Winkel, wohin er sich zurückgezogen hat. Später lernte ich ihn näher kennen. Nach Dienstschluß arbeitete er als Taxichauffeur; nach Mitternacht dann trat er als Zuhälter auf; und irgendwann in der darauffolgenden Nacht in irgendeiner zerlumpten Bar in irgendeinem der Araberviertel sank er mir angetrunken und schluchzend vor die Füße und beschwor mich, ihm hinauszuhelfen aus diesem verfluchten Melilla. Sein Traum war ein Job als Taxifahrer in Düsseldorf oder München. Ein halbes Dutzend Kinder, ein unersättliches Weib, das sich auf Konsumgewohnheiten eingelassen hatte, die das miserable Gehalt eines Stadtpolizisten in Melilla nicht mehr bewältigen, dazu noch die dreißig Raten auf den winzigen »Seat« und eine sechzehnjährige Mätresse, anspruchsvoll wie eine Ehefrau. Das alles und dazu noch die speichelleckerische Freundlichkeit der illegal eingeschleusten Marokkaner kann einen Mann schon zerstören. Der Traum vom großen Geld und — was beinah noch wichtiger ist — von Freiheit entsteht aus solchen selbstverschuldeten Verhältnissen. Selbstverschuldet? Ich weiß nicht recht. Immer noch fordert das, was vor ein paar Jahrhunderten noch Spaniens Größe ausgemacht hat, seinen Tribut. Stolz, der längst schon zu billigem Hochmut herabgesunken ist. Ein Gefühl der unantastbaren Überlegenheit, aus dem billiger Dünkel geworden ist. Und an einem der vielen Grenzübergänge zwischen Melilla und Marokko, die ausschließlich für Maulesel und Fußgänger gedacht sind, traf ich auf einen Mann von der Guardia Civil, der mit seinen Kameraden über einem offenen Feuer ein paar Fische abbraten ließ. Die Fische hatte ein alter Marokkaner gebracht. Er stand geduldig einige Meter abseits und wartete stumm auf seine Belohnung. Endlich warf ihm der Mann von der Guardia Civil eine Münze zu; achtlos, ohne aufzublicken von seiner Beschäftigung. Die Münze war ins staubige Gras gefallen. Der alte Marokkaner mußte erst einige Augenblicke lang suchen, ehe er sie fand. Der Polizist zuckte nicht einmal mit den Achseln. Ein Herrenmensch. Abglanz barbarischer, großartiger Konquistadorenherrlichkeit. Am Kolonialvolk macht man sich nicht die Hände schmutzig. Später unterhielt ich mich mit ihm. Er war vor einiger Zeit als Mitglied der Guardia Civil neun Monate lang in Bremen gewesen, hatte dort als Bauhilfsarbeiter Beschäftigung und bescheidenen Wohlstand gefunden; war glücklich gewesen, wenn man vom unvermeidlichen Heimweh absieht. Dann kam die Rückkehr, weil er endlich heiraten wollte. Dann kam die bevorzugte Aufnahme zur Guardia Civil, weil er in Deutschland offensichtlich seinen Mann gestellt hatte. Dann kam das Elend, kam das lächerliche Gehalt, kamen die Kinder und Schulden; und hätte es nicht die Marokkaner und Mischlinge, die illegalen Einwanderer und alle diese anderen devoten Analphabeten gegeben, er wäre wahrscheinlich an seinem Dasein verzweifelt. So aber wußte er, daß unter dem schwankenden Boden seiner sozialen Misere immer noch etwas vorhanden war, das er treten konnte. Es gab eine ganze Menge von Leuten — allein in Melilla siebzig- oder achtzigtausend —, die ärmer waren als er. Und solches Wissen beruhigt.

Während in jener Nacht der Stadtpolizist, Taxifahrer und Gelegenheitszuhälter davon träumte, nach Düsseldorf oder München zu gehen, waren die beiden zwölf- oder vierzehnjährigen Negermädchen, die er in einem der Araberviertel aufgetrieben hatte, in ihrer lächerlichen Bauchtanzpose erstarrt. Sie waren halbnackt, waren schon betrunken vom billigen spanischen Cognac, den ihnen ein fetter Wirt — ein Spanier, und auch er hatte für ein paar Monate oder Jahre das deutsche Wirtschaftswunder kennengelernt — großzügig spendierte; aber auch sie warteten geduldig auf die paar Peseten, die ihnen wahrscheinlich versprochen worden waren. Der Boden dieser Bar bestand aus gestampfter Erde. Auf den Holzbänken flackerten Kerzen. Und im Hintergrund des halbdunklen Raumes hockten einige Neger; stumm, apathisch; nur die Platte mit dieser monotonen und aufreizenden arabischen Musik drehte sich krächzend auf dem Plattenteller.

Aber Melilla hat nicht einmal die Kraft mehr, verrucht zu sein. Am frühen Vormittag schon, im Zentrum, vielleicht in der Calle del Teniente Coronel Segui oder in der Avenida del Generalísimo Franco, flüstern zwar einige verwegene Figuren Obszönitäten von unvorstellbarer Gemeinheit; aber sie meinen das keineswegs bösartig, sondern betrachten das lediglich als Auftakt für ein hoffnungsvolles Geschäft, bei dem es natürlich um Mädchen geht oder um geschmuggelte Zigaretten. Überrascht war ich freilich, als mir mehrmals in aller Öffentlichkeit und auch mit schöner Offenheit Rauschgift angeboten wurde, und das reichte dann allerdings von duftenden und vergleichsweise harmlosen Kräutern bis zum tödlichen Heroin. Der Widerspruch, der in solchen Straßengeschäften steckt, bleibt indes unverständlich. Denn eine Stadt, in der solche Kriminalität möglich ist und gleichsam unter den Augen einer zumindest teilweise korrupten Polizei stattfindet, müßte eigentlich reich sein. Andererseits verdienen die Zuhälter an ihrer kindlichen Ware nicht sehr viel, die Schmuggler an ihren Zigaretten so gut wie gar nichts. Anders steht es natürlich mit den Rauschgiften. Aber hier werde ich den Verdacht nicht los, daß die Hintermänner im benachbarten Marokko sitzen. Außerdem ist Melilla vom internationalen Tourismus so gut wie abgeschnitten. Im einzigen halbwegs vernünftigen Hotel der Stadt — im »Rusaddir« — versicherte man mir, daß zwar alljährlich an die fünfzigtausend Spanier nach Melilla kommen, aber kaum ein Dutzend Ausländer; wenn man von Marokkanern oder Algeriern einmal absehen will.

Die Stadt ist also verzweifelt arm. Sie lebt von ihren kleinen, gemeinen Geschäften und von ihrer billigen Sexualität. Und natürlich vom Schmuggel. Los Pinos zum Beispiel heißt ein Restaurant, das eigentlich nur aus einer baufälligen Baracke besteht, die man unmittelbar an einem dieser Grenzübergänge nach Marokko aufgestellt hat. Hier bekommt man tatsächlich die besten Krebse, die schmackhaftesten Tintenfische, die delikatesten Krabben; und alles ist spottbillig. An den Nachmittagen strömen von den nahe gelegenen Kasernen — und eigentlich ist halb Melilla eine einzige riesige Kaserne — die dienstfreien Soldaten herbei; aus der Stadt kommen Geschäftsleute mit ihren Freunden; ein paar Zivilbeamte, einige Polizisten. Man stellt die wackeligen Tische zusammen, wirft fleckige Tischtücher darüber, läßt die Weinflaschen kommen, und während man ein umfangreiches spätes Mittagessen ebenso sorgfältig wie genießerisch zusammenstellt, beginnt die Musikbox zu dröhnen, pfeift der Nachmittagswind fröhlich über die Hochfläche, auf dem dieses Barackenrestaurant steht, brüllt draußen ein Maulesel. Später werden Mädchen kommen, Frauen aus den Arabervierteln, später wird man Flamencoplatten auflegen und gelegentlich einen dieser ordinären, verlockenden Bauchtänze probieren. Das alles kostet eine Bagatelle. Das alles ist im Grunde nur ein Vorwand. Denn da gibt es noch Wenzeslao; ein Koloß, ein Titan, ein Fettsack und Riese zugleich. Er steht stundenlang hinter der Theke, unbeweglich, stumm, läßt seine Kellner und Köche arbeiten, trinkt manchmal seinen Lieblingswein aus Jerez, raucht Zigarren, grübelt... Es ist eigentlich unwichtig, auf welchen geheimnisvollen und auch gefährlichen Umwegen Wenzeslao nach Melilla gekommen ist. Jetzt lebt er in einem der arabischen Barreiros, beherrscht längst schon die Stadtpolizei, den Militärkommandanten und selbstverständlich auch die Zivilverwaltung. Das geht so weit, daß seine Maultierkarawanen manchmal am hellen Vormittag über die Grenze kommen; hochauf beladen natürlich. Die Männer von der Guardia Civil lehnen unterdessen in der Baracke an

der Theke, stochern in ihren Tapas herum, trinken Wein ...
Vom Schmuggel lebt immerhin die halbe Stadt, irgendwie, auf Umwegen; aber man existiert. Zigaretten natürlich, Salz, Rauschgift, Waffen. Und weil Wenzeslao, wie er selber sagt, große massige Männer schätzt; und weil ich ihm ausführlich von Polen erzählt habe — denn er ist ja erst seit ein paar Jahren naturalisierter Spanier, er ist ja irgendwie, irgendwann und auf irgendwelchen Schiffen nach Melilla gekommen —, und auch aus ein paar anderen Gründen erzählt er offenherzig, was er erzählen will. Das ist nicht sehr viel, aber immerhin.
Eines Tages wird er Los Pinos verlassen. Das wird ein paar Stunden vor dem Einmarsch der ungeduldigen Marokkaner sein. Wenzeslao ist davon überzeugt, bis dahin reich geworden zu sein, obgleich er nachdenklich zugibt, daß die winzigen Handelsspannen in Melilla keine großen Sprünge erlauben. Irgendwann im Verlauf unseres Gesprächs erkundigt er sich interessiert nach der Mafia. Nach einigen authentischen Auskünften gibt er freilich zögernd zu, daß Sizilien wahrscheinlich ein paar Nummern zu groß sei für ihn. Vielleicht bleibe ich auch hier, meint er dann. Es wird schwer sein, denn die Marokkaner holen sich die Stadt hier erst dann, wenn sie ihren verdammten König umgebracht haben. Wenn sie ihre Revolution gemacht haben. Und fabriksneue Revolutionäre ... Sein riesenhaftes aufgeschwemmtes Gesicht verzog sich verächtlich.
Spätnachts dann erfuhr ich durch einen Zufall, daß am Nachmittag, während wir uns freundschaftlich unterhalten hatten, eine Ladung Arzneimittel über die Grenze gegangen war; nach Marokko natürlich.
Wenzeslao habe ich auch den Zutritt zum einzigen gutbürgerlichen Bordell der Stadt zu verdanken. Die in den Araberviertln grassierende, beinah selbstverständliche Prostitution drückte natürlich auch hier auf die Preise. Aber immerhin wurde den Besuchern ein Salon mit Fernsehen und gediegene Konversation geboten; bessere Kundschaft durfte sich sogar mit der Madame des Hauses unterhalten, einer vielleicht vierzigjährigen Spanierin, blondgefärbt, schon fettleibig, deren Mann sich scheu im Hintergrund hielt, Botendienste leistete oder ge-

legent ich eine Flasche spanischen Champagner holte, für die er in der Bar nebenan zweihundert Peseten bezahlte; Madame pflegte später sechshundert dafür zu verlangen. Ihr Mann war übrigens in der Zivilverwaltung tätig, und man versicherte mir, daß sein monatliches Einkommen kaum ausreichen würde, einmal eine amüsante und turbulente Nacht im Etablissement seiner Frau zu verbringen. Aber auch hier war dieser anachronistische und fast schon lächerliche Stolz aus längst vergessenen Kolonialzeiten nur ein Vorwand für gezielte Ausbeutung. Die Mädchen, die in diesem Bordell arbeiteten, waren ausnahmslos Marokkanerinnen und Negerinnen; alle waren sie irgendwann einmal illegal nach Melilla gekommen, auf der Flucht vor einem erbärmlichen Dasein in ihrer Heimat, mit der winzigen Hoffnung, den entscheidenden Sprung zu schaffen, in einen spanischen Haushalt, als Kindermädchen, Köchin oder wenigstens als Hilfskraft in irgendeiner erträglichen Kaschemme. Jetzt arbeiteten sie für dieses spanische Monstrum. Paß oder irgendwelche Dokumente besaßen sie nicht. Alles, was sie hatten, waren Schulden — und die Angst, ausgewiesen zu werden. Von den fünf- bis acht- oder sogar zehntausend Peseten, die sie kosteten — und Wenzeslao hatte nachdrücklich erklärt, daß der Geschäftsgang miserabel sei —, blieben ihnen ein paar Peseten als Taschengeld. Alles andere kassierte die Madame. Dafür durften die Mädchen im Haus wohnen und erhielten neben der Verpflegung auch manchmal ein neues Kleid oder Wäsche. Einige mußten zu allem Überfluß auch noch für ihre Familien sorgen, für einen arbeitslosen Mann, für Kinder, die entweder noch jenseits der Grenze waren oder sich schon — manchmal mit Hilfe des Wenzeslao — in einem der arabischen Barreiros in Melilla niedergelassen hatten.
Solche Dinge werden in den paar Diskotheken, die von der spanischen Jugend frequentiert werden, kaum erwähnt. Hier hat man andere Sorgen; hier geht es um Aussteuer und Wohnungsmieten, um einen neuen Wagen oder einfach darum, daß man sich einen Abend lang überlegt, wie man endgültig den Sprung hinüberschafft aufs europäische Festland, wobei man gar nicht an Europa, sondern ausschließlich an Spanien denkt.

Spanien

Diese jungen Verkäufer, Schüler, Töchter und Söhne von Geschäftsleuten oder Offizieren leben trotz der infernalischen Lautstärke ihrer Musik, zu der sie tanzen, noch in einem anderen Jahrhundert. Ihre Welt ist noch in Ordnung. Kirche, Generalísimo, Fußball und Stierkampf. Und nie werde ich vergessen, wie dieses schwache Dutzend auf der Tanzfläche eines Kellerlokals reagierte, als plötzlich ein Flamenco aufgelegt wurde. Sie alle, die vorher noch ein wenig mühsam, ein wenig provinziell nach irgendeiner Popmelodie getanzt hatten, wurden unversehens erwachsene stolze Spanier, wurden wieder zu diesen Urenkeln der großen Konquistadoren. Natürlich wäre es lächerlich, daraus irgendwelche Schlüsse ableiten zu wollen... oder? Diese Kinder von Melilla werden keine Revolution entfachen. Und ich weiß noch, daß ich in jenen Augenblicken dachte, wie ein kluger Polizeichef eine mögliche Demonstration im Keim ersticken könnte: er müßte einfach ein paar Flamencoplatten auflegen lassen.

Ja, und dann kommt der Morgen, an dem man wieder eine dieser wackeligen zweimotorigen Maschinen besteigt. Diesmal fliegt nur ein grauhaariger Offizier mit. Es regnet. Und als sich die Maschine von der Piste ein wenig bockig abstößt, wird Melilla vom feinen Sprühregen draußen auch schon zugedeckt, die Stadt verwischt. Und der letzte Blick, den man zurückwirft, trifft nur noch weiße Schaumkronen und dahinter, für einen Augenblick, die bleiche Wunde des alten Kastells. Dann rattert diese verdammte Flugkiste auch schon störrisch wackelnd durch die Wolken.

Die Verwahrlosung des Untergangs

Ceúta sei eine Stadt der Gegenstände, hat ein kluger Mann einmal gesagt. Das war kein Tourist, der unruhig durch die neuen Hotels wandert und nervös über die Boulevards mit ihren Sehenswürdigkeiten tänzelt, Hotelgutschein und Rückflugticket immer griffbereit in der Tasche. Das war ein Mann, der lange genug in spanischen Landschaften zugebracht hat; der unterscheiden konnte zwischen europäischem und afrikanischem Spanien. Ceúta also, die Stadt der Gegenstände. Und des Schmuggels. Darin zumindest unterscheidet es sich nicht von Melilla, der anderen spanischen Enklave an der marokkanischen Mittelmeerküste. Stoffe, Uhren, Parfüms, Transistoren, Ferngläser, Seide — neuwertig alles und fast alles geschmuggelt. Und das alles kaum dreißig Kilometer vom europäischen Festland entfernt, vom spanischen Algeciras, vom britischen Gibraltar. Hier also, so meint man noch in Tanger oder Tetuán, beginnen wieder die korrekten Konturen, beginnt Altvertrautes kann man den Felsen von Ceúta wie ein Schiff besteigen das einen zurückbringt an die alten Küsten und Gewohnheiten. Und so kam ich ungeduldig und zu Fuß, den Koffer über meiner Schulter, wie ein zufriedener Gaukler über die Grenze nach Ceúta. Die dicken weißen Möwen schrien, der Wind kam von der See her, kam aus Osten; und was mich da fauchend, wütend ansprang, schmeckte vertraut, war mediterran, roch nach Europa. Afrika, der Islam, die Trübseligkeit des Elends, die Hysterie der Attentate — in diesen paar Minuten zwischen Grenze und Grenze war ich davon überzeugt, das alles abgeschüttelt zu haben, das alles zurückgelassen zu haben. Ceúta war nicht Melilla, das wußte ich. Ceúta war anders, war vielleicht melancholisch, war aber auch streng, das hoffte ich. Und während der Wind unter der warmen Sonne auf mich zusprang wie ein fröhlicher Köter, wanderte ich mit meinem Koffer beinah glücklich durch das Niemandsland, vorüber an ein paar marokkanischen Hütten, vorüber am gekräuselten Mittelmeer, und bald würde ich zur Playa del Tarajal kommen, bald würde ich auf dem Monte Hacho stehen mit seinem Leuchtturm und seinen spanischen Bastionen und Kanonen...

Ein paar Stunden später wußte ich, daß meine Heiterkeit trügerisch gewesen war. Ich lag mit Estepan einige Meilen draußen vor dem Hafen im schaukelnden Boot. Das grelle Licht der Karbidlampe brach einen Kreis aus der farblosen Dunkelheit des Meeres. Wolkenfetzen verdunkelten immer wieder die magere Mondsichel. Estepan beherrschte sein Handwerk mit der ruhigen Gleichgültigkeit eines Menschen, der weiß, daß es keine Überraschungen mehr gibt. Es werde nicht mehr lange dauern, und auch diese Küste hier sei leergefischt, hat er mir am Abend erklärt. Schmuggel? Nein, nicht mit seinem alten Kahn. Da müßte man schon eine flinke Barkasse haben und Geld, um auf Vorrat einkaufen zu können, drüben in Gibraltar. Einmal habe er eine Ladung billiger Radiogeräte vermittelt. Er sagte: vermittelt. Aber er ist auf seiner Ware sitzengeblieben, hat draufgezahlt. Schmuggel ist nicht alles, sagt er. Por nada, sagt er gleichgültig, für nichts und wieder nichts. Die Lichter der Stadt im Hintergrund tanzen wie verrückt. Es ist schon wieder Wind aufgekommen. Wellen schlagen mit kurzen, hämmernden Stößen gegen das Boot. Estepan zündet sich eine Zigarette an. Wir fahren zurück.

Am anderen Abend, gegen sieben Uhr, legt endlich die »Victoria« aus Algeciras an. Sie hat Verspätung. Draußen, jenseits der langgestreckten Muelle de Poniente, ist das Meer unruhig, graugrün, kalt. Das ist alles hier. Warten auf ein Schiff. Die krächzenden Schreie der Möwen. Warten auf die Nacht, bis die zitternden Punkte der Karbidlampen wie traurige Signale am Horizont stehen werden. Aus dem Bauch der »Victoria« rumpeln die Minibusse mit den ermüdeten Touristen. Aber sie sehen glücklich aus, erregt. Afrika, werden sie denken, endlich... Estepan wartet auf seinen Bruder, der irgendwelches Handwerkszeug fürs Fischen eingekauft hat. Aber das ist nur der eine Grund. Eine Tochter seines Bruders arbeitet drüben in einem Hotel an der Küste. Man muß sie beaufsichtigen, obwohl

Die Verwahrlosung des Untergangs

es wenig nützt. Das ist eine andere Welt. Das sind andere Verhältnisse. Jetzt stolpern die ersten Gammler vom Schiff. Dazwischen immer wieder Touristen, abenteuerlich bekleidet, kurzhosig und fröstelnd. Afrika, werden sie denken, endlich ...
Im Hotel, ich bin im »Ulysses« abgestiegen, im Zentrum, und die Korridore und Zimmer riechen streng nach Desinfektionsmittel und das Restaurant hat man schon vor Jahren geschlossen, weil es sich nicht lohnt, seit man in die Mauern der alten Festung ein neueres, schöneres Hotel hineingebaut hat, das »La Muralla« mit Bar und Swimming-pool und Samstagabend-Tanzmusik. Im Hotel haben sie mir gesagt, daß es töricht sei, nach Ceúta zu kommen. Das ist eine tote Stadt, sagte der Mann an der Rezeption, und er war immer freundlich und hilfsbereit und schickte mich zu den Fischern in die Casa Silva, wenn ich Appetit auf wirklich frischen Fisch, auf köstliche Oktopoden oder Muscheln in Knoblauchsauce hatte. Was ist diese Casa Silva eigentlich? Am östlichen Ende der Calle Mayor gelegen, schon im Schatten des Monte Hacho, ein kaltes, düsteres Lokal mit ein paar wackeligen Tischen, braungemusterten Steinfliesen, über die zischend, verglimmend die halb ausgerauchten Zigaretten rollen. Eine Bar vielleicht, ein Ort der Versammlung; eine Art Garküche fürs Volk. Aber kein Restaurant. Das auf keinen Fall. Touristen wird man hier vergeblich suchen. Nur die Fischer kommen, diskutieren ihre schwindenden Fangergebnisse, die steigenden Preise für Netze, Angelschnüre, Körbe; manchmal ein paar hungrige Geschäftsleute und Beamte; seltener schon Soldaten. Und alle haben sie Appetit auf Fisch. Etwas anderes gibt es hier auch nicht. Fisch und Wein. Und immer die heiseren Stimmen der Männer; ihre sorgenvollen Gespräche. Einmal kam ich in die Casa Silva, abends, gegen halb zehn, als ein ernsthafter Streit ausgebrochen war. Es ging um die Soldaten, um die Kasernen. Das sei der Tod für die Wirtschaft, sagten die einen. Und was täte man ohne Soldaten, ohne Kasernen, sagten die anderen zornig. Die Marokkaner kommen so oder so, sagten die einen; und weil man das ganz genau wisse, komme auch keine Industrie mehr herüber vom Festland. Das sei alles Unsinn, sagten die anderen zornig; Ceúta

werde immer spanisch bleiben, mit und ohne Industrie. Und man stritt eine Weile, und die Trompetensignale des Zapfenstreichs kamen aus den Kasernen rundum wie ein verspäteter Abschied. Daran muß man sich auch gewöhnen. Allmählich. Abend für Abend sozusagen. Der Zapfenstreich, der gegen halb acht beginnt und bis gegen zehn andauert. Diese Trompetensignale unterm abgedunkelten Himmel... diese Melancholie von Ceúta. Und dazwischen hinein röhrt manchmal eine Schiffssirene; bis die afrikanische Nacht herabfällt über die Stadt wie ein düsterer, schwermütiger Mantel.

Man hat den Hafen vorzüglich ausgebaut. Die Muelle de Poniente, Muelle Alfau, Muelle España, Muelle Comercial: das faßt wie mit großen, gewaltigen Scheren das Meer an, zerschneidet sein Ungestüm. Aber wie im marokkanischen Tanger ist auch hier alles um eine Nummer zu groß. Die Schiffe verschwinden im großen Hafenbecken und muten, wenn sie erst einmal eingelaufen sind, wie plumpes, nutzloses Spielzeug an. Nur hinter der Muelle Comercial schaukeln ein paar Dutzend Fischerboote in der leichten Dünung. Und manchmal liegt ein schmächtiger Tanker an der Muelle Alfau. Die einzigen, die wirklich von den Schiffen leben, sind die Schiffsausstatter. Manchmal müssen innerhalb weniger Stunden die Besatzungen mehrerer Schiffe verproviantiert werden; das sind immerhin bis zu einhundert Mann. Das sind aber auch anderthalb Tonnen Zucker, einige tausend Kilo Fleisch, ein paar hundert Konserven, mehrere Tanks voll Trinkwasser. Das sind aber auch seefeste Farben, Ersatzteile fürs Maschinenlager. Das ist gutes, bares Geld, das den Besitzer wechselt. Die Dollarkrise freilich hat auch in Ceúta die Leute unsicher und verdrossen gemacht. Man feilscht jetzt wie in arabischen Häfen.

Auf den Hügeln oberhalb der Stadt verliert alles seine Bedeutung. Sieben Hügel umrunden Ceúta. Septa hieß es im Altertum. Sebta heißt es noch heute bei den Marokkanern. Der Blick vom Tiro de Pichón hinüber zum Monte Hacho. Das dort drüben also war eine der beiden Säulen des Herkules: Abyla. Die andere wächst vor der europäischen Küste aus dem Meer: Calpe, heute Gibraltar. Der Blick hinüber vom Tiro de Pichón.

Die Verwahrlosung des Untergangs

Dunstschwaden kriechen über die Stadt, wandern über den schmalen Streifen, der den Monte Hacho mit dem afrikanischen Hinterland noch verbindet. Das Meer zu beiden Seiten der Halbinsel, dieses spanischen Daumens auf der marokkanischen Wunde, schaut von hier heroben aus wie zersprungenes Glas. Ein paar unruhige weiße Striche: Möwen oder Wellen. Kalt streicht der Wind über die kahlen Anhöhen. Überall die Kasernen der spanischen Legion. Bald werden wieder die traurigen Trompetensignale des unvermeidlichen Zapfenstreiches hinuntersickern in die Stadt. Das ist beinah wie der Ruf des Muezzins, nur melancholischer. Später komme ich wieder an einer Kaserne vorbei, will mich mit dem gelangweilten Posten unterhalten, biete ihm eine Zigarette an. Er starrt blicklos an mir vorüber. In ganz bestimmten Situationen gleichen sich die Soldaten in aller Welt auf unheimliche Weise. Sie haben ihre wundervolle menschliche Unsicherheit eingetauscht gegen die Uniform. Selbst unten in der Stadt, wenn sie rudelweise in die kleinen Basars entlang der Avenida del Generalísimo Franco einfallen, auf der unruhigen Suche nach einem billigen Erinnerungsstück, nach einer geschmuggelten Uhr, nach Transistoren oder Ledergürtel aus dem benachbarten Marokko — oder wenn sie drüben im Quartier Hadu die billigen, trostlosen Kneipen belagern: immer erinnern sie mich an große, plumpe Puppen. Ein Mechanismus zuviel, ein Mechanismus zuwenig; ich weiß es nicht. Sind Soldaten keine Menschen mehr?
Der Blick vom Tiro de Pichón hinunter auf die Stadt, aufs geisterhaft erstarrte Meer. Ist das dort unten noch afrikanisch? Oder nur ein Bastard, ein Sprungbrett für große Karrieren, für gescheiterte Existenzen? Jener kleine spanische Offizier, Kommandant einer Einheit der spanischen Legion, der heute wie ein Relikt aus böser Zeit anmutet, beobachtete im Sommer 1936 von hier aus die lächerliche Invasion seiner Truppen. Lächerlich? Die Tragikomödie endete als Blutbad. Und aus dem kleinen Offizier der Legion wurde Generalísimo Franco. Ceúta als Absprungplatz. Ceúta als Basis. 1415 kamen die Portugiesen. 1680 die Spanier. Aber zuvor schon traf der Mythos diese Halbinsel: Odysseus und Kalypso. Wann werden die Marokkaner

kommen? Auf den Vistas panorámicas, nur einen Katzensprung südlich vom Tiro de Pichón, lerne ich einen Marokkaner kennen. Sein deutscher Sportwagen hat eine Reifenpanne, er selber, höchstens dreißigjährig, spricht deutsch, war in Frankfurt, einige Jahre lang, wie er sagt, während wir mit dem Wagenheber meines Mietwagens sein Luxusgefährt abzustützen versuchen, denn sein eigener Wagenheber erweist sich als unbrauchbar. Heute fällt mir ein, daß ich nicht einmal seinen Namen weiß. Aber er hat es ohne Zweifel zu Vermögen gebracht. Einen solchen Wagen, einen solchen Anzug, eine solche Sicherheit hat nur, wer mit Geld gut umzugehen weiß. Später fahren wir gemeinsam hinunter zur Playa de Benítez, in ein spanisches Restaurant, San Marcus, und der Marokkaner unterhält sich mit den beiden Kellnern. Es sind Araber. Ich erzähle ihm, daß ich eigentlich drüben in Tanger wohne. Ich erzähle ihm von der Unruhe, die mich überrascht habe. Hier ist man eingeschlafen, sagt er lächelnd. Die Spanier wollen von ihren eigenen Sorgen nichts wissen; sie schlafen. Wir unterhalten uns über den Kommunismus. Er bestreitet lebhaft, daß es sehr viele Kommunisten in Marokko geben könne. Das paßt mit unserem Glauben nicht zusammen, sagt er. Und die jungen Leute, die heute Marx oder Mao anbeten, wissen gar nicht, was das ist. Sie haben ganz einfach keine Arbeit und glauben, mit diesem Marx würde es sofort Arbeit geben. Aber das ist natürlich ein Irrtum. Ich frage ihn, und ich weiß, wie dumm meine Frage ist, weshalb man eigentlich so versessen auf die spanischen Enklaven sei. Ceúta zum Beispiel, sage ich. Melilla zum Beispiel. Was steckt dahinter? Beides ist im Grunde doch wertlos. Steine. Leere Häfen. Und nicht einmal Fremdenverkehr. Die Ehre, sagt er ernsthaft. Das ist arabischer Boden. Und dann lacht er und sagt, daß jede geringfügige Hafenmole von Bedeutung sei, solange sich die Russen und Amerikaner über die Verteilung des Mittelmeeres nicht einigen können. Er klopft mir nachlässig auf die Schulter, ist aber freundlich dabei. Touristen, sagt er, werden uns immer willkommen sein. Und wenn das hier erst einmal alles marokkanisch ist... Er lächelt mir aufmunternd zu. Als wir uns verabschieden, gibt er mir noch den Rat, das Quartier

Die Verwahrlosung des Untergangs

Príncipe Alfonso zu besichtigen. Gehen Sie nur hin, sagt er. Ich würde dann viel über die Wahrheit dieser Stadt erfahren. Gehen Sie nur hin, sagt er noch einmal. Aber Sie müssen vorsichtig sein. El Príncipe. Ich weiß. Im »Ulyses« hat man mich schon darauf aufmerksam gemacht. Und in der Casa Silva spucken sie verächtlich auf den Boden, wenn sie davon reden. Príncipe Alfonso. El Príncipe, sagen die Leute, die dort leben müssen. Ich kenne es. Aber die Wahrheit über Ceúta? An der Nordflanke des Monte Hacho, dieser verwitterten und vortrefflich armierten Säule des Herkules, liegt die Mesón Serafin. Auf einer winzigen Plattform oberhalb der Stadt. Dahinter die Kasematten, Kanonen und Kasernen der spanischen Legion. Das Essen hier ist miserabel, die Preise sind eine Zumutung. Wahrscheinlich meinen die spanischen Besitzer, daß der weite Blick über die Stadt und das Meer ein hinreichender Ersatz für Gastlichkeit sei. Hier ist man araberfeindlich auf eine fast schon chauvinistische Weise. Ich weiß nicht, ob man marokkanische Kundschaft zur Tür hereinließe. Wahrheit über Ceúta. Am Tag zuvor war ich schon im Príncipe Alfonso gewesen. Ich fahre wieder hin, parke den Mietwagen unmittelbar neben einer Kaserne. Der Posten, sein Gesicht ist von einem krausen Bart wie von einer Krankheit entstellt, schüttelt den Kopf, als ich aussteige. Aber ich lasse den Wagen dort stehen und gehe zu Fuß in die Schlucht hinunter, Las Comeras heißt sie, glaube ich. Auf der gegenüberliegenden Anhöhe beginnt El Príncipe. Tags zuvor habe ich mich mit ein paar jungen Burschen unterhalten. Heute wate ich wie blind durch den Schlamm, durch den Kot, durch die widerlichen Gerüche, durch den kreischenden Lärm, durch die Wolken von Fliegen. Daß Menschen auf diese Weise leben können, ohne ihre Menschlichkeit zu verlieren! Das Quartier liegt an einem Abhang, fließt mit dem braunen Schlamm in eine Schlucht, kriecht wie ein Geschwür an der anderen Seite wieder empor. Eine bösartige Geschwulst, die sich zerstörerisch vermehrt: hier kann man die Misere menschlichen Daseins wie in einem offenen Buch nachlesen. Im Osten glitzert blau und höhnisch das Mittelmeer. Im Westen die schweigende Wand der kahlen Hügel; und

immer wieder das gewalttätige Ocker der Kasernen dazwischen. Die grimmigen Doppelposten der Guardia Civil. Die windschiefe Kirche. Das glatte weißbraune Gemäuer der Moschee. Die blaugestrichenen Holzhütten. Und die hennafarbenen Handflächen der marokkanischen Weiber, zauberisches Mittel gegen Krankheit und bösen Blick. Hier lebt man noch im Urzustand; Marokkaner neben Spaniern. Nur das Paradies ist verlorengegangen. Ein alter Mann in der braunen Djellaba, ein Araber also, lädt mich in seine Hütte ein. Der braune Erdboden. Ein Porträt König Hassans; daneben der spanische Generalísimo. Fliegendreck überall. Ein paar Matratzen im Halbdunkel; sie leuchten fahl und bleich wie bloßgelegtes Eingeweide. Eine zerbrechliche Holzkiste als Sessel und Tisch zugleich. Die zerschlissenen Kleiderbündel am Erdwall, der die Hütte provisorisch in zwei Teile trennt. Draußen unter der freundlichen Sonne spielen Dutzende von Kindern, hellhäutig oder dunkelbraun bis tiefschwarz, ihre unschuldigen Spiele. Und wenn es regnet? Der spätwinterliche Schlamm zwischen den Hütten und Wellblechbaracken ist noch immer nicht getrocknet; manchmal versinkt man bis zu den Knöcheln darin. Später die Abfallhaufen, der armselige Industriemüll, die Kloaken gleich hinter den blaugestrichenen Hütten, gleich hinter der neuen Moschee. Hunde, Katzen und Ratten wühlen einträchtig zwischen dem menschlichen Kot nach den Überresten. Ich frage mich schaudernd: nach welchen Überresten? Weiter unten, und ich stolpere diesen ganzen entsetzlichen Abhang hinunter, als wate ich jetzt schon durch Blut und Eiter, ich stolpere da hinunter mit offenem Mund und diesem schmerzhaften Keuchen, das in Würgen übergehen wird, in Erbrechen, weil man sich plötzlich als Mittäter erkennt, weil man plötzlich mitschuldig geworden ist. Weiter unten und schon nahe bei der Bierfabrik — man nennt das hier nicht Brauerei — endlich eine winzige Bar. Ich trinke irgend etwas. Anis. Scharf, ätzend. Der scharfe Geruch verfolgt mich. Und die Fliegen. Die Wahrheit über Ceúta?
Dann gehe ich zu Fuß zur Playa del Tarajal hinunter, gehe bis zur Grenzstation, besorge mir dort ein Taxi und fahre damit zum abgestellten Wagen. Meine europäische Empfindsamkeit

Die Verwahrlosung des Untergangs

hätte mich umgebracht, wenn ich an diesem Nachmittag noch einmal durch El Príncipe gegangen wäre.
Nachher zähle ich die Kasernen: Guardia Civil, reguläres Militär und die Legion. Ich komme auf ein gutes Dutzend rund um El Príncipe. Wann werden die ersten Sprenggranaten hineinfahren in diesen menschlichen Misthaufen? Wann wird Phosphor, wird Napalm diese Bilder menschlicher Hinfälligkeit und Niederlagen vertilgen?
Aber das Entsetzen wandelt sich in Gleichgültigkeit. Im Hotel unterhalten wir uns spätabends über die Probleme dieser melancholischen Stadt. Ein Vertreter aus Málaga beklagt die Schläfrigkeit in Ceúta. Er sagt, daß man hier keine Geschäfte mehr machen könne. El Príncipe kennt er nicht. Es interessiert ihn auch nicht. Gesindel gibt es überall, sagt er. Der freundliche Portier setzt sich zu uns. Auch er kenne El Príncipe nur vom Hörensagen, behauptet er. Aber er weiß, daß die meisten Bewohner dieses Quartiers illegal dort leben. Man nimmt das hier bei uns in der Stadt überhaupt nicht zur Kenntnis, sagt er. Und die Kirche? frage ich. Die neue Moschee, die Doppelposten der Guardia Civil? Er zuckt die Achseln. Ordnung müsse sein. Der Vertreter aus Málaga erwähnt die versteckte Arbeitslosigkeit in Ceúta. Den Schmuggel. Das alles schadet den Geschäften, sagt er kummervoll. Niemand wolle mehr etwas investieren. Die habgierigen Marokkaner im Rücken. Vor der eigenen Haustür der schwindende Wert des Geldes. Die Soldaten, sage ich, kosten sie nicht zuviel Geld? Aber nein, sagt der Mann, das bezahlen ja alles die Amerikaner.
Aber ich will nichts mehr über Politik hören. Ich will nichts von diesen Gerüchten hören, die immer wieder aufflackern wie ein Buschfeuer. Das gibt es drüben in Tanger ja auch; und ich war davon überzeugt gewesen, hier in Ceúta für ein paar Tage Europa wiederzufinden... Dann noch einmal die Fahrt zum nachtdunklen Monte Hacho hinauf. Dann noch einmal die blubbernden Tropfen der Trompetensignale aus den Kasernen. Dann noch einmal die dünnen Lichtschnüre des Leuchtturms. Die Nacht liegt wie eine Faust über der Stadt. Einige Liebespaare haben sich zur Punta del Desnarigado geflüchtet. Oder zur

Spanien

Punta Almina, deren abbröckelndes Felsgestein schon weit ins flüsternde Mittelmeer hineinragt. Unterwegs komme ich auch an einem holländischen Minibus vorbei. Afrika, werden sie gedacht haben unten am Hafen, endlich ... Und dann wieder die Kasernen. Und dann wieder die stummen Posten. Eine schläfrige Stadt, vielleicht. Eine abweisende Stadt, das ja. Ich blicke westwärts. Dort drüben muß El Príncipe liegen. Dort, wo alles dunkel ist, wo die Nacht noch einmal hinter den schwankenden Lichterketten der breiten Avenidas beginnt. Ich weiß: keine sanitären Anlagen, kein elektrisches Licht, keine Hoffnung, ich weiß. Worin unterscheidet sich da noch der berühmte Stolz der Spanier von der habgierigen, unterwürfigen Bettelei der Marokkaner? Die Niederlage kann viele Namen haben. Hier heißt sie wahrscheinlich El Príncipe.
Am anderen Morgen mache ich mich wieder auf den Weg. Der Wind hat gedreht, er hat aufgefrischt, dicke, nasse Tropfen klatschen aufs Pflaster. Ceúta schläft noch. Ich muß lange auf ein Taxi warten. Dann fahre ich wieder hinaus zur Grenze. Und bevor ich den Wagen verlasse, bevor ich durchs Niemandsland hinüberwandere nach Marokko, blicke ich noch einmal zurück. Ceúta, eine Möwe, hat man einmal gesagt...
Ich weiß nicht recht. Ich verlasse den spanischen Boden wie ein Gaukler. Den Koffer auf meiner Schulter. Den Wind im Nacken. Eine Möwe treibt mit lahmem Flügelschlag aufs offene Meer hinaus.

Marokko
und die mutlosen Mörder

Der vergessene Schmutz

Wie anfangen? Und womit? In diesem Tanger. Im Süden ist in der vergangenen Nacht schon wieder eine Bombe explodiert; aber es waren nur zwei marokkanische Pioniere, die verletzt worden sind; und die libyschen Guerillas, die irgendwo bei Nador, irgendwo bei Melilla gelandet sein sollen, beunruhigen auch noch immer die marokkanische Polizei. Jetzt haben sie alle Zufahrtsstraßen nach Tanger mit spanischen Reitern und Nagelbrettern bestückt. In Meknès hat man sieben oder acht Kommunisten verhaftet; der Rest der dortigen Sektion ist in die Berge entkommen. Die Unruhe ist längst schon selbstverständlich geworden. Aber der König, so tuschelt man genießerisch in der Medina, lasse sich immer noch jeden Morgen seinen Harem vorführen und wähle dann seine Favoritin des Tages aus. Hier in Tanger freilich haben schon wieder zwei junge Marokkaner eine sechzigjährige Frau niedergeschlagen. Auf dem Grand Socco, um sechs Uhr nachmittags. Eine Französin, die seit fünfundzwanzig Jahren im Lande lebt. Niedergeschlagen und beraubt. Eine halbe Stunde später weint sie immer noch. Aber sie sagt, daß man das verstehen müsse; die Leute seien manchmal halb wahnsinnig vor Hunger. Monsieur G. überlegt, ob er an die spanische Costa Brava oder doch an die Côte d'Azur gehen soll; er hat das beste Restaurant in Tanger. Seine Crevettes à la Provençal sind berühmt. Aber jetzt verläßt ihn der Mut. Und Madame X., seit fast zwei Jahrzehnten im marokkanischen Hotelgewerbe, kehrt nach Paris zurück. Die Ratten, sagt der aus Rom stammende Hotelmanager, die Ratten verlassen das Schiff; dabei sei es fraglich, ob es überhaupt sinken werde. Und er kaut verbissen an seiner kalten Zigarre. Im »El Piano« aber, das vorläufig noch einem Engländer gehört, drückt Allal mir grinsend eine seiner schläfrigen Schlangen in die Hand, und die Touristen kreischen und photographieren wie verrückt mit Blitzlicht und scheuer Angst in den Augen.

Tanger und die Touristen. Tanger und seine Vergangenheit.

Der vergessene Schmutz

Heute soll sich dem Hörensagen nach nur noch gelegentlich ein kleinerer Rauschgifttransport hierher verirren. Neapel, Marseille und Palermo haben das große Geschäft an sich gebracht. Heute hat längst schon Casablanca, hat sogar Rabat dieses Tanger an Kriminalität und Prostitution überholt. Ein französisches Kamerateam dreht dementsprechend lustlos seine paar Einstellungen herunter. Man ist für ein Wochenende heruntergeflogen, man hat sein Budget und den Auftrag — und den Rest erledigen dann die Cutterinnen und das Archiv. Hier in der Halle des Luxuskastens »Les Almohades« warten die Franzosen jetzt geduldig darauf, bis irgendeine Reisegesellschaft abmarschbereit ist. Draußen vor dem Hotel warten die marokkanischen Andenkenverkäufer und Bettler. Und dann fangen sie an. Beide. Drinnen und draußen. Und während die ahnungslosen Amerikaner, Briten oder Deutschen in die bereitgestellten Busse steigen, die sie hinausbringen werden zum Airport oder auch nur zur üblichen Stadtbesichtigung, drängen sich die ambulanter Händler mit ihren farbigen Stoffballen und bunten Teppichfetzen, mit ihren Trommeln, Amuletten und Berberhüten zu den paar Groschen, die gelegentlich abfallen. Und auch die Kameraleute haben jetzt ihr Motiv. Drinnen in der Rezeption ist man gleichfalls zufrieden, weil später geteilt werden wird. Und die Händler und Bettler — manchmal, in guten Wochen, kommen sie auf etwa einhundert bis einhundertzwanzig Schilling; nur im Winter müssen sie mit durchschnittlich vierzig, fünfzig Schilling zufrieden sein; und manchmal fällt auch gar nichts ab. Wovon sie leben? Kommunisten sind sie jedenfalls keine, des Königs Launen und Frauen sind ihnen heilig, und wenn man sie mit den Arbeitslosen hier in der Stadt oder mit den Bauern im Hinterland vergleicht, dann geht es ihnen immer noch verhältnismäßig gut; für marokkanische Verhältnisse zumindest.
Später dann bei den Höhlen des Herkules am Kap Spartel wird das französische Kamerateam noch einmal auftreten. Aber es weht ein steifer Westwind, der Atlantik peitscht mit großen grünen Wogen die Küste, Regen liegt in der Luft, und die frierenden Touristen bleiben hartnäckig in ihren Bussen; zum

Mißvergnügen Hassans, der hier mit seinen Kamelen unverdrossen ausharrt. Das seien kluge Leute, diese Touristen, sagt er. Sie klettern auf ein Kamel und lassen sich dabei photographieren und bezahlen sogar noch ein paar Groschen dafür. Manchmal verdient er bis zu zweihundert Schilling in einer Woche; zwanzig Prozent muß er freilich den Chauffeuren abgeben.

Und drinnen in der Stadt am Eingang zur Medina, auf dem Grand Socco, ein letztes Mal die Franzosen. Hier filmen sie zwei Wasserverkäufer; filmen sie und raufen sich mit den plötzlich photographierwütig gewordenen Touristen um die beste Schußposition, und die beiden Wasserverkäufer gießen immer wieder dasselbe Wasser in ihre blitzenden Messingschalen; sie stehen geduldig vor den Kameras, schütteln ihre braunen Lederschläuche, gießen das Wasser ein, schütten es fort, gießen neues Wasser in die Schalen. Ob das alle diese Touristen und Filmleute eigentlich interessiert, daß der wöchentliche Durchschnittsverdienst dieser Wasserverkäufer höchstens bei vierzig Schilling liegt? Dafür kosten die Crevettes à la Provençal des Monsieur G. annähernd siebzig Schilling, und ein Abendessen bei den beiden Vietnamesinnen im »La Pagode« kommt auf gut und gern zweihundert Schilling. Rachid, der Barkeeper, achtundzwanzigjährig, kann nicht mehr mit ansehen, wie ich diese teuren Rechnungen bezahle. Er verdient jetzt rund eintausend Schilling im Monat; noch vor einem halben Jahr hat er für die Hälfte gearbeitet, obgleich er die marokkanische Hotelfachschule mit einem Diplom abgeschlossen hat. Er und seine beiden Freunde Sensali Mohamed und Mohamed Hayat führen mich in die Medina, laden mich in ein marokkanisches Restaurant ein, wo es schon um zwanzig Schilling Sis Kebab gibt. Wir unterhalten uns über die Revolution, die immer näher heranrückt. Meine Freunde beginnen vor Ungeduld und Vorfreude zu brüllen. Dabei gehören sie zur bevorzugten Minderheit derjenigen Marokkaner, die nicht nur einen Beruf, sondern auch Beschäftigung haben; sie verdienen sogar relativ gut; zwischen sechshundert und fünfzehnhundert Schilling im Monat. Aber im Augenblick wissen sie nicht so recht, wofür sie sich entscheiden sollen.

Der vergessene Schmutz

Kommunismus in jedem Fall. Aber wie? Die russische Spielart oder die chinesische? Als ich sie daran erinnere, was in Algerien vor sich geht, verstummen sie. Das algerische Beispiel flößt ihnen Unbehagen ein. Im neuen Marokkanerviertel draußen vor der Stadt, sagt Rachid, und man sehe es, wenn man hinaus zum Flughafen fährt oder weiter nach Rabat — dort leben zehn, zwölf, fünfzehn Menschen in einer einzigen Hütte; und sie haben nicht einmal fünfzig Dirham im Monat. Das seien dann an die zweihundertfünfzig Schilling, sage ich, und das sei schon etwas. Nein, sagt Rachid, das sei weniger als nichts, weil diese fünfzig Dirham ja nicht für einen einzigen Menschen seien, sondern eben für diese zehn, zwölf oder fünfzehn. Und sind das nun Kommunisten? frage ich. Wollen die das algerische Beispiel haben? Nein, sagt Rachid, diese Leute sind gar nichts; sie würden nicht einmal den König umbringen, wenn er ohne Begleitung in ihre Hütten käme. Und so unterhalten wir uns auf diese verrückte Weise, diskutieren über Geldsummen, die man anderswo als Trinkgeld verschenkt, probieren den theoretischen Aufstand, und die ganze Zeit über weiß ich, daß meine Freunde das Geld, das sie für diese fürstliche Einladung auslegen, in den nächsten Tagen buchstäblich wieder hereinhungern werden müssen. Trotzdem verlassen wir später die Medina und machen noch einen Ausflug durchs europäische Tanger mit seinen Blumenverkäufern, Schleppern und Bettlern vor den Türen der kleinen Tanzbars und großen Nachtklubs, und auf dem Boulevard Pasteur treffen wir schließlich noch Allal, den Schlangenbeschwörer, mit seinen Leuten, darunter auch Ben Ahmed, den Fakir, dem ich einmal auf den Rücken gesprungen war, während er auf seinem Nagelbrett lag. An diesem Abend kommen sie aus einem der Touristenhotels unten am Strand, wo man einen dieser orientalischen Abende veranstaltet hat mit dem üblichen Kuskus und mit Bauchtanz, für den sich Allal immer eines der Mädchen aus den billigen kleinen Tanzbars besorgte. Heute ist er zornig, weil ihn der Manager des Hotels schon wieder betrogen hat. Vereinbart gewesen seien einhundert Dirham für jeden seiner Leute, sagt er, und sie haben immerhin ein komplettes Programm gebracht, und

die Touristen seien zufrieden gewesen. Aber dann habe der Manager insgesamt nur dreihundert Dirham bezahlt, und da kommen dann nicht einmal fünfzig Dirham auf jeden einzelnen. Er glaubt, er kann sich das mit seinem amerikanischen Paß erlauben, sagt Allal, aber das kommt schon noch, daß ein amerikanischer Paß nichts mehr wert sein wird. Und das Mädchen, das als Bauchtänzerin aufgetreten ist, beklagt sich auch, weil sie in ihrer Tanzbar wahrscheinlich mehr verdient hätte; und dann verschwindet sie rasch in den dunklen Seitengassen des Boulevards. Aber mich beschäftigt die ganze Zeit etwas anderes, und ich frage Allal jetzt, wie das sei, wenn er sich seine Schlangen auf die Nase klemme, daß sie wie dünne Schnüre herunterhängen. Da ist kein Trick dabei, sagt er. Ich weiß, sage ich, und man kann ja die Bißwunden auf seinem Nasenrücken sehen. Und seine Schlangen seien doch giftig, sage ich und denke schaudernd an diesen Abend zurück, an dem er mir eine seiner Schlangen einfach in die Hand gedrückt hat. Manche sind giftig, manche nicht, sagt er gleichgültig. Aber ihm mache das nichts aus, er sei schon zu oft gebissen worden, auch von giftigen Schlangen. Außerdem müsse er die giftigen Schlangen abmelken, bevor er in einem Lokal auftreten dürfe, sagt er noch, und dann beschimpft er wieder diesen Hotelmanager mit dem amerikanischen Paß, der ihn betrogen hat, und ich denke, daß auch er den Manager betrogen hat und daß dieses ganze Touristengeschäft mit den Schlangenbeschwörern und Fakiren und Bauchtänzerinnen nichts weiter ist als eine Art Betrug an einem ahnungslosen Touristenpublikum. Aber ich bleibe stumm.
Wie anfangen? Und womit? In diesem Tanger — und in der animalischen Wärme der Medina, in diesem verschachtelten Labyrinth, gekrönt vom mauerbewehrten, befestigten Viertel der Kasbah, von dessen höchster Plattform der Blick auf den leeren Hafen hinunter nur bestätigt, was man auch so allenthalben erkennt: daß Tanger dabei ist, seine Rolle als wirtschaftlicher Anziehungspunkt zu verspielen. Und im scheinbar planlosen Durcheinander der Medina, wo sich immer wieder Europäer und Amerikaner hoffnungslos verirren, werden Pläne geschmiedet und die Rollen verteilt für den näher rückenden

Der vergessene Schmutz

Tag X. Im westlichen Hügelland hat man einen Parcours errichtet. Neben einem dieser kleinen, schrecklichen Bidonvilles, wo ein paar hundert Menschen unter Verhältnissen leben müssen, die selbst im anatolischen Hochland oder in den Slums von Palermo und Neapel unvorstellbar wären. Jetzt strömen sie manchmal aus ihren Wellblechhütten und Lehmbuden und starren schweigend auf die lächerlichen Kunststücke der Reiter und Pferde, bis ein wütender Polizist sie wieder zurückjagt in ihre Höhlen. Und ein paar Kilometer südlich von Tanger fahre ich an einer kalbenden Kuh vorbei, die unverdrossen weiterfrißt, während ein Bauernbub ärgerlich an den gerade sichtbar gewordenen Hinterläufen des Kalbes zerrt. Ich bleibe stehen und steige aus meinem Mietwagen, und der Bub läuft auf mich zu und bettelt mich um Kleingeld oder Zigaretten an. Und einmal nehme ich in der Gegend von Tetuán eine ganze Bauernfamilie mit und quetsche sie irgendwie in den winzigen Wagen, und als wir nach Tanger kommen und ich jede Bezahlung ablehne, umarmt mich der Mann und segnet mich die Frau, und ich rieche für den Rest des Tages nach Pfefferminztee und unbekannten Kräutern. Dann die Geschäfte mit den Taxichauffeuren, das unerläßliche langwierige Feilschen; und weil ich hinüber nach Ceuta muß, hinüber in die spanische Enklave, handle ich drei Tage lang um einen vernünftigen Preis, bis sich schließlich nach vielen Umwegen und vielen Verhandlungen ein alter spanischer Chauffeur findet, der bereit ist, mich für achtzig Dirham bis an die Grenze zu bringen. Sein Wagen ist ein gutes Vierteljahrhundert alt, und er muß ihn kurzschließen, um losfahren zu können. Aber ein paar Tage später wartet er stundenlang an der Grenze auf mich, um mich wieder nach Tanger zurückzubringen; und als die einheimischen marokkanischen Taxichauffeure, die wie ein Rudel hungriger Wölfe an dieser Grenzstation lauern, endlich begreifen, daß ihnen der alte Mann aus Tanger die kostbare Fuhre entreißt, kreisen sie ihn unbarmherzig ein, zerren ihn aus dem Wagen und machen alle Anstalten, ihn zu verprügeln. Ich versuche, einige Polizisten herbeizuholen; aber sie wenden sich einfach ab und lassen mich stehen. Einige Geldscheine, dem rabiatesten der marokkanischen Taxi-

Marokko

fahrer in die Hand gedrückt, helfen schließlich weiter. Man lacht plötzlich, schüttelt mir die Hand, säubert dem alten Spanier die Kleider und winkt noch lange nach. Marokko. Elend der dritten Welt oder... Unterwegs kauft der Spanier für ein paar marokkanische Francs Spargel ein und lädt mich dann in Tanger zu sich ins Haus, wo seine Frau, eine vor mehr als sechzig Jahren in Neapel geborene Italienerin, uns zum Spargel eine köstliche Kräutersauce macht. Abends im Hotel an der Bar — ich bin wieder ins »Les Almohades« gezogen — treibt sich eine lärmende Reisegesellschaft herum, Belgier und Franzosen, gerade eine Chartermaschine füllend, eingeladen übers Wochenende von einem Immobilienmakler mit Sitz in Luxemburg, der hier an den weiten sandigen Buchten des Rif Grundstücke mit den dazugehörigen Appartementhäusern verkauft. Und ich erinnere mich, daß es drüben am Kap Spartel, bei den Höhlen des Herkules, schon eine solche Siedlung gibt: »Robinson-Strand«; und vor einem dieser hübschen weißen Häuser habe ich jetzt im März schon einen lindengrünen Jaguar mit westdeutschem Kennzeichen gesehen. Auch diesmal ist ein Deutscher dabei, ein Journalist aus München, den man mit seiner Frau eingeladen hat; er wird sich allerdings kein Haus kaufen; er wird in den nächsten Wochen und Monaten nur in seinen Zeitungen ein paar begeisterte Artikel veröffentlichen. Und die Generalmanagerin des Immobilienmaklers, eine Wallonin aus Belgien, erklärt mir, daß alle diese Leute, die nach Tanger geflogen waren, um sich hier anzukaufen, genug schwarzes Geld, genug Schmuck auf der Seite hätten. Rachid, der Barkeeper, bedient uns. Rachid, mit seinen tausend Schilling im Monat. Am anderen Tag stellt er mir seine Freundin vor, die er nicht heiraten kann, weil er zu wenig Geld hat; oder weil er Angst vor einer endgültigen Bindung hat. Und er lacht, als er sagt, sie sollten nur kommen, diese reichen Europäer, sie sollten hier nur ihre hübschen, teuren Häuser bauen und ihren illegalen Schmuck auf die Seite bringen... Ich weiß, was er denkt. Die Tage des Königs sind gezählt. Die Tage der Europäer sind gezählt.

Tanger. Die semitischen Phönizier haben hier das uralte Tingi begründet. Und in Tingi ging dieser legendäre Karthager an

Der vergessene Schmutz

Land, ehe er weiterfuhr nach Süden, dem sagenhaften Goldland entgegen. Hanno hieß er. Ich weiß nicht, warum mir das alles immer wieder einfällt, wenn ich hier über die Boulevards schlendere oder mich durch das Menschengewimmel in der Medina dränge. Roms gefürchtete afrikanische Reiter: das waren Berber aus Tingi; und später zog Geiserich, der Vandalenkönig, als barbarischer Sieger durch die Straßen von Tanger, bis der oströmische Generalissimus Belisar dem vandalischen Spuk ein grausames Ende bereitete. Es kam das Christentum, es kamen die streitbaren Bischöfe, es kam der Islam, und unter dem Befehl arabischer Offiziere eroberten die Berber von Tanger die Landschaften der Iberischen Halbinsel. Dann kamen Portugiesen, Spanier, Briten und Franzosen; dann griff Europa nach Tanger herüber... Und heute? Wird diese neue Invasion, vertreten durch Immobilienmakler und Schwarzgeldspekulanten, auch nur das nächste Jahrfünft überdauern? Ein Herkules hat hier schon einmal ein sagenhaftes Ungetüm erwürgt, freihändig am Trapez schwebend, sozusagen, und ohne Netz darunter. Aber wer wird das Ungetüm des Hungers erwürgen? Marokko hat von allen Ländern des Maghreb die höchste Geburtenrate. In den Lehmhütten und Kanistervierteln von Tanger, in der neuen marokkanischen Medina vor den Toren der Stadt sind zehn und zwölf Kinder pro Familie normaler Durchschnitt. Sogar ein Sensali Mohamed, der schon in Holland gearbeitet hat und jetzt einen eigenen Wagen fährt, dreiunddreißigjährig, klug, modern, er hält im Augenblick bei vier Kindern; das fünfte ist unterwegs. Und mit dem Kinderreichtum wächst die Arbeitslosenzahl. Mit den Arbeitslosen wächst der Hunger. Mit dem Hunger wächst die Unzufriedenheit. Warum erinnere ich mich immer wieder daran, warum fällt mir das alles immer wieder ein, wenn ich in den Bars der Touristenhotels die europäischen Immobilienmakler sehe und ihre arglose europäische Kundschaft? Heute schon befiehlt ein königliches Dekret, daß die in Marokko ansässigen Europäer mindestens fünfzig Prozent ihres Vermögens zurücklassen müssen, wenn sie heimkehren wollen nach Europa; und daß in jedem europäischen Betrieb zumindest fünfzig Prozent Marokkaner beschäftigt werden

müssen. Die reichen Waffenhändler von Tanger, die habgierigen Bankiers, die dunklen Geschäftemacher, die mit weißem Frauenfleisch und weißem Heroin genauso handelten wie mit illegalem Gold — sie alle haben Tanger längst schon verlassen; und mit ihnen ist das Geld, sind die Emotionen und die meisten Attraktionen verschwunden. Der neue Hafen, in den man so große Hoffnungen gesetzt hat, liegt meist leer und verödet. Und die neuen Hotels. Madame X., die seit Tagen ihre Koffer packt und tränenreichen Abschied nimmt, verrät mir, daß ihr Hotel in den letzten drei Jahren nicht eine einzige Nacht voll ausgebucht gewesen sei. Monsieur G., dem ich nach einer Woche zufällig auf der Avenue d'Espagne begegne, erzählt mir verdrossen vom bisher günstigsten Angebot, das ihm gemacht worden sei. Ein marokkanischer Restaurantbesitzer aus Meknès würde ihm sein Geschäft abkaufen, aber unter normalen Verhältnissen, sagt der Franzose wütend, würde ich den dreckigen Halunken hinauswerfen. Aber so... Ich werde annehmen müssen!
Am letzten Abend dann warte ich lange auf einen Anruf. Der Sturm brüllt ums leere Hotel, treibt das Meer wütend gegen den flachen Strand. Aus dem Radio winselt die monotone arabische Musik. Es kommt kein Anruf mehr. Die paar Kommunisten und Radikalsozialisten haben sich in diesen unruhigen Tagen aus Tanger zurückgezogen. Die libyschen Guerillas sollen sich immer noch irgendwo bei Tetuán, irgendwo bei Tanger verborgen halten. Polizei überschwemmt seit Tagen schon alle Straßen. Manchmal habe ich einen von ihnen in meinem winzigen Mietwagen mitgenommen. Einer erzählte mir, daß er vierhundertfünfzig Dirham verdiene, das sind etwa zweitausendzweihundertfünfzig Schilling. Eine hübsche Summe für Marokko. Ich fragte ihn, wieviel Kinder er habe. Er hob seine beiden Hände in die Höhe und spreizte stolz seine zehn Finger. Zehn Kinder. Als er endlich ausstieg, bettelte er mir eine Schachtel Zigaretten ab.
Es kommt kein Anruf mehr. Ich fahre in die Stadt hinein, gehe noch einmal ins »El Piano«. Von meinen Bekannten und Freunden ist niemand anwesend. Ein anderer Fakir, ein neuer

Der vergessene Schmutz

Schlangenbeschwörer. Nur die Reisegesellschaft, die an diesem Abend lärmend das Lokal füllt, unterscheidet sich in nichts von all den anderen Touristengruppen an den Abenden zuvor. Spätnachts dann treten Neger auf, Musikanten aus der Sahara. Ich kenne diese Musik. Es ist ein Ausschnitt aus einem Stammestanz, der für gewöhnlich bis zu anderthalb Stunden dauert. Hier spielen sie höchstens zehn Minuten, dann kassieren sie ab. Auch das ist neu, aber dem europäischen Publikum gefällt es. Hat es viel Sinn, wenn ich sage, daß unerklärliche Trauer mich überfiel wie ein Schmerz, den man nicht daran hindern kann, vom ganzen Körper Besitz zu ergreifen?
Am anderen Morgen brachte mich der alte Spanier zum Airport. Die Caravelle aus Casablanca kam mit einigen Minuten Verspätung. Ich stieg mit hundert Marokkanern ein, die zurück mußten in ihre Fabrikshallen und an ihre Drehbänke und an die Hochöfen und auf die Bauplätze. Ich stieg mit ihnen ein und flog nach Frankfurt.

Das zerstörte Tabu

Auf den abgeernteten Feldern stöbert der Wind staubaufwirbelnd im mehlfarbenen Sand. Nachts wandern schon große graue Wolkenbänke langsam nach Nordosten. Und tagsüber verdunkelt sich manchmal ganz überraschend die Sonne. Die Mauern der Stadt treten dann wie Elefanten aus ihrem Schatten heraus. Es ist schwierig, hier heimisch zu werden.
Gehen Sie nach Meknès, hat man mir gesagt. In Tanger. Auf dem internationalen Airport von Casablanca. Im Schatten der Koutoubia in Marrakesch. Gehen Sie nach Meknès, wenn Sie begreifen wollen, aus welchem Ei sogar ein König schlüpfen kann.
Und ich kam nach Meknès nach langer Wanderschaft. Müde. Staubbedeckt und beinah erschöpft von den Anfechtungen dieser marokkanischen Sonne. Und ich fragte mich schon in der ersten Viertelstunde: Was bringt einen nach Meknès? In diese nüchterne, gleichgültige Stadt der Bauern und Händler?
Was bringt einen nach Meknès? Und geduldig lassen sie sich hineinkarren in die Stadt, herumreichen; geduldig lassen sie sich führen und belügen, die Touristen auf ihrem Sechsstundentrip. Und mehr ist Meknès nicht wert im Fahrplan des Tourismus. Die Rundfahrt durch die Trümmer einstiger Größe, durch die leere Ruinenstadt, das geht rasch, und das geht wie mit dem Zeitraffer. Dann der gehetzte Ausflug hinauf ins römische Volubilis, hinauf ins heilige Moulay Idris. Aus. Vorbei. Übernachtet wird in Tanger, Fès oder Rabat.
Was bringt einen nach Meknès? Und nur langsam begriff ich, daß dies nicht irgendeine Stadt war. Daß man hier nicht vergleichen durfte. Das Versailles Nordafrikas. So haben phantasiebegabte Zeitgenossen schon vor dreihundert Jahren diese Stadt genannt. Und dieses dumme Wort ist hängengeblieben und hat überlebt und geistert jetzt durch die Kataloge der großen Reisebüros. Versailles. Meknès. Und wie sollte man vergleichen? Hier nur noch Verfall. Hier nur noch Spuren barbarischen Unter-

Das zerstörte Tabu

ganges. Sonst freilich: auch hier die Erinnerungen blutgetränkt. Auch hier die Spur der Geschichte gezeichnet von Blut, Schweiß und Tränen. Sonst freilich: der Anfang von etwas, der Beginn aller Maßlosigkeit, das Lehrbeispiel für alle Monarchen, die vom schrankenlosen Absolutismus träumen. Auch hier wird das begreifbar. Hier in der Stadt des Moulay Ismail, des Urahns eines Hassan II. Moulay Ismail, Mörder und Frauenschänder, skrupelloser Gewalttäter. Immer nur skrupellos? Größenwahn und Alptraum haben ihn gepeinigt, ihn, der mit einem einzigen fürchterlichen Schlag einem erschlafften Sklaven das Genick brach. Wie viele Sklaven sind auf diese Weise gestorben? Wie viele Menschen sind umgekommen, bis der Größenwahn befriedigt, der Alptraum vergessen war?

Hier hat das also angefangen. Das Marokko von heute. Hier hat Moulay Ismail, Sohn einer Negerin aus dem Sudan und eines im Exil lebenden Vaters, diese Dynastie begründet, die seit dreieinviertel Jahrhunderten Marokko beherrscht, bis auf den heutigen Tag, in ununterbrochener Reihenfolge, bis zu diesem bleichen, nervösen Hassan II., auf den die Königsmörder und Bonzenschlächter schon warten.

Gehen Sie nach Meknès, hat man mir gesagt. Gehen Sie nach Meknès, wenn Sie begreifen wollen, aus welchem Ei sogar ein König schlüpfen kann.

Aber zuerst betritt man eine europäische Stadt. Der Bufekran trennt sie sorgfältig von Medina, vom alten und neuen Mellah und den verwüsteten Sultansgärten; von den Trümmern einer maßlosen Vergangenheit. Das Hotel, in das man kommt, existiert erst seit ein paar Monaten. Marokkanisches Kapital ist hier investiert worden, einheimischer Unternehmungsgeist — als ob Araber nicht auch hervorragende Geschäftsleute wären. Küche und Keller des Hauses sind jetzt schon berühmt. Das Restaurant entspricht erstklassigem Standard. Und während man die Speisekarte studiert, die einem auf blankgeriebenem, gehämmertem Kupfer überreicht wird und die nicht nur Solidität und Hausmannskost verspricht, sondern einen auf Exquisites hoffen läßt — umdienert von den Bücklingen arabischen Dienstpersonals —, vergißt man völlig, nach den Einkommensverhältnissen derer zu fragen, die einen bedienen. Man luncht vorzüglich in diesem Hotel. Man wählt ein opulentes Dinner aus. Marokkanische Weine, französischer Champagner, Wasser aus Vichy, spanischer Cognac, brasilianische Zigarren. Wieviel verdient der flinke Mann, der einen bedient hat, bis ihm der Schweiß auf der Stirn steht? Dort im Patio, von dem man nur durch eine geöffnete Glaswand getrennt ist, flimmert Sonne im Wasser des blaugekachelten Swimming-pools. Eine braune Bikini-Schönheit, hochbrüstig und erfreulich breithüftig, gleitet seufzend vor Vergnügen ins Wasser. Spätabends kann man sie im hoteleigenen Nightclub tanzen sehen. Im dünnen Schatten grellfarbener Schleier; üppig und herausfordernd: Bauchtanz.

Man ist beeindruckt. Natürlich hat man schon in ordentlichen Hotels logiert, in erstklassigen sogar; noch in den Oasen tief im Süden braucht man auf Klimaanlage und Swimming-pool nicht zu verzichten. Aber da war immer französische Atmosphäre, französischer Einfluß spürbar gewesen; da hat immer eine amerikanische oder westdeutsche Hotelkette — auch wenn inzwischen teilweise enteignet — die Hand mit im Spiel gehabt; da war immer ein Manager aus Paris oder Genf oder Rom. Hier in Meknès war das anders. Hier haben einheimisches Kapital, einheimische Architektur und einheimischer Geschäftssinn zusammengearbeitet. Und das Resultat war erstklassig. Es funktionierte und war perfekt.

Man ist beeindruckt — bis man lange genug im Hause gewohnt hat, um die Realität hinter den Dingen zu sehen. Die Spannungen. Das Unzulängliche und das Widersprüchliche. Das war hier nicht das Marokko der internationalen Touristenherbergen; das hier ist ein zutiefst arabisches Marokko. Mit erschreckender Ausbeutung und Unterdrückung. Mit Hochmut und Fremdenhaß. Der Kellner, der bis Mitternacht auf den Beinen sein muß, kommt auf zweihundert Dirham; das sind neunhundertvierzig Schilling. Wen wundert es da noch, daß er einem verwirrten Europäer die kupferne Speisekarte vor die Füße wirft; aus nichtigem Anlaß, weil gedankenlos gemäkelt wurde; weil man nicht gesehen hat, daß dieser Kellner sich

Das zerstörte Tabu

kaum noch auf den Beinen halten kann. Wen wundert es da noch, daß der Mann, der in diesem erstklassigen Haus die Zimmer aufräumt, vor einem auf die Knie sinkt und die Hände küssen will, weil man ihm gedankenlos, aus geübter Freundlichkeit zwei, drei Dirham, zehn, zwölf Schilling gegeben hat. Hundert Dirham, vierhundertsiebzig Schilling also, beträgt sein monatlicher Lohn. Und die nächtliche Schönheit, dieses üppig herausfordernde Weib mit seinen grellfarbenen Schleiern und den attraktiven Kunststücken, nicht einmal tausend Schilling macht die Gage aus, von der sie leben und sich kleiden und sich ernähren soll. Und nach ein paar Tagen, da die Fassade abblättert von diesem erstklassigen Haus, da man gelernt hat, daß die Klimaanlage nur stundenweise funktioniert, daß Briefe, die man als dringlich bezeichnet, nicht abgesandt werden, daß man für jedes Telefonat, für jedes Glas Wasser, für jede ausgelesene Zeitung seinen Dirham zu bezahlen hat — nach ein paar Tagen kommt es immerhin zum ersten zögernden, erstaunlichen Gespräch. Américain? wird man gefragt. Und die Augen, die einen anstarren, sind böse, niederträchtig. Und weil man weiß, wie tief das Mißtrauen in diesem Volk verwurzelt ist, blättert man den Reisepaß auf. Und selber erfährt man jetzt, daß der Kellner vier Monate lang in Hamburg gearbeitet hat; illegal natürlich; mit erspartem Geld natürlich, das einem dann ein Vermittler, der ein Betrüger war, abgenommen hat. Und jetzt, sagt der Kellner, müsse er froh sein, hier eine Beschäftigung gefunden zu haben. Natürlich hat er Kinder; vier und ein fünftes unterwegs. Wie er denn durchkomme mit seinem schmalen Einkommen, fragt man. Er zuckt nur die Achseln. Aber etwas in seiner Art läßt schon zukünftige Empörung erkennen. Keine Sozialversicherung. Keine Vorsorge für Alter, Invalidität oder frühen Tod. Kein Kindergeld. Kein Urlaub. Und er sagt in seinem harten, gebrochenen Deutsch: Das ist der Imperialismus, den wir von den Amerikanern gelernt haben.
Ein arabisches Hotel. Die Europäer, sofern sie noch einen Tag dazugeben wollen für Meknès, logieren im »Transatlantique« oder in den billigen Herbergen hier in der Neustadt, im »Con-

tinental« oder »De Nice«. In der Rezeption fragt man mich eines Morgens, weshalb ich in dieses Hotel gekommen sei. Man fragt nicht, wie es mir gefallen habe, ob ich mich wohl gefühlt habe. Ich weiß keine Antwort. Es sei Zufall gewesen. Vielleicht hätte ich sagen sollen, daß man viel dazulernen kann in einem solchen Haus; daß man ein paar Dinge besser begreift als vorher. Die Söhne der arabischen Getreidehändler, die hier in der Hotelbar ihren verbotenen Alkohol schlürfen. Die zwei oder drei gefallenen Mädchen, die hier von Hand zu Hand gehen und deren Weinen man manchmal durch die dünnen Zimmerwände hören kann. Die Schamlosigkeit der Ausbeutung. Und daß Habgier nichts mit Rasse oder Hautfarbe zu tun hat.
Vielleicht hätte ich das sagen sollen. Aber ich war anderer Dinge wegen nach Meknès gekommen. Gehen Sie nach Meknès, wenn Sie begreifen wollen, aus welchem Ei sogar ein König schlüpfen kann.
Dieser Moulay Ismail, Urahn des heutigen scherifischen Königs, er muß immerhin ein faszinierender Mann gewesen sein. Menschen soll er wie Tiere und Tiere wie Menschen behandelt haben. Dreißigtausend Sklaven schufen aus ein paar Hütten eine Residenz, die Zeitgenossen mit Versailles zu vergleichen pflegten. Und in seinem Harem waren nie weniger als drei-, viertausend Frauen. Europäerinnen und Farbige, Kurtisanen und Nonnen, Sklavenmädchen und Prinzessinnen; und manchmal wurden einigen Frauen die Zähne ausgebrochen, weil sie einander besucht hatten; und manchmal zerschlug ein kräftiger Eunuch das Genick dieser Frauen mit einem einzigen Hieb. Man war nicht zimperlich; man ist in Meknès, in Marokko nie zimperlich gewesen.
Moulay Ismail wurde achtzigjährig; im März 1727 starb er. Und er hat — nachdem sein Sinn für Monstrosität riesige Paläste, Vorratskammern, Stallungen, Bassins buchstäblich aus der Erde stampfen ließ — sich noch das eigene Mausoleum errichten lassen. Marmor aus Carrara wurde dafür herangebracht und wurde mit Zucker bezahlt. Aber solche und andere Geschichten stehen in jedem Handbuch; solche Histörchen erzählt einem der Fremdenführer, bevor er einen hineinläßt in die

Das zerstörte Tabu

Grabmoschee des Moulay Ismail, bevor er einem den Sarkophag zeigt mit den beiden Standuhren, bevor er die Hand hinhält zum Bakschisch und seinen Spruch herunterbetet: Die einzige Moschee in Marokko sei dies, in die auch der Ungläubige Zutritt bekomme.
Aber sie lassen sich das zerstörte Tabu recht gut bezahlen. Die Fremdenführer. Die Wächter der Moschee. Gehen Sie nach Meknès, wenn Sie wissen wollen, aus welchem Ei sogar ein König schlüpfen kann.
Aber man flüchtet ins Hotel zurück. Zurück zu den arabischen Jünglingen mit ihren Whiskys und Ricards und Gin-Tonics, zurück zu den erschöpften Kellnern, Barkeepern und Liftboys, zurück zu den Bauchtänzerinnen und gefallenen Mädchen, die das schwierige Kunststück zustande bringen, sich unaufhörlich anzubieten, ohne im mindesten aufzufallen. Zurück in eine Atmosphäre, die eigentlich nicht so verschiedenartig sein kann von der, die vor dreihundert Jahren einem zynischen Hanswurst, der zufällig Sultan geworden war, zugesagt hat.
Man lernt unter anderem, daß es schwierig ist, sich an Meknès zu gewöhnen. Die Widersprüche verwirren einen. Natürlich gibt es auch hier wie in jeder größeren marokkanischen Stadt einen königlichen Palast. Aber hier gibt es auch noch das Dar el Beida, die königliche Militärakademie, wo Hassans Kadetten zu treuen Offizieren — und vielleicht auch zu potentiellen Mördern herangezogen werden. Der Kellner, der in Deutschland war, sagte einmal zu mir: Nicht einmal der König weiß, in wessen Namen diese Kadetten umkommen werden.
Aber man gewöhnt sich auch an das Widersprüchliche. Bab Mansour, angeblich Marokkos schönstes Tor, dann die Grabmoschee des Moulay Ismail, dazwischen der kleine Wollmarkt mit seinem scharfen Geruch nach Schafen und ungewaschenen Menschen. Die verlotterten Sultansgärten, in denen sich ein paar Lehmhütten, ein paar baufällige Baracken zu einem kleinen, absonderlichen Slum gebildet haben. Dann die Ruinen des Dar el Makhzen, das Wasserbecken, das kleine Café, von dessen Mauern man die ganze Anlage überblicken kann. Trümmer. Geborstene Säulen. Ein Storchennest, ein zweites. Der

verfallende Rest von etwas, das einmal der Anfang von etwas gewesen war. Hier ist man beinahe davon überzeugt, daß es diese königliche Militärakademie braucht, damit dieses Etwas noch ein wenig überdauert.

Das Leben freilich findet längst schon anderswo statt. Dieses Leben und das Sterben. An einem Vormittag in der belebten Rue Sekkarine in einem Straßencafé erlebte ich das Sterben eines alten Mannes. Er war mir aufgefallen, ohne daß ich ihn eigentlich begriffen hatte. Er stand am Rand der Straße, lang, hager, einen unglaublich schmutzigen Turban, der sich später dann beim Hinfallen, beim Hineinstürzen in den Tod auflösen würde wie eine Schnur, einen unglaublich schmutzigen Turban um den Schädel gebunden; und er war arabisch gekleidet, aber ohne eine Djellaba. Dann knickte er ein. Ich sah einen Schatten vor mir, der wie ein gebrochener Strich durch das grelle Sonnenlicht sank. Dann lag er am Rand der Fahrbahn, dieser alte, schmutzige Mann. Jetzt erst sah ich, daß der Bart, der sein Kinn bedeckte, weiß war. Autos fuhren vorüber. Ein Maultiergespann trabte vorbei. Radfahrer. Fußgeher. Der alte Mann lag dort, den aufgelösten Turban unter sich; und er war schon längst tot, bevor sich ein paar Kinder hinunterbeugten zu ihm, bevor ein junger Mann etwas ratlos mit beiden Händen über sein Gesicht strich.

Das Leben und das Sterben. Es hat nicht einmal ein paar Minuten gedauert. Später trug man ihn beiseite. Stellte ihn ab wie eine Sache; legte ihn in den Schatten. Man würde seine Angehörigen verständigen; und ihn dann hinaustragen auf einen der zahlreichen Friedhöfe, die mit ihren eingesunkenen Gräbern und schiefen, verwitterten Steinen wie gefälltes, entwurzeltes Unkraut die Stadt umkreisen. Der Tod ist nichts wert im arabischen Land. Inschallah — und alles andere taugt nichts. Und das Leben? Das Leben in Meknès? Das Leben in dieser nüchternen, gleichgültigen Stadt der Bauern und Händler? Rudolf Riedler, ein Rundfunkjournalist aus München, hat ein Buch über Marokko geschrieben. Darin findet sich auch ein Kapitel über Meknès; und dort wiederum wird das »Transatlantique« geschildert, werden ein paar Fragen gestellt: »Wis-

sen die beiden amerikanischen Damen, die am Nebentisch genüßlich ihre Tajine verzehren und beim Anblick dieser Traumstadt immer wieder in kleine, spitze Entzückensschreie ausbrechen... wissen sie, daß dies da drüben eben keine Traumstadt ist, kein surrealistischer Hokuspokus, nur hingezaubert zur Freude der Touristen? Wissen sie, daß dort Menschen leben? Und wie sie leben? Und wovon? Nehmen sie die Trümmer der Paläste, in denen sich die nackte Not eingenistet hat, als Realität oder nur als Staffage für den Erinnerungsschnappschuß? Nehmen sie den alten Mann, dessen gekrümmte Finger sich ihnen entgegenstrecken, als konkrete Wirklichkeit oder nur als Photomodell? Finden sie die Armut malerisch? Oder anstößig? Machen sie sich Gedanken über die Zukunft der Kinder, die ihnen in Rudeln bettelnd nachlaufen?«
Das sind Fragen, die ein guter Journalist stellen muß, aber ja. Nur... stimmen sie auch? Stimmen sie in Meknès? Natürlich, das »Transatlantique« ist ein Luxushotel; wer dort absteigt, bewegt sich auf vertrautem Gelände. Wer von dort aus die Stadt betrachtet, sieht Malerisches, Exotisches. Aber Meknès ist weder das eine noch das andere. Es ist keine malerische Stadt. Und es ist keine Stadt des grauenerregenden Elends. Der Hunger, den man in Meknès hat, ist nicht außergewöhnlich. Die Not, die man dort leidet, richtet einen noch nicht ganz zugrunde. Die bettelnden Kinder sind hier noch wie Fliegen, die man verscheuchen kann. Und die Slums, die es hier wie überall gibt — der Mann, der mich hinbrachte, sagte wegwerfend, das sei nicht der Rede wert; hier leben nur Berber. Und er spuckte aus. Am nächsten Tag ließ ich mich in einem Taxi hinbringen, nicht aus Bequemlichkeit, nein; aber dieses Elendsquartier liegt direkt unterhalb dieses Luxushotels in einer Schlucht; und das wäre ein weiter Weg gewesen von meinem arabischen Haus dorthin. Ich habe den Taxifahrer anhalten lassen. Ich wollte aussteigen. Er war entsetzt. Monsieur, sagte er in einem sehr langsamen, sehr merkwürdigen Französisch. Monsieur, das sind wertlose Leute, Berber. Und als er sah, daß ich fest entschlossen war, da hineinzugehen, sagte er noch einmal: Berber, Berber...

War das Rassismus? Lehnt man die Berber als Minderheit ab? Oder nur, weil sie hier in verkommenen, verwahrlosten Lehmhütten leben? Im benachbarten Fès — und das sind nur sechzig Kilometer — führte ich einen erbitterten Diskurs mit einigen Arabern; und dort hat man die Berber wütend verteidigt. Rassismus, auf Meknès beschränkt? Auf diese Stadt der zertrümmerten Maßlosigkeit?
Darf man in Meknès solche Fragen stellen, wie das der Rundfunkjournalist aus München getan hat? Ich weiß nicht. Die Stadt liegt in einer fruchtbaren Ebene. Es gibt genügend Möglichkeiten zur Ausbeutung; es gibt genügend Menschen in Meknès, die froh sein müssen, wenn sie überhaupt ausgebeutet werden. Und ich habe einige vermögende Geschäftsleute kennengelernt; vermögende Anwälte, Ärzte. Jeder von ihnen sorgt mittelbar oder unmittelbar dafür, daß ein Dutzend Familien existieren kann. Man braucht Diener, Handlanger, Zuträger. Und immer ist da auch noch Moulay Ismail, der Begründer dieser merkwürdigen Dynastie, die heute noch über Marokko herrscht. Moulay Ismail oder das, was er hinterlassen hat. Die leeren, verfallenden Paläste. Die eingesunkenen, verwahrlosten Friedhöfe. Die geborstenen Säulen. Die verkommenen Stallungen und Vorratskammern. Schutt. Und ein paar Seiten detaillierter Beschreibung in jedem Handbuch, das etwas auf sich hält. Dann die Nachbarschaft der römischen Metropole Volubilis. Die Nachbarschaft eines religiösen Heiligtums: Moulay Idris. Es genügt, damit der internationale Tourismus seine Route auch über Meknès nehmen kann.
Am letzten Abend vor meiner Abreise sagte ich dem Kellner, der in Hamburg gewesen war und sich fast mit mir angefreundet hatte, daß es traurig, beschämend sei ... Er sah mich verständnislos an. Diese Abhängigkeit von einem Wahnsinnigen, der seit zweihundertfünfzig Jahren tot sei, sagte ich. Diese Zurschaustellung der Trümmer, die geblieben sind; und des Sarkophags, in dem angeblich sein Leichnam liegt.
Der Kellner — er hat mich wahrscheinlich nicht verstanden. Er taumelte auf seinen müden Beinen durch die riesige Halle des Restaurants. Eine arabische Gesellschaft war angekommen,

Das zerstörte Tabu

tafelte seit Stunden. Die Musikanten, die sonst nachts im Nightclub aufspielen, waren gekommen. Diese schwermütige arabische Musik. Bauchtänzerinnen traten auf. Die gefallenen Mädchen setzten sich wie absichtslos an einen Nebentisch; warteten geduldig, bis ihnen aufgedeckt wurde. Später würden sie im oberen Stockwerk verschwinden, in den Zimmern der Gäste. Meknès. Eine nüchterne, geordnete Stadt. Eine Stadt der geordneten Verhältnisse. Liegt es an der Militärakademie, daß man hier keine großen Worte macht? Weder über das Elend noch über die Korruption. Und erst recht nicht über manche Dinge, die man nur schwer begreift?
Einen Augenblick lang lehnte sich der Kellner an die Säule, neben der mein Tisch stand. Höflich, wenn auch mit bleichen Lippen, fragte er, ob das Essen gut gewesen sei. Und dann sagte er plötzlich: Ich möchte wieder nach Deutschland gehen. Illegal. Oder anderswohin. Illegal. Aber ich habe meine ganzen Papiere hier abgeben müssen. Hier in Marokko — man ist nur ein Sklave.
Dann ist er schon wieder fort; bedient am anderen Tisch. Die Musik klagt und winselt. Hat man auch richtig verstanden? Hat er nicht vorher gesagt, man müsse froh sein, hier arbeiten zu dürfen? Und ist das nicht ein erstklassiges Hotel, in dem er beschäftigt wird?
Gehen Sie nach Meknès, wenn Sie begreifen wollen, aus welchem Ei sogar ein König schlüpfen kann. Ja. Aber wen hat man damit gemeint? Diesen blutrünstigen, größenwahnsinnigen Ahnherrn? Oder diesen anderen — Hassan? Den kleinen, blassen König, dessen Bild an jeder Wand hängt?
Nichts. Man geht auf sein Zimmer und räumt das Gepäck zusammen. Nachts wandern schon große graue Wolkenbänke langsam nach Nordosten. Es ist schwierig, hier heimisch zu werden.

Die Zerstörung der Poesie

Das wäre schon was gewesen, einmal wieder die Füße unter einem sauber und ordentlich gedeckten Tisch ausstrecken zu können. Hier an der Môle de Pêche, in die man vom Boulevard Anatole France hinabsteigt, vorbei an dieser immer geöffneten Moschee mit dem halben Dutzend Bettler und Krüppel davor, die mit ihrer hungrigen Ausdauer diese graue Treppe bevölkern. Und schon wenn man diese Stiege hinunterstolpert und das gewölbte Tor mit dem dahinterliegenden dunklen Schlund der Fischhallen noch vor sich hat, ist dieser unverwechselbare Geruch da. Fischgeruch natürlich. Und heißes Öl. Gewürze. Und nach treibendem Tang riecht es da, nach Muscheln selbstverständlich und Knoblauch; nach Oliven. Das Meer riecht eben; und das, was man sich aus dem Meer holt, riecht auch. Aber auch die zähflüssig durcheinanderschiebende Menge da unten verbreitet alle Ausdünstungen Algiers; als wäre das immer noch eine Fortsetzung der Kasbah, die freilich erst jenseits des Boulevard Anatole France anfängt. Da liegt sie dann wie ein riesiger Polyp inmitten der Stadt: häßlich, undurchsichtig, gefährlich. Und natürlich kann man hier unten die Füße nicht aufseufzend ausstrecken. Die winzigen Garküchen und kleinen Fischlokale an der Môle de Pêche sind restlos überfüllt; bis in die Abendstunden, bis der letzte Fisch in die Pfanne mit siedendem Öl gefallen ist, die letzten Krevetten am Rost sich ziegelrot röten.
Das hier und das »Saint-George« oben in den Hügeln, mit seinen flüsternden und geschwätzigen Geschäftsleuten, mit seiner zerrissenen Bettwäsche und den zerfetzten Servietten... dazwischen pendelt man hin und her. Der Geruch in den Fischhallen. Das Geschrei. Die köstlichen Geräusche einer ordinären, aber kräftigen Mahlzeit. Und die sauertöpfischen Kellner oben im »Saint-George« an der Avenue Boudjema, schon im Schatten des Bois de Boulogne von Algier. Eine andere Alternative hat man nicht. Nicht in Algier. Und das hat eigentlich schon

Die Zerstörung der Poesie

am Gate II am Airport von Tunis begonnen. Die algerische Caravelle hat die übliche Verspätung gehabt. Aber daran gewöhnt man sich rasch im Maghreb. Neger aus der Sahara, fünfzehn oder zwanzig, alles junge Burschen in neuen Konfektionsanzügen, Sportler wahrscheinlich. Und jetzt hockten sie verdrossen und frierend im Warteraum; und ein paar Chinesen waren da, die über Kairo herübergekommen waren und die dann in der Maschine kichernd ihren Sekt trinken werden; und ein algerischer Beamter mit seiner blassen Frau, und die tunesischen Stewardessen waren ratlos, weil er kein ordentliches Ticket besaß, sondern nur einen wichtigtuerischen geheimnisvollen Ausweis, den er ihnen wütend zeigte. Seine Frau war darauf natürlich nicht eingetragen. Aber er bekam sie dann trotzdem in die algerische Caravelle. Mit knirschenden Verwünschungen und guten, harten Ellbogen bekam er sie hinein. Und dann diese beiden schrecklichen Mädchen, Engländerinnen. Häßliche Geschöpfe, flachbrüstig und mit diesen britischen Pferdezähnen im mageren Gesicht; aber abenteuerlustig. Schon im Warteraum des Airports schäkerten sie mit den jungen Sahara-Negern. In der Maschine dann hielten sie sich allerdings an die Crew; noch in der ersten halben Stunde verschwanden sie vorn im Cockpit... und das war dann ein unruhiger, verspäteter Nachtflug hinüber nach Algier.
So hat das begonnen. Und das alles war nicht sehr ermutigend. Aber auch daran gewöhnt man sich hier im Maghreb. Daran und an diese kleinen Dinge des Alltags, die einen manchmal verrückt machen können. An den Schmutz in den Straßen von Algier; an die Bettler und Strolche. An einem stickigen Vormittag saß ich in einem dieser Straßencafés unweit der Hauptpost, ein kleines helles Bier mit dünnem Schaum auf dem Tisch, der direkt neben dem Ausgang stand. Und als ich für einen Augenblick fortmußte vom Tisch und von dem kleinen Hellen, war da schon einer dieser Strolche und schüttete das Bier mit einem großen, schnellen Schluck in sich hinein. Eine Angelegenheit von Sekunden. Eine rasche, glatte Sache. Und ein geduldiger Mensch kann das in einem beliebigen Straßencafé mehrmals an einem einzigen Vormittag beobachten. Oben im

Algerien

Hotel, im »Saint-George«, warnen sie einen davor, allein in die Kasbah zu gehen. Da sind diese Manager, Geschäftsleute und Bankhaie in ihren gutgebügelten Anzügen, die spätestens gegen sechs am Abend in die kleine, schäbige Bar kommen und bei einem importierten Whisky schaudernd von den Gefahren erzählen, die in der Kasbah auf einen warten. Schweden sind das und Schweizer, Holländer, Italiener und natürlich die unvermeidlichen Deutschen und Japaner. Manchmal Franzosen. Manchmal ein ungarischer Minister oder ein italienischer Senator. Das algerische Erdgas, das Erdöl lockt sie an. Und das verstaatlichte »Saint-George«, das irgendein Narr als Luxushotel eingestuft hat, stülpt sich dann mit seinem verklemmten maurischen Stil, mit seinen Nischen, Kuppeln, Bögen und Marmorbüsten und mit seinem ganzen uralten Staub, mit diesem faden Geruch nach schlechtgelüfteten Zimmern und billigem Bratfett über das clevere Volk der Manager, das hier freilich ziemlich hilflos war. Gegen zerschlissenes Bettzeug und arabische Gleichmut hat man keine Chance. Nicht im »Saint-George«. Einmal fuhr ich mit ein paar Österreichern, die ich am Abend zuvor in der Bar kennengelernt hatte, nach Sidi Ferruch hinaus. An einem verhältnismäßig kühlen Sonntag war das, und bis gegen Mittag war ein hysterischer Nordwind vom Meer hereingekommen. Die Österreicher hatten mit Finanzierungen zu tun, und sie waren erst knapp vierundzwanzig Stunden vorher über Paris heruntergeflogen, weil irgendein wichtiges Geschäft vor dem Abschluß stand. Einer hat mir erklärt: Wir tragen den Leuten da das Geld buchstäblich bis vor die Haustür. Und dann bitten wir sie sehr herzlich, daß sie es auch annehmen. Aber die wissen ganz genau, wie abhängig wir von ihnen sind und wie man Geschäfte macht. Und sie machen die Geschäfte immer auf ihre Art.

Wir waren mit zwei Taxis nach Sidi Ferruch gefahren; und das war dann wie ein gemütlicher Sonntagsausflug. Später, nachdem sie sich die touristischen Allerweltsanlagen von Sidi Ferruch genügend lange angesehen hatten, diese ermüdenden Imitationen maurischen Stils, diese pseudo-andalusischen Patios und Kolonnaden mit den stählernen Apparaturen des neu errichteten

Die Zerstörung der Poesie

Jachthafens davor, und nachdem wir auch ordentlich über den schmutzigen Strand marschiert waren, fuhren wir ins »Chez Serveur« nach Madrague. Das ist ein Vorort westlich von Algier, ein winziger Fischerhafen, aber die Leute dort sind berühmt wegen ihrer Geschicklichkeit beim Fischfang. Und natürlich für die Krevetten in Pfeffersauce. Im »Chez Serveur«, das wie ein zufällig gestrandetes Boot oberhalb des Hafens auf einem kleinen Felsvorsprung hockt und das wie eine öffentliche Latrine riecht, belagert von Fliegen und Ungeziefer, dort gab es dann diese berühmten Krevetten in Pfeffersauce. Und natürlich ein gutes Dutzend Fische nach Art des Hauses. Die Österreicher verloren bald ihre ängstliche Verdrossenheit vor den Fliegen und dem Ungeziefer und der algerischen Spucke, die man ungeniert auf den Boden klatschte; und sie lockerten ihre gutgebügelten Anzüge und sahen bald aus wie algerische Fischer. Die herrliche rote Pfeffersauce troff von ihren Fingern, die sich knackend durch die dünnen Schalen der Krevetten ihren Weg bahnten, und ich weiß nicht, was man sonst noch an Österreichern schätzen kann. Aber das können sie: essen.
Einige Tage später habe ich sie noch einmal getroffen. Im »Aletti«, dem anderen sogenannten Luxushotel von Algier, unten am Hafen. Und da saßen sie schon aufbruchbereit an der Bar und warteten auf ihren Transfer zum Airport. Ob das Geschäft in Ordnung gegangen sei, fragte ich höflich. Man hoffe es, antworteten sie. Das letzte Papier sei zwar noch nicht unterschrieben, aber sonst... Es waren wirklich nette Kerle, wie sie da in der Bar saßen und sich unbändig auf den Heimflug freuten. Fast beneidete ich sie.
Algier, Stadt der Stiegen — als ob riesige graue Tränen über einen zerschründeten Abhang herunterkollerten. Und ich muß immer an Abdelkader Bayoub denken, an diesen sechsunddreißigjährigen Mann aus der Wüste, der jetzt schon wie ein Greis ausschaut. Er hat mit Erdgas zu tun; irgendwo unten in der Wüste. Und acht Kinder hat er. Als ich ihn kennenlernte, sagte er: Heute hat es mehr als dreißig Grad gehabt; unten im Großen Erg. Er war mit der Morgenmaschine heraufgeflogen; wollte seine Frau sehen, die Kinder. Aber er hat keine

Seele angetroffen in der verwahrlosten Zweizimmerwohnung oben im vierten Stockwerk im Quartier El Anassers, gleich hinter dem Stade Municipal, wohin er mich geschleppt hat in seiner grenzenlosen Verzweiflung. Er hat eine obszöne Handbewegung gemacht und wieder von seiner Frau zu reden angefangen. Und wir saßen da, inmitten eines Bergs von schmutzigem Hausrat und tranken Bier. Acht Kinder und diese beiden lächerlichen Kammern. Ich begriff schon, daß seine Frau verschwunden war. Wahrscheinlich hat sie Angst gehabt, daß er ihr ein neuntes Kind macht, wenn er erst einmal hereinkommt zur Tür; dieser gealterte Mann aus der Wüste. Kheira heißt sie; und er zeigt mir ein Photo von ihr. Eine dieser zerknitterten, abgegriffenen Photographien, die man wie ein Amulett bei sich hat; und verzweifelt habgierig anstarrt, wenn man unterwegs ist. Abdelkader Bayoub verdient anderthalbtausend Dinar; das sind siebeneinhalbtausend Schilling. Und das ist verdammt wenig in Algerien für eine so riesige Familie. Er sitzt da, mutlos, die Hände auf den Knien, um sich die Erinnerung an seine Familie; die Spuren. Im ganzen Haus stinkt es nach Urin und Spülwasser. Endlich bringe ich ihn so weit, daß wir wieder gehen können. Und ich schleppe ihn in ein Straßencafé, wo wir wieder Bier trinken. Ob das gute Arbeit sei, die er da unten in der Wüste habe, frage ich ihn. Er schüttelt den Kopf. Arbeit eben, das sei überall gleich, sagt er. Und dann erzählt er mir von früher; wie das früher gewesen sei mit der Arbeit; und da hätte es gar keine Arbeit gegeben. Aber mit Boumedienne habe sich alles geändert. Früher, sagt Abdelkader Bayoub, hat ein armer Mann keine Möglichkeit gehabt. Er hat nichts lernen können. Und er hat keine Arbeit bekommen. Heute kann jeder arbeiten. Aber es gibt doch Arbeitslose in Algerien, unterbreche ich ihn. Eine halbe Million. Eine Million, niemand wisse das so genau. Er wischt mit der Hand über sein mageres, vorzeitig gealtertes Gesicht; und er vergißt vorübergehend seine Verzweiflung, seine davongelaufene Frau. Jeder könne Arbeit haben, wenn er nur wolle, sagt er. Natürlich gibt es Arbeitslose; das wird es immer geben in einem so großen Land. Er ist stolz auf Algerien, das spürt man. Wir bauen

Die Zerstörung der Poesie

jetzt die Industrie auf, sagt er. Und die Armee. Wir haben die Industrie verstaatlicht; und noch ein paar andere Sachen, die wichtig sind. Und dann wird sich Boumedienne um die Landwirtschaft kümmern. Ich frage ihn, ob das ein guter Mann sei, dieser Boumedienne. Und ich sage ihm nicht, welche Gerüchte über den algerischen Staatschef im Umlauf sind. Ich weiß, daß das hier keinen Sinn hätte. Boumedienne hat uns den Sozialismus gebracht, sagt Abdelkader Bayoub. Und das ist ein guter Sozialismus, weil er für die armen Leute gut ist.
Ich muß an die seufzenden, wichtigtuerischen Geschäftsleute oben im »Saint-George« denken; die am Abend ihren importierten Whisky haben; auf Spesen natürlich. Und nachher die Flasche Wein zum Steak. Ich frage Abdelkader Bayoub, ob er es sich vorstellen könne, einmal ein guter Kommunist zu sein. Er schaut mich ratlos an. Das sei doch alles das gleiche, sagt er dann in seinem gutturalen Französisch. Kommunismus. Sozialismus. Der Mensch muß Arbeit haben, sagt er. Er muß zu essen haben. Und ein Dach über dem Kopf. Und er zögert, weil ihm wahrscheinlich seine davongelaufene Frau wieder einfällt; aber dann sagt er tapfer: Und er muß ein Vaterland haben. Uns hat die Revolution das Vaterland gegeben. Ich schweige; und denke an das Motto der größten algerischen Tageszeitung. Die Revolution durch das Volk für das Volk.
Revolution und Algier. Als ob sie immer noch auf das letzte entscheidende Massaker warteten; hier in diesen verslumten Straßen; in diesen lichtlosen Hinterhöfen; in der Kasbah, die wie eine Mördergrube inmitten Algiers nistet. An diesem Nachmittag, an diesem Abend habe ich mit Abdelkader Bayoub Bier getrunken; dieses dünne algerische Bier, das man wie Wasser hinunterschütten kann und an das man sich anderntags schon wieder nicht mehr erinnert. Er hat später noch ein paar Freunde aufgesucht, und sie haben ihm erzählt, seine Frau sei nach Constantine zu irgendwelchen Verwandten gefahren. Und er sagte ratlos, er habe ihr doch geschrieben, daß er komme; und dann fragte er: Und die Kinder? Aber niemand wußte etwas. Und wir tranken Bier und kamen immer weiter nach Westen, bis wir schließlich am Rand der Kasbah landeten, und

Algerien

Abdelkader Bayoub bestand darauf, uns alle zu Kebab einzuladen. Es war eine schlimme Sache. Zuviel Bier. Zuviel Enttäuschungen. Und die Männer, die sich da um mich drängten, waren mir auch nicht gerade freundschaftlich gesinnt. Das waren Hafenarbeiter, Fischer, Lastenträger, vielleicht war Gesindel darunter, vielleicht waren es gute, ordentliche Männer. Jetzt stießen sie mich an und fragten, ob ich Franzose sei; oder Jude; oder Amerikaner. Und auch Abdelkader Bayoub starrte mich plötzlich mißtrauisch an. Und ich dachte daran, daß es in dieser Stadt genügend Polizisten gab, daß es in Algier von Polizisten wimmelt; aber jetzt war keiner da. Und ich stand mitten in diesem schummerigen, düsteren Lokal; es roch nach Essen, und wir hatten ja gegessen, Kebab und Salat und vorher eine dicke Chorba, aber jetzt wollten sie wissen, wer ich sei, jetzt waren sie bösartig, zornig. Nein, sagte ich, ich bin weder Amerikaner noch Jude und erst recht kein Franzose, und so unsinnig das war, ich dachte an die amerikanischen Manager und Erdölbosse oben im »Saint-George«. Aber die Männer, mit denen ich hier zu tun hatte, waren keine Manager, hatten keine guten, glatten Manieren. Sie rochen miserabel. Sie brüllten mich an. Ein paar spuckten auf den Fußboden. Und es sah so aus, als kämen immer noch welche von diesen finsteren Burschen zur schmalen Tür herein.
Natürlich ist mir nichts passiert. Natürlich haben sich alle wieder beruhigt. Irgend etwas muß sie aufgeregt haben. Irgend etwas hat sie mißtrauisch gemacht. Vielleicht habe ich zuviel gefragt; wahrscheinlich war ich zu neugierig. Aber sie haben sich wieder beruhigt. Es waren gute, ordentliche Männer; kein Gesindel. Es waren Hafenarbeiter, Fischer und Lastenträger; und natürlich Abdelkader Bayoub. Sie verdienten zwischen achthundert und anderthalbtausend Dinar. Und keiner von ihnen hatte weniger als vier Kinder. Und einer von ihnen — Ibrahim hieß er, und Taxifahrer war er, und am anderen Tag fuhr ich mit ihm nach Tipaza — wußte schließlich sogar ungefähr, was Österreich war. Er brachte es mit Bier in Verbindung, und das war gut so, denn das Bier besänftigte sie wieder. Ich fragte sie, weshalb sie das Bier hier trinken können,

Die Zerstörung der Poesie

wenn sie doch Moslems seien. Und der Taxichauffeur sagte, das habe nichts zu bedeuten, aber Wein oder Cognac — nein, das nicht. Und Abdelkader Bayoub, der jetzt schon ein wenig angetrunken war, sagte: Wir sind keine amerikanischen Neger, daß man uns mit Alkohol kaputtmachen kann. Und alle lachten sie, und dann erklärten sie mir, weshalb sie mich für einen Amerikaner, Franzosen oder Juden gehalten hatten... weil ich das Bier zu rasch hinuntergeschüttet habe; weil ich gewisse Redensarten verwendet habe. Und ich war ziemlich verwirrt, weil ich nichts begriffen hatte.

Algier ist eine Stadt, die einen ratlos machen kann, die einen verwirrt; und man weiß anfangs nicht genau, warum das so ist. Das ist eine europäische Stadt, keine arabische; und bis auf die schreckliche Kasbah könnte das alles genausogut auf der anderen Seite des Mittelmeeres sein. Eine mediterrane Stadt, das ja. Nur der Inhalt ist arabisch; die Menschen. Und wenn einem dann einfällt, wer schon in dieser Stadt gewesen ist, wer sie schon besessen hat, dann zögert man auch hier und ist unsicher. Die paar Moscheen, die man sieht, die paar arabischen Gesichter, die länglichen Gesichtsschleier der Frauen — das ist zu wenig, daß man davon überzeugt sein könnte, in einer arabischen Stadt zu sein. Mir ist immer Sofia eingefallen, wenn ich durch die Straßen von Algier gegangen bin und diese trostlosen Häuserfassaden angestarrt habe; oder eine andere osteuropäische Stadt; Bukarest vielleicht. Aber wenn man dann in die »Pizzeria Napoletana« am Chemin de la Solitude kommt, glaubt man plötzlich, in Neapel zu sein; und das nicht nur, weil es da eine gute, flaumige, federleichte Pizza gibt oder diesen herben Schinken aus der Toskana. Es ist nicht einfach, sich mit dieser Stadt auszukennen. Wenn man hereinkommt über die Uferstraße, wenn man vom Westen kommt, vorbei an diesen Elendsquartieren der halbverhungerten Bauern und Landarbeiter, die von ihren verkrusteten oder verschlammten Feldern geflüchtet sind und die jetzt in der Stadt ihr zweifelhaftes Glück machen wollen — das könnte dann irgendeine mediterrane Großstadt sein. Barcelona meinetwegen. Oder das türkische Izmir. Und sie waren ja alle schon da, diese

Algerien

Völker; irgendwann einmal waren sie alle da: Türken oder Spanier, Franzosen oder Italiener. Und plötzlich begreift man, daß ein Mensch wie Abdelkader Bayoub stolz ist auf sein Vaterland. Jetzt gehört es nämlich ihm. Und das begreift er. Und das verteidigt er.

In Tipaza draußen, gute siebzig Kilometer von Algier entfernt, vollgesogen von römischen Mauern wie ein großer, feuchter Schwamm, und weil ein stürmischer Tag war, schüttete das Meer wütend seine Brandung über den kleinen Bootshafen; in Tipaza draußen, im Hotel »Sindbad« vor dem offenen Kamin mit der tröstenden Flamme darin, versuchte mir ein Lehrer zu erklären, weshalb man in Algerien jetzt so stolz auf sein Vaterland sei. Das ist anderswo nicht mehr modisch, sagt er, daß man seine Heimat verehrt. Aber wir haben sie erst seit ein paar Jahren. Wir haben sie von den französischen Okkupanten zurückerobern müssen. Und das hat Opfer gekostet, viele Opfer. Aber jetzt sind wir stolz darauf. Und wir genießen diesen Stolz. Das ist der schönste Besitz, den ein armes Volk haben kann. Ich sagte: Aber Algerien ist nicht arm; es gibt eine ganze Menge Bodenschätze. Der Lehrer unterbrach mich lächelnd. Nein, sagte er, das dürfe man nicht so wörtlich nehmen, das mit der Armut und das mit dem Reichtum. Wir haben viel nachzuholen, sagte er. Wir müssen überall von vorne anfangen. Das ist alles wie ein erster Tag. Jedes Flugzeug und jedes Schiff und jede Fabrik — alles ist neu. Sogar die Erfahrungen, die wir machen, sind neu. Nehmen Sie zum Beispiel die Landwirtschaft. Boumedienne hat alles vergenossenschaftet. Aber es sind Fehler gemacht worden. Jetzt haben wir das Elend der Bauern und müssen damit fertig werden. Und zur gleichen Zeit müssen wir aber auch die Industrie nach unseren Vorstellungen aufbauen. Dabei haben wir immer noch ganze Schiffsladungen voll Auswanderer, die wir nach Frankreich hinüberschicken. Er sah mich traurig an, als er sagte: Ist das nicht widersinnig, wenn das reiche Algerien seine arbeitslosen Bauern ausgerechnet nach Frankreich schickt?

Man wird aus diesem Land nicht klug; nicht aus Algier und nicht aus dem Land dahinter. Die Vernunft weigert sich,

Die Zerstörung der Poesie

gewisse Dinge zu akzeptieren. Aber die Vernunft hält nicht lange vor in Algier. Bis man irgendwann einmal begreift, daß diese Stadt so lebt, als ob — ja, als ob sie kastriert worden wäre. In den verschlungenen, dunklen Gängen des »Saint-George« gibt es einige Zeichnungen an den Wänden, die Folterszenen darstellen; das stammt noch aus der Türkenzeit; aber etwas davon ist haftengeblieben. Die Folter. Die Qual. Und die wütende Energie, zu überleben. Um jeden Preis zu überleben. Und immer, wenn ich zu Fuß vom Hotel hinunterging in die Stadt, diese endlose Rue Didouche Mourad hinunter, vorbei am Bardo-Museum und an der völlig verwahrlosten pakistanischen Botschaft — immer wenn ich diesen abwärts führenden Weg ging, der mich mit jedem Schritt dem Meer näher brachte, bis es hinter den grauen Fassaden abgewohnter Häuser plötzlich verschwand — kam ich an einem blinden Bettler vorbei, der unweit des Hochhauses der Air Algérie seinen Stammplatz hatte. Das war nicht ungewöhnlich. Bettler gibt es genug in Algier. Manchmal kann man nicht einmal die Straße überqueren, ohne eine bettelnde Hand vor sich zu haben. Aber dieser blinde Mann spielte ein Instrument; eine Zupfgeige war das; eine Art Gitarre. Und so oft ich vorbeikam, spielte er immer die gleiche Melodie, etwas Arabisches natürlich, aber es hatte einen harten, strengen Rhythmus, und nach ein paar Tagen konnte ich ohne diese Melodie schon fast nicht mehr auskommen. Und das ist Algier. Ein Alptraum, den man schätzen lernt. An den man sich gewöhnt. Ein Gegenstand, den man zwar nicht begreift, mit dem man aber umzugehen lernt. Der Dolmetscher irgendeines Ministeriums, der perfekt Deutsch sprach — das war ein kleiner, schmächtiger Mann, und er sah, merkwürdig genug, wie eine halbverhungerte Ratte aus oder wie ein Wiesel, aber er war nicht unsympathisch, und er kam immer gegen neun Uhr vormittags ins »Saint-George«, weil er einen ungarischen Minister betreuen mußte —, dieser Dolmetscher sagte mir einmal: Diese Stadt ist wie ein Schmelztiegel; aber nicht in dem Sinn, daß eine neue Rasse daraus entstehen soll. Das ist hier nicht so wichtig. Worauf es ankommt, ist der Charakter. Das ist ein Schmelztiegel für Charakter.

Ich bin sicher, daß er genau wußte, was dieses Wort bedeutet; er sprach tatsächlich perfekt die deutsche Sprache. Und vielleicht stimmt das, was er gesagt hat. Die verwahrlosten Arbeiterquartiere. Die Elendshütten. Der Dreck auf den Straßen. Die schrecklichen Banden halbwüchsiger Kinder. Die bedrohliche Kasbah, hart, gefährlich, dunkel wie ein Abgrund. Das Volk der Bettler und Halunken, und im Osten der Stadt das heranwachsende Industriezentrum: vielleicht entsteht hier tatsächlich ein neuer Charakter. Ich weiß es nicht. Jedenfalls bestellte ich mir eines Abends, unrasiert und verdreckt, erschöpft von Algier, unsicher, bestellte ich mir inmitten dieser seufzenden, wichtigtuerischen Geschäftsleute im »Saint-George« ein letztes Mal eine Birne nach Art der »Belle Hélène«, bestellte sie, aß sie, wischte mir den Mund ab mit der zerfetzten, durchlöcherten Serviette und flog dann gegen Mitternacht verstört und — aber ja, das beste Wort ist: ratlos. Und ratlos flog ich nach Oran.

Die Verletzlichkeit der Schönheit

Das hier in Oran war eine Schaluppe. Vier Sterne und dazu der schöne alte Titel »Grand Hôtel«. Die Franzosen, die das gebaut haben im vergangenen Jahrhundert, mögen ihre Offiziere, Geschäftsreisenden und manchmal auch ein Hochzeitspaar heruntergeschickt haben; und die werden dann schon glücklich gewesen sein unter dieser riesigen maurischen Kuppel. Aber es war trotzdem eine Schaluppe, die da mit abgehalfterter Takelage an der Place du Maghreb lag, schräg gegenüber der Hauptpost und nur ein paar Schritte vom täglichen Markt in der Rue des Aures entfernt, von diesem geräusch- und geruchvollen Markt, der seine Düfte wie herzzerreißende Botschaften zu den Fenstern des Grandhotels hinaufschickte. Das kann man herunterbeten wie eine Litanei, die immer stimmt. Zuerst diese weiße, helle Sonne, die mit ihren mörderischen Absichten durch die Löcher des roten Filzvorhanges und durch die Staubfahnen ins Zimmer fällt wie ein Stein. Dann die ersten Geräusche von der Place du Maghreb herauf, das gurgelnde, seufzende Stöhnen aus den Tiefen des Hauses und zugleich das erschrockene Hinausstürzen zum Wasserhahn, der jetzt ein paar Minuten lang dieses lauwarme Wasser ausspuckt, mit dem man auszukommen hat für den Rest des Tages. Und hinter der halbhohen Steinbalustrade, die das Zimmer von der Toilette abgrenzt und einen jede Scham und allen Ekel vergessen läßt, hockt schon der amerikanische Bettnachbar und überlegt mit rauher, kratziger Stimme, wo sich eine Drei-Dollar-Wasserflasche auftreiben lasse, damit man wenigstens wie ein Mensch kacken könne.
Nennen wir ihn Jimmy Whisky-ohne-Soda. Und spätestens gegen Mitternacht, wenn ich aufseufzend hineinfalle in dieses verdreckte und stinkende Dreihundert-Schilling-Zimmer, hat er seine dritte oder vierte Flasche erledigt. Dann zählt er trübsinnig sein Geld. Algerische Dinare und amerikanische Dollar, aber auch spanische Peseten und französische Francs liegen auf der zerknitterten, völlig verschmutzten Bettdecke, die er wie

einen Sarong um seine weißen Hüften geschlungen hat, während ihm der Schweiß in dünnen Bächen durchs verfilzte Brusthaar sickert. Diese Affen lassen mich erst von der Kette, wenn ich keinen Centime mehr in der Tasche habe, sagte er einmal grinsend zu mir. Er ist Geologe, hat mit Erdöl zu tun und ist seit Jahren unterwegs zwischen Persischem Golf und Libyscher Wüste. In Oran ist er hängengeblieben, nachdem er eines Tages heraufgeflogen kam aus der Sahara und man ihm noch auf dem Airport seinen Paß abgenommen hatte. Er habe keine Ahnung, weshalb man ihn hier festhalte, erklärte er. Ich habe nicht einen Tropfen ihres schmutzigen Öls geschluckt, sagte er wütend. Aber diese Affen sind genauso mißtrauisch, wie wir habgierig sind. Jetzt beschäftigt er die Schweizer in Algier, die sein Land konsularisch vertreten. Er hat rotblondes Haar, ist höchstens vierzig und gute hagere einsneunzig groß. Man kommt zurecht mit ihm, solange er nur seinen Whisky hat. Und er haßte diesen ganzen Maghreb, diesen ganzen westarabischen Raum, aber er war einer der wenigen Weißen, die begriffen hatten, daß da eine Entwicklung war, der wir nichts mehr entgegenzusetzen hatten. Ich selber war von Algier herübergekommen, nachts, mit der letzten hoffnungslos verspäteten Caravelle; und ich habe dann froh sein müssen, daß sie mich zu Mister Jimmy Whisky-ohne-Soda aufs Zimmer gelegt haben. Es war alles überfüllt. Und Telegramme mit Zimmerbestellung werden hier anscheinend grundsätzlich ignoriert. Das komme daher, sagte Jimmy gelassen, wenn wir manchmal die halbe Nacht schlaflos und keuchend vor Hitze auf unseren zerwühlten Betten hockten ... das komme daher, daß plötzlich die halbe Welt diesen algerischen Halsabschneidern um den Bart gehe. Wir haben das Geld, sagte er. Und wir haben unser verdammtes technisches Wissen. Aber die haben noch etwas, was viel wichtiger ist: Rohstoffe. Und außerdem Platz und Möglichkeiten genug, damit wir unser Geld und unser Wissen bei ihnen investieren können. Gewinnbringend natürlich. Es fragt sich nur, wer dabei zuletzt gewinnt. Wir oder diese Affen hier.

Es war schon so, wie er sagte. Sogar eine türkische Delegation hat sich vor ein paar Tagen ins Grandhotel verirrt. Jetzt tram-

Die Verletzlichkeit der Schönheit

peln sie mit ihren derben Stiefeln durch die Korridore. Und beinah jeden Abend ziehen sie gemeinsam los nach Ain el-Turck ins Kabarett zu den Hübschlerinnen. Was sie den Algeriern anzubieten haben, was sie eigentlich hier wollen, das weiß freilich niemand.

Unterwegs in der algerischen Caravelle hat mir ein patriotischer Steward erklärt, daß Oran ein guter Platz sei zum Kennenlernen der Geschichte seines Landes. Allmählich begreife ich, was er damit gemeint haben könnte. Natürlich das übliche konfuse Durcheinander von Blut und Tränen. Algerische Bunker, französische Bunker; dazwischen verrosteter Stacheldraht. Die verwitterte türkische Festung. Die spanische Kathedrale. Und auf der Fahrt über die Corniche Oranaise hinaus nach Mers el-Kébir der wachsende Zweifel, ob nicht doch schon russische Mittelstreckenraketen in diesen gigantischen Kasematten lagern, in diesen Bunkern und Abschußrampen, die de Gaulles leichtfertige Franzosen den Algeriern hinterlassen haben; und die Raketen sind natürlich abschußbereit und haben die Schußrichtung nach Gibraltar und Marseille oder wohin man auch immer seinen ratlosen Finger auf der Landkarte Südeuropas legt. Es sind dumme Gedanken, die einen da draußen westlich von Oran durch den Kopf gehen. Angst? Natürlich ist auch Angst darunter. Abderrahman, ein Taxichauffeur mit neun oder zehn Kindern und einer bösen alten Vettel von Eheweib — Abderrahman, der mich seit Tagen ebenso systematisch wie freundschaftlich ausbeutet, erzählt mir, wie das sei, wenn ein russisches Kriegsschiff in den Hafen einlaufe. Er spreizt dann immer stolz seine Finger und zählt auf: Mussolini. Hitler. Stalin. Das ist die Reihenfolge, die er akzeptiert. Alles andere interessiert ihn nicht. Die Russen sind die Herren im Mittelmeer, sagt er. Aber dann kommen schon wir. Die Franzosen bagatellisiert er. Und für die Amerikaner hat er nur Verachtung übrig, wenngleich er zugibt, daß man ihre Dollars schon brauchen könnte. Er selber kommt monatlich auf tausend, gelegentlich auf anderthalbtausend Schilling. Und das ist sogar für Oran wenig, obgleich es hier billiger ist als drüben in Algier. Übrigens lerne ich durch ihn eine neue Form des Nationalismus kennen. Eines Tages brachte er mich ins »Mon Village«; das ist ein kleines Restaurant unweit des Grandhotels. Es war verhältnismäßig sauber, kühl und gut besucht. Eine größere Gesellschaft von jungen, gutaussehenden Leuten saß an einem der Nebentische; die Mädchen hätten bei jeder Schönheitskonkurrenz gute Chancen gehabt. Sie waren natürlich unverschleiert, trugen westliche Kleidung und besaßen neben ihrer jugendlichen Schönheit diesen natürlichen Chic und diesen Charme, der einen ordentlichen Mann schon auf gute Gedanken bringen kann. Aber Abderrahman winkte verächtlich ab. Das seien keine Frauen, mit denen man sich auf legale Weise einlassen könne, sagte er. Das seien Bastarde. Ich starrte ihn verblüfft an. Das sind Bastarde, sagte er ungeniert. Die gehören nicht zu uns. Das sind keine algerischen Frauen.

Mir war die Geschichte ziemlich peinlich, denn selbstverständlich hörte man ihn am Nebentisch, und später, als wir das Restaurant wieder verließen, fragte ich ihn, was er damit gemeint habe. Er sah mich erstaunt an. Aber das sind Bastarde, sagte er. Type Méditerranée. Da haben Italiener, Spanier und Franzosen daran herumgebastelt. Und er lachte dieses obszöne Lachen, das Araber immer aufsetzen, wenn sie verlegen sind. Ich habe mich später eingehend mit Mister Jimmy Whisky-ohne-Soda darüber unterhalten, und er schüttelte nur bedächtig den Kopf und sagte, daß ich mich erst gar nicht aufzuregen brauche, denn diese Art von Nationalismus haben ja schließlich nicht die Araber erfunden. Das haben schon wir ihnen beigebracht, sagte er. Und wir haben das auf eine erstklassige und systematische Weise getan. Ich sagte, daß eine solche Aburteilung etwa in Tunesien drüben undenkbar wäre. Er grinste. Warten wir's bloß ab, wie lange noch, sagte er dann.

Anderntags gingen wir gemeinsam zur Place des Victoires, wo das Stadtbüro der Air France war. Und eigentlich war das schon zur Pflichtübung geworden, dieser tägliche Spaziergang zur Air France, wo man sich dann vergeblich strapazierte für eine Reservierung in einer der Maschinen hinauf nach Marseille oder Toulouse. Es war immer der gleiche junge, höfliche Mensch, der bedauernd den Kopf schüttelte und einen auf den nächsten

Die Verletzlichkeit der Schönheit

Tag vertröstete. Diesmal kamen wir gerade zurecht, um mit anzusehen, wie eine algerische Familie dieses Geschäft handhabte. Da waren ein paar Frauen, ein halbes Dutzend Kinder, ein paar Männer. Da waren wieder diese trapezförmigen Schleier und diese langen Kittel der Berber. Und da war noch eine andere Angestellte der Air France aufgetaucht, eine hochschwangere Frau von vielleicht vierzig Jahren, die sich verbissen mit den algerischen Auswanderern abplagte. Denn das waren sie. Auswanderer. Und es war eine merkwürdige Sache, zu sehen, wie die Frauen verhandelten und feilschten, während die Männer sich hochmütig und faul im Hintergrund des Büros aufhielten. Das sind erstklassige, reinrassige algerische Affen, sagte Jimmy Whisky-ohne-Soda, der ohnedies keine Chance hatte, mit einer der französischen Maschinen wegzukommen, solange er seinen Paß nicht zurückerhielt. Ich verstand schon, was er meinte. Und auch mir wären die niedlichen hübschen Bastarde vom »Mon Village« bei weitem lieber gewesen. Aber ich schwieg. Und hatte er nicht recht gehabt, als er gesagt hatte, wir selber hätten ihnen diesen Rassismus beigebracht?
Übrigens habe ich an jenem Morgen meine Buchung durchgesetzt. In einer dieser uralten Maschinen, die mit hundert und mehr Auswanderern hinauf nach Frankreich fliegen. Und das jeden Tag. In zwei Tagen würde ich mitfliegen dürfen.
Oran. Und nachts liegt der Mond wie ein betrunkener Weinhändler gelb und fett im Hafenbecken. Die ganze Stadt stinkt nach Fäkalien und Schweiß. Wir benützen im Hotel seit Tagen schon die Toilette, ohne ein einziges Mal Wasser hinterdrein geschüttet zu haben. Wir haben kein Wasser. Es gibt in ganz Oran kein Wasser. In der Kasbah oben prügeln sie sich vor dem einzigen Tankwagen, der einmal am Tag durch die verwahrlosten Straßen holpert. Viele Häuser stehen dort leer; manche sind bereits seit den Tagen der Revolution zerstört. Niemand denkt daran, sie wieder aufzubauen. Hier ist Oran tatsächlich eine sterbende Stadt. Dicke Bündel ekelhafter Schmeißfliegen belagern in farbig schillernden Wolken jeden Gegenstand. Manchmal wird der Gestank unerträglich.
Am letzten Abend vor meiner Abreise unterhalte ich mich mit

Dr. Ben-Oudi. Das ist ein bemerkenswerter Mann; ziemlich jung noch, vielleicht fünfunddreißig; und er gehört zu dieser neuen Generation von ebenso fanatischen wie professionell agierenden Nationalisten im Maghreb, die alle ausnahmslos ein paar Sprachen sprechen, sich in bewundernswertem Perfektionismus üben und davon überzeugt sind, noch in diesen siebziger Jahren den großen Sprung nach vorn zu schaffen. Dr. Ben-Oudi ist Manager im Ministerium für touristische Angelegenheiten; aber das befriedigt ihn nicht ganz, wie er selbst zugibt. Wir gerieten anfangs heftig aneinander, weil ich den Hoteldirektor aufgefordert hatte, wenigstens dafür zu sorgen, daß die Toiletten in den Zimmern gesäubert würden. Die ganze Sache endete damit, daß die Toiletten blieben, wie sie waren; und daß ich Dr. Ben-Oudi kennenlernte. Er persönlich sei herzlich wenig daran interessiert, europäische Touristen nach Oran zu bekommen, sagte er. Und was die Sache mit dem Wasser angehe, so hätten die Franzosen Zeit und Möglichkeiten genug gehabt, sich darum zu kümmern. Wir stritten und keiften eine Weile herum, aber plötzlich begriffen wir beide, wie sinnlos das war. Und dann führte er mich mit seinem Wagen hinauf zur Basilika von Santa Cruz, die auf dem steil in den Himmel schießenden Felsen westlich der Stadt mit den gleichnamigen Befestigungsanlagen das ganze Terrain beherrscht, und Oran lag unter uns wie eine Fata Morgana. Sehen Sie, sagte er, und der Platz, an dem wir hier stehen, war nie algerisch gewesen. Nichts hier ist algerisch. Da waren Araber und Türken, Spanier und Franzosen und natürlich auch Deutsche und Amerikaner. Und da sollen wir jetzt auch noch Touristen aus aller Welt heraufkommen lassen? Nein, sagte er heftig. Nein, jetzt wollen erst wir einmal das alles in Besitz nehmen. Wir haben ein Anrecht darauf. Und allein in diesem Forêt des Planteurs hier hat es im Unabhängigkeitskrieg mehr Tote gegeben als in der ganzen Provinz. Hier heroben saßen die Franzosen. Und unten waren wir. Wissen Sie, wieviel Blut das gekostet hat, bis wir sie von diesem Felsen verjagt haben...

Dr. Ben-Oudi war in diesen Augenblicken von einer Heftigkeit, die man, wenn man ihn nur flüchtig kannte, nie an ihm ver-

Die Verletzlichkeit der Schönheit

mutet haben würde. Und es dauerte dann einige Minuten, bis er sich wieder beruhigte. Ich schwieg in dieser Zeit; und was hätte ich auch sagen sollen. Später fuhren wir hinunter zum Restaurant »Belvédère«, das auf halber Höhe zwischen der Kasbah und den Befestigungen von Santa Cruz liegt. Ich erzählte ihm, daß ich natürlich in Mers el-Kébir gewesen sei; und daß es schon ein merkwürdiges Gefühl sei, zu wissen, daß dort möglicherweise der Waffenumschlagplatz der Russen sei. Oder sei das vielleicht schon eine De-facto-Basis der Sowjetflotte im Mittelmeer?
Ich erwartete, daß er wieder aufbrausen würde; aber er blieb gelassen. Wir haben in unserer Sahara in Ekker und bei Colomb-Béchar Raketenversuchsgelände. Das ist gar kein Geheimnis. Alle Welt weiß das. Und natürlich lassen sich von dort aus Mittelstreckenraketen auf die ganze Iberische Halbinsel verteilen. Alle Welt weiß auch das. Aber hier in Mers el-Kébir — nein, da ist nichts, was man verheimlichen könnte. Sehen Sie, die Franzosen haben 1939 mit dem Bau dieser vielleicht wichtigsten Mittelmeerbasis begonnen; später dann hat die NATO das mitübernommen. Und das alles hat viel, sehr viel Geld gekostet. Inzwischen sind unsere Bauern verhungert. Und unsere Intelligenz hat ins Ausland flüchten müssen. Ich unterbrach ihn. Und sagte ihm, daß das alles schon richtig sei, aber immerhin seien da absolut atomsichere Bunker, sei da ein neunteiliges, in den Fels gesprengtes Tunnelsystem, und ganz in der Nähe gebe es dann auch noch den Luftwaffenstützpunkt Bou-Sfer. Und was sei im Juli 1968 gewesen, als Moskaus Wehrminister Gretschko sich intensiv um Mers el-Kébir gekümmert habe? Dr. Ben-Oudi lächelte; wahrscheinlich hat er mich an diesem Abend ausgelacht. Wahrscheinlich fand er meine Überlegungen so töricht, wie mir sein Denken fremd war. Er sagte: Sie denken nur in militaristischen Kategorien. Sie vergessen, daß eine so junge Nation wie Algerien eine gute Armee braucht. Und die haben wir. Und wir haben alles, was man braucht, um sich vor Aggressoren schützen zu können. Das ist alles. Wir haben ein paar tausend sowjetische Berater und technische Experten. Und wir haben von den Russen Raketen, Bomber, Abfangjäger und

Algerien

auch eine komplette Flottille von Lenkwaffen-Booten übernommen. Aber das alles haben wir nur getan, damit wir unser Land und unsere Kultur vor fremden Aggressoren schützen können. Das ist unsere Pflicht. Wir haben den Unabhängigkeitskrieg gewonnen. Wir haben uns für die Revolution entschieden. Und jetzt müssen wir diese Revolution durchstehen und zu einem guten Ende bringen. Das ist alles. Mehr gibt es darüber nicht zu sagen. Und es ist nur bedauerlich, daß man immer noch versucht, uns als kommunistische Handlanger zu denunzieren. Wir haben unseren Sozialismus. Aber das ist ein arabischer Sozialismus.

Es war ein recht einseitiges Gespräch, das wir führten. Und wir saßen in diesem Luxusrestaurant oberhalb der hellerleuchteten Stadt, und überall an den Tischen in diesem Restaurant speiste man vorzüglich, während Dr. Ben-Oudi mir das Elend seiner Landsleute zu erklären versuchte. Ich hatte ihm gesagt, daß ich am nächsten Morgen in einer Maschine voll algerischer Auswanderer zurück nach Frankreich fliegen werde. Aber er faßte diese Bemerkung als persönliche Beleidigung auf und erklärte jetzt hitzig, daß es keinesfalls notwendig sei, heute noch aus Algerien auszuwandern. Das sind doch alles nur noch Menschen zweiter Kategorie, wenn sie erst einmal in Frankreich sind, sagte er. Und es ist ein Unsinn, zu glauben, es ginge ihnen dann besser. Niemand braucht in Algerien zu verhungern. Wir sind reich, sehr reich sogar; aber wir brauchen Zeit, diesen Reichtum korrekt zu verteilen. Sehen Sie, sagte er eifrig, wenn Ben-Bella geblieben wäre, dann vielleicht... aber so! Und Boumedienne garantiert für Ordnung und Organisation. Boumedienne hat aus der politischen Revolution eine soziale Revolution gemacht. Aber das alles braucht Zeit. Es hat Rückschläge gegeben. Die reine Arbeiterselbstverwaltung in der Landwirtschaft und auch in der Industrie hat sich nicht immer bewährt. Man muß neue Möglichkeiten finden...

Er redete. Er war schon ein tüchtiger junger Mann; clever und klug. Aber von den zwölf bis dreizehn Millionen Algeriern sind mehr als eine Million arbeitslos; und ein paar weitere Millionen sind immer noch unterbeschäftigt. Und das brennend-

Die Verletzlichkeit der Schönheit

ste aller brennenden Probleme, mit denen Algerien sich herumzuschlagen hat, ist die Bevölkerungsexplosion. Jährlich eine halbe Million Menschen mehr... aber das alles sagte ich nicht. Er redete. Ich schwieg. Potentiell ist Algerien ein reiches Land, sagte er. Wir haben alles, was eine Nation braucht. Er redete. Und an den Nebentischen saßen diese levantinischen Leute, die man überall dort im Maghreb und im ganzen Mittelmeerraum findet, wo die Speisenkarten üppig, die Mädchen hübsch und die Preise enorm sind. Abderrahman, der rassistische Taxichauffeur mit seinen neun oder zehn Kindern und seinen tausend oder anderthalbtausend Schilling im Monat, würde hier wahrscheinlich alles in Ordnung finden. Levantinische Spekulanten, die sich hier für ein halbes Monatseinkommen eines algerischen Taxifahrers die Bäuche vollschlagen. Junge, clevere Revolutionäre, die nicht nur ihr Handwerk, sondern auch das notwendige Vokabular beherrschen. Aber ja, Abderrahman würde hier kein Haar in der Suppe entdecken. Und auch die Arbeiter unten am alten Hafen, die Chauffeure der überschweren Öltransporter, die aus den Tiefen der Sahara heraufkommen, die Fischer, die Lastenträger, die kleinen Händler mit ihren wackligen Karren, die Handlanger — sie alle würden diese Sache hier absolut in Ordnung finden, denn es muß ja immer irgendwelche Revolutionäre geben, denen es gutgeht; und es muß immer irgendwelche Dummköpfe geben, die dafür sorgen, daß es den cleveren Revolutionären gutgeht. Und während Dr. Ben-Oudi hier heroben im »Belvédère« die beachtliche Rechnung mit einem schwungvollen Federstrich beglich, erzählte ich ihm von diesem fünfzehn- oder sechzehnjährigen Burschen unten im Grandhotel, der schon ein paar Worte Deutsch, Italienisch und Englisch verstand und regelmäßig erst um Schlag zwölf Uhr Mitternacht heimgehen konnte. Dr. Ben-Oudi zuckte die Achseln. Das interessierte ihn nicht. Kinderarbeit, sagte ich, und das bis Mitternacht; täglich zehn, zwölf und manchmal auch vierzehn Stunden. Und wenn man diesem jungen Burschen einen algerischen Dinar als Trinkgeld anbietet, muß er mindestens die Hälfte davon einem Kellner oder einem Portier abliefern. Aber das hat nichts mit Kapitalismus zu tun,

sagte ich. Das sei wohl auch eine Errungenschaft der Revolution.
Dr. Ben-Oudi lachte nur. Er fand das alles komisch. Und er fuhr mich in seinem europäischen Mittelklassewagen schneidig die kurvenreiche Straße hinunter in die Stadt. Unterwegs fragte er mich, ob ich noch Lust hätte, in ein Kabarett zu gehen. Ich lehnte ab. Es war merkwürdig, aber plötzlich hatte ich Sehnsucht nach diesem Mister Jimmy Whisky-ohne-Soda. Das war einfacher. Das war überschaubar.
Und auch der Mond sah jetzt nicht mehr aus wie ein fetter, gelber und betrunkener Weinhändler. Der Mond stand längst schon wieder richtig am Himmel; schief, verdreht, algerisch; und wenn man nur lange genug hinaufstarrte, war er sogar gefährlich.

Eine Revolution wird massakriert

Immer noch, auch hier noch, hat man das nicht vergessen. Dieses großsprecherische und auf so fürchterliche Weise prophetische Wort eines französischen Marschalls, das vom mythischen Tambour und seinem Trommelschlag redete, vom Trommelschlag, der die arabischen Völker zwischen Atlantik und Hindukusch in den Tritt fallen läßt. Und während aus dem dunstenden Bauch der Baie d'Alger der Atem des Meeres einem entgegenschlägt, ein Atem, der schon so süß verdorben, schon so abgenutzt ist von Blut und Phrasen, weiß man mit schmerzhafter Sicherheit, daß dieser rätselhafte, düstere Tambour immer noch seine Trommel rührt. Jetzt freilich längst schon mit dieser mörderischen Perfektion, der man nicht entkommen wird. Jetzt freilich längst schon mit dieser gellenden Heftigkeit, mit dieser fanatischen Hysterie, die einen schaudernd zurückschrecken läßt wie das dumme Vieh, das man in die Schlachthöfe treibt. Und die weiße europäische Haut, die man hat; die man wie eine wertlose Fahne, wie einen zerschlissenen Ausweis mit sich herumschleppt. Plötzlich wird sie fahl unter der hellen, harten Novembersonne von Algier.

Und im längst schon abgewohnten, im längst schon wie ein uralter Kahn durch die Nacht ächzenden Cirta-Hotel drüben im düsteren, konservativen und strengen Constantine, das auf diesem Felsen, umspült vom Rhumel, selber wie ein zitternder Schoner mit schmutzigen Segeln vor der stürmischen algerischen Nacht liegt, da sagt ein junger Facharbeiter aus Köln oder Düsseldorf, daß man das ganze Pack in die Schlucht treiben sollte, daß man dem ganzen Pack ein paar Granaten in die Büchs jagen sollte, und dann die ganze Kacke der Welt darüber. Und die Stimme, mit der er das sagt, ist flach und blechern. Und die Erfahrung, die ihn das sagen läßt, ist uralt wie die Angst, die man hier hat. Aber während man noch zusammenzuckt und an ein paar Millionen Tote denkt, die in den tiefen Schluchten und hinter den gelben Sanddünen, in den verwirrenden Kasbahs und

Algerien

in den französischen Konzentrationslagern Algeriens auf viehische Weise ums Leben gekommen sind — aber während man noch zusammenzuckt, grinst man schon und ist wie der Mörder, der selber nicht totschlägt, sondern nur zuschaut; der nicht selber das Messer in ein Herz stößt, sondern nur fachmännisch darüber redet. Und während man noch zusammenzuckt, und während man noch grinst, und während schon diese Angst über einen kommt, die man nicht versteht — draußen die schlurfenden, scharrenden Füße von Constantine. Draußen die Sintflut der Leiber. Und wenn man genau hinhört, atemlos vor Spannung, atemlos vor dumpfer, pochender Furcht; und wenn man wie blind hineinstarrt in diese Nacht von Constantine mit ihren hunderttausend Leibern; und wenn man das alles gehört hat, als ob Millionen Ratten über die Boulevards und durch die Nacht raschelten. Aber steht da nicht schon ein anderer Ton auf? Steil und grell und hart? Aber ist da nicht schon wieder ferner Trommelschlag? Dumpf und drängend und fordernd? Im schönen Oran. Im schönen, goldenen, fernen Westen Algeriens, dort, wo es seine andalusische Haut und seine andalusischen Farben noch nicht verloren hat und das Leben noch wie ein Schauspiel sein kann, das irgendwer mit leichter Hand inszeniert hat. Sie zeigen dir unaufgefordert den verrosteten Stacheldraht, die ausgebrannten, verwüsteten Lager der Legion, die zerschossenen und zertrümmerten Bunker in den Bois des Planteurs und die verdorrten, rauchgeschwärzten Skelette der Häuser in der Kasbah und im alten Judenviertel. Und du unterhältst dich mit denen, die dir das gezeigt haben, ganz ernsthaft über das selbstverständliche Handwerk des Tötens. Du denkst dir gar nichts dabei, wenn du mit dieser kühlen europäischen Gelassenheit über Sterben und Revolution und Auferstehung der Menschen redest; du überlegst nicht, daß es immer noch dieser dumme Hochmut deiner weißen Rasse ist, der dich verrät; und daß du so gut wie nichts begriffen hast. Hier im schönen Oran, schon unterm Schatten des andalusischen Spanien, wo Menschen härter als irgendwo sonst in Algerien um das gekämpft haben, was Unabhängigkeit heißt; oder Freiheit; oder auch nur Stolz. Und die Parolen, die du aufzählen kannst wie

Eine Revolution wird massakriert

ein siebenfach mißlungenes Ave, sie sind voll schmutzigem Blut und gelbem Gedärm; sie sind das, was diesen einen Schmerz beschreibt, den man anders nicht mehr beschreiben kann. Aber immer noch hast du so gut wie nichts begriffen. Nur das: Ein Mensch, der zu lange Zeit auf eine zu abscheuliche Weise geschunden wird, geht zugrunde. Nur das: Oder er wird irgendwann einmal zum Revolutionär. Nur das: Zum Revolutionär, dessen fast schon schmerzhaftes Verlangen nach Veränderung auch die Brutalität und auch den Totschlag akzeptiert.

Und wieder in Algier redet ein hagerer Mann mit gelber Haut und stechenden Augen fast zwei Stunden lang zu den Königen und Potentaten und Generälen der großen arabischen Nation; man schreibt den 26. November 1973, und der Mann, der diesen Monolog hält, heißt Boumedienne und ist Algeriens rätselhafter Staatschef. Und einmal sagt er: Wie lange haben wir auf Europa warten müssen, und wir warten eigentlich immer noch, bis es die arabische Welt nicht nur als Erdöl- und Energiereservoir und Absatzmarkt versteht, sondern als eine Welt mit einer eigenen Zivilisation, die nach ihrer eigenen Würde strebt. Und was das Blut in den Adern für das menschliche Leben, was das Wasser für die Pflanze bedeutet, das ist das Erdöl für die Wirtschaft der Industriestaaten, die das freilich jetzt erst begriffen haben. Denn bisher haben sich diese westlichen Industrienationen sorglos, arrogant und auch sarkastisch über die Probleme der arabischen Welt hinweggesetzt. Jetzt leidet Europa unter den Schwierigkeiten eines Ölembargos. Aber Europa hat sich bisher weder um die Fragen der arabischen Welt noch um die Schwierigkeiten und Nöte des palästinensischen Volkes gekümmert.

Und während dieser Mann namens Boumedienne das am 26. November 1973 in Algier ausspricht, verlöschen in Europa ein paar Lichter; stehen in Europa ein paar Autos still. Aber das wird für den Augenblick alles sein. Eine Lehre wird niemand daraus ziehen. Die weiße europäische Haut, die man mit sich herumschleppt, schützt einen vor Nachdenklichkeit. Und der arabische Riese, dem du auch an diesem 26. November 1973 unterm harten, hellen Licht von Algier begegnen könntest, wird für dich ein Ammenmärchen bleiben, durch das äußerstenfalls einmal die verwehte Sandspur einer Karawane zieht. Nur das Pochen dieser Trommel, nur das Dröhnen dieser Trommel, nur den harten Tritt der Völker quer durch Arabiens Länder und Wüsten solltest du eigentlich heute schon hören. Morgen schon, übermorgen wirst du das hören müssen; und deine weiße europäische Haut wird zu dünn sein, um dann den Schmerz noch zu ertragen.

Aber drüben in Setif, westlich von Constantine und nur ein paar Kilometer vom aufgerauhten Mittelmeer entfernt, kannst du dir das ausrechnen; wie das sein wird, wenn der Riese aufsteht und dich niederschlägt, so, wie er das gelernt hat am 1. Mai 1945 und in den schrecklichen blutbespritzten Tagen darauf, als die französische Gendarmerie und die französische Luftwaffe und die französischen Panzer und die Legionäre mehr als vierzigtausend algerische Menschen buchstäblich massakriert haben. Weil sie an diesem verfluchten, schrecklichen, blutbespritzten ersten Mai aus Hunger demonstriert haben; weil sie sich umarmt haben und auf die Straße gegangen sind, bevor sie verhungerten; weil sie auf Menschenrechte bestanden haben, für die sie dann mit ihrem Leben bezahlen mußten; weil ihnen die hochmütigen, strengen Europäer in diesem Mai 1945 nachdrücklich bewiesen haben, daß nicht alle Menschen gleich sein dürfen; und daß die Menschenrechte auf der Seite der Stärkeren sind. Auf der Seite derjenigen, die besser bewaffnet und besser ernährt sind. Und es waren allein hier in Setif vierzigtausend Menschen. Algerier, Frauen, Kinder, Männer. Menschen, die einen verhängnisvollen Irrtum mit ihrem Leben bezahlt haben. Und diejenigen, die überlebt haben, hat man eingekerkert. Man hat sie in die Gefängnisse und Lager gebracht. Man hat sie in die unzugänglichen Berge der Kabylei oder in die Erbarmungslosigkeit der Wüste getrieben. Und viele von ihnen sind verhungert; und viele von ihnen sind später noch erschossen, massakriert oder exekutiert worden. Aber die, die überlebt haben, sie haben von den strengen, hochmütigen Europäern gelernt, wie man das macht. Sie waren aufmerksame und geduldige Schüler. Und sie haben für das, was sie gelernt

Eine Revolution wird massakriert

haben, bezahlt. Mit einem achtjährigen Krieg. Mit anderthalb Millionen Menschen, die in diesem Krieg gestorben sind. Mit zwei Millionen Menschen, die in diesem Krieg verhungert sind, weil der Krieg ein riesiges Maul und einen großen Bauch hat; weil er alles verschlungen hat, was für die Lebenden noch verwertbar gewesen wäre; weil die hochmütigen, strengen Europäer die Taktik der verbrannten Erde angewendet haben; weil sie den Algeriern gezeigt haben, wie man das macht: ein ganzes Volk auszuhungern. Aber ein paar Millionen haben trotzdem überlebt; und gelernt; gelitten und gelernt. Und wenn jetzt drüben in Algier dieser rätselhafte Mann, der Boumedienne heißt, zu den Führern der arabischen Nation spricht, dann lauschen auch in diesem Land fünfzehn Millionen Algerier an den Radioapparaten und trinken diese Worte, die ihr Führer ihnen vorsagt, wie gutes, klares Wasser in sich hinein. Und in Setif kannst du dich davon überzeugen, daß dieses gute, klare Wasser einen wie verrückt machen kann. Denn das haben sie ja auch gelernt, wie man mit den Phrasen umgeht; und mit den Parolen; und wie man die strengen, hochmütigen Europäer erpressen kann; und wo man sie am härtesten trifft. In Setif kannst du dich davon überzeugen. In Algier. Oran. Und natürlich in Constantine.

Algerien — ein Land, das man beinah lieben könnte; wenn es einem nur nicht auf diese besondere Weise das Fürchten beibringen würde. Wenn einen diese weiße Haut, die man hat, nur nicht auf so unbarmherzige Weise verraten würde. Wenn die Revolution, die aus einem erbarmungswürdigen Kolonialvolk eine der führenden arabischen Nationen gemacht hat, nur nicht diesen labyrinthischen Ausweg zum Fortschritt gesucht hätte, den auch diejenigen, für die diese Revolution gemacht worden ist und immer noch gemacht wird, nicht mehr finden können. Das alte, unterdrückte, gepeinigte und ausgebeutete Algerien ist in einer Orgie von Feuer, Blut und Grausamkeit untergegangen, gezeichnet von einem beispiellosen Vandalismus, der alles, was Imperialismus und Kolonialismus an Elend und Ungerechtigkeit über die afro-arabischen Völker gebracht haben, noch einmal in einem wahnwitzigen Totentanz zusammengefaßt hat. Aber spätestens am Beispiel der Volksabstimmung vom 1. Juli 1962, durch die Algerien als letztes arabisches Land die Unabhängigkeit erreicht hat, haben neue Ideologen und Propheten ihren Profit errechnet; und dieser Profit hat nichts mehr mit materiellen, ökonomischen Werten zu tun, sondern tritt als kostümierter Mummenschanz auf, rechnet mit Herzen und Seelen und verwandelt die verwirrten Söhne von Atlas, Rif und Kabylei, die Nomaden aus Sahara und Tamanrasset und das wehrlose, ratlose Volk der Muslims in den großen Städten zu radikalen Marxisten, die plötzlich neben Allah jetzt auch noch Mao und Marx anbeten sollen und das noch nicht ganz begriffen haben. Und so wanderst du wie ein verwirrter Träumer durch ein Algerien, das mit diesen merkwürdigen Extremen leben muß, die weder du noch die Algerier selbst verstehen können. In Constantine werden sie dir an einem hellen Novembermorgen — und die Sonne wird wie ein Habicht sein — die Leiche einer erschlagenen Frau zeigen. Und sie werden dir, während du noch entsetzt auf das entstellte und verzerrte Antlitz vor dir starrst, von dem dieser kleine weiße Gesichtsschleier, den sie hier tragen, jetzt entfernt worden ist, so daß dir der Tod in ungebührlicher Nacktheit entgegentritt — und sie werden dir erklären, daß ein solcher Tod nichts zu bedeuten habe; eine Frau, die untreu gewesen ist, sagen sie dir, muß man wie Unrat und Aussatz behandeln. Und das alles ist am Square Bachir Benasser gewesen, von wo aus die überfüllten Busse, in Abständen von Minuten, hinaus zum neuerrichteten Traktorenwerk fahren. Dort aber produzieren Deutsche und Algerier im Akkord; und die einen produzieren für gute, harte Währung; und die anderen produzieren zum Ruhm einer neuen sozialistischen Gesellschaft, und auf den politischen Schulungskursen, in Vorträgen und Diskussionen werden sie unter anderem auch mit den Vorteilen der Emanzipation vertraut gemacht. Und weil sie wissen, daß eine neue sozialistische Gesellschaftsordnung sowohl die Traktoren als auch die Emanzipation dringend braucht, zeigen sie dir voll Stolz das neue Traktorenwerk und erläutern dir diese höhere marxistische Moral, die sie sich jetzt angeeignet haben. Und sie sagen dir,

Eine Revolution wird massakriert

daß es gut sei für die unterdrückten Völker der dritten Welt, wenn sie endlich mit der Emanzipation umzugehn wüßten; daß der Mensch sich seines eigentlichen Wertes bewußt sein müßte. Aber Schlag Mitternacht im schäbigen alten Cirta-Hotel, wo man hineinpfercht, was Schmutz und Gestank dieser uralten arabischen Welt noch ertragen kann oder muß; wo sie dich, wenn du mit deinem Reisepaß und deinem schweren Reisegepäck angekeucht kommst, wie einen lästigen Bittsteller behandeln, bis du sie in dieser alten, schlimmen, guten Kolonialherrenmanie anbrüllst und abkanzelst, eh' du ihnen dann einen dieser zerfetzten Geldlappen, von denen sie nie genug haben können, in die Hand drückst; und dann werden sie in ihrer marxistisch-arabischen Verwirrtheit fast alles für dich tun; fast alles; nur ihre eigene Verwirrtheit werden sie dir nicht erklären können; nur das Widersprüchliche ihrer doppelten Existenz als Muslims und Marxisten werden sie dir nicht erklären können. Aber Schlag Mitternacht im Cirta-Hotel stößt ein heißblütiger Araber einem anderen heißblütigen Araber das Messer tief ins Gedärm; und hinter der Tür von 126 kreischt eines dieser algerischen Weiber, von denen du tagsüber nur Stirn und Knöchel zu sehen bekommst. Und der Lärm, den diese verwirrten algerischen Marxisten dabei machen, ist so groß, daß du hinausstürzt aus deinem Zimmer und mitten hinein in eine blutige Auseinandersetzung, die dich eigentlich nichts angeht; und die du nie verstehn wirst. Dem Messer, das sie nach dir werfen, weichst du noch geschickt aus. Und der schwere Tisch, den sie nach dir werfen, landet krachend und berstend hinter dir an der Wand. Dann mußt du dich selbst wehren. Du mußt dich wehren, so gut du kannst. Du mußt ihnen in den Bauch treten; denn das werden sie auch mit dir tun. Du mußt ihnen in das Geschlecht treten; denn das werden sie auch mit dir tun. Du mußt versuchen, ihre Halsschlagader zu finden; denn das werden sie auch mit dir tun. Und die ganze Zeit, während du wie ein Verzweifelter kämpfst, während du schon längst mit dem Rücken zur Wand kämpfst, und die ganze Zeit, während du Hiebe austeilst und Hiebe einsteckst, wirst du dich erstaunt fragen, ob das noch die gleichen guten, braven Marxisten sind,

Algerien

die dir tagsüber die Vorzüge ihrer Revolution und ihrer Moral erklären.
Am anderen Morgen erfährt man dann, daß es sich um die Schwester des einen heißblütigen Arabers gehandelt habe; und daß nichts passiert sei. Und man hütet sich, nach dem anderen Mann zu fragen, den man in seinem Blut hat liegen sehn.
Algerien, diese gelbe, rostfarbene, erdbraune, sandfarbene Riesenschüssel im erstaunten Antlitz Afrikas; diese tolldreisten ratlosen Revolutionäre mit ihrer überraschenden Politik der sozialistischen Austerität, für deren Durchsetzung sie die eigene Armee und die russischen Berater brauchen; diese optimistischen Muslims, die mit Allah und Karl Marx einen neuen sozialistischen und progressiven Maghreb schaffen wollen und denen schon ein einziger tiefer Blick, den ein Fremder in die Augen ihrer tiefverschleierten Frauen und Schwestern wagt, genügt, damit sie das Messer zur Hand haben; diese Jongleure, Wahrsager und halsbrecherischen Akrobaten mit ihren kühnen Planspielen und atemberaubenden Produktionsziffern, denen die halbe westliche Welt das kostbare Erdöl aus den Tiefen der Sahara, denen die halbe westliche Welt die Voraussetzungen für eine nationale Industrieproduktion in den verwahrlosten Fabriken schaffen muß — als ob das alles ein unaufhörliches bittersüßes Sommermärchen wäre, das dir einer mit tonloser Stimme erzählt. Und man schleppt mit der eigenen weißen verräterischen Haut jetzt auch noch diese Widersprüche mit sich herum. Diese Widersprüche und Alpträume der anderen, die von dir verlangen, daß du ihre Verwirrtheit begreifst und ihre Schwächen tolerierst.
Und dann, nachdem du dich lange genug in der qualvollen Sandeinsamkeit der Sahara, im Feuerofen der Ölfackeln von Hassi Messaoud, in der elenden Durstzone von Quargla aufgehalten hast, nachdem du lange genug in Algerien gewesen bist, um noch immer nicht entscheiden zu können, ob das nun ein mediterranes oder schwarzafrikanisches Land sei, ob hier nun aus Arabern Marxisten oder aus Algeriern fanatische arabische Nationalisten werden; und nachdem du dich lange genug hier zwischen dem dreißigsten und fünfunddreißigsten

Eine Revolution wird massakriert

Breitengrad aufgehalten hast, kümmerst du dich tief unten im Grand Erg Oriental um eine Maschine, die dich zurückbringen soll in eine Zivilisation, die du besser verstehst, mit der du zurechtkommst und die dich akzeptiert. Und du kletterst auf einer dieser verlassenen Wüstenpisten in einen dieser verrückten Vögel, die man beim Start am Schwanz festhalten muß, damit sie nicht nach vorne ausbrechen; und du bist wieder einmal der einzige Passagier. Du richtest dich zurecht, so gut das geht in der schmalen Kabine. Du willst dich anschnallen; aber die Gurte sind zerrissen. Du willst dich bequem niederlassen; aber der Sitz bricht unter dir zusammen, bis dich dann der Pilot vorne in die Kanzel holt. Und da hockst du dann mit diesem arabischen Piloten; und euch beiden rinnt der Schweiß wie heißes Quellwasser über den Bauch. Und bis die Maschine dann endlich abhebt von dieser Piste hier unten im tiefen Süden, bis alle Staubfontänen und gelben Sandwirbel überwunden sind, wird es noch ein paar von diesen knatternden Fehlzündungen geben, an die man sich hier gewöhnen muß, wenn man eine Revolution betrachtet oder mit der Air Algérie über die Sahara hinwegfliegt.
Und da liegt dann dieses Land, das man beinah lieben könnte, unter den herabgezogenen Tragflächen der uralten Maschine, die einen in zwei Stunden hinauf nach Constantine, hinauf nach Algier bringen wird. Und da liegt dann dieses Land, das immer noch aus vielen Wunden blutet und das der Haß, die Machtgier und diese immer wieder von neuem in Angriff genommene Revolution zutiefst gedemütigt und verändert haben, da liegt es dann vor dir; aber die Wunden; und das Blut, das aus diesen Wunden strömt; aber die Seufzer des Elends und der Wut; aber die hungrigen Schreie der Auswanderer und das Weinen der Daheimgebliebenen; das alles siehst du nicht von da oben; das alles hörst du nicht von da oben. Du erkennst nur dieses Land, das wie ein großes gelbes Meer ist, durch das die übergangslos hereinbrechende Nacht jetzt ihre violetten und tintigen Spuren zieht. Zeichnungen sind das, wie mit einem riesigen Pinsel. Du siehst nur ein Land, das wie eine einzige unaufhörliche Dünung nach Norden drängt. Und

Algerien

das Dröhnen der beiden Rolls-Royce-Motoren, die den Piloten und dich und die Maschine durch die Nacht treiben, ist wie ein Signal, daß du noch lebst; und die Schatten oben im Norden, es sind schon die Berge der Kabylei. Dahinter das Meer. Dahinter... nein, die Freiheit, an die du glaubst, liegt auch jenseits dieses Meeres nicht.
Und dann überfliegst du größere Oasen, kleinere Städte, Dörfer. Dann überfliegst du wieder dieses Land, das dir allmählich vertraut zu werden beginnt. Dann überfliegst du die Ursachen deiner unerklärlichen Furcht. Und hat sich inzwischen das Dröhnen der beiden Motoren nicht unmerklich verändert? Klingt da nicht schon wieder ein anderer Ton mit? Härter, heller, wie der Rhythmus einer großen, zischenden, schnalzenden Peitsche; wie das kreischende Tamtam einer wie rasend geschlagenen Trommel. Unter dir erkennst du schon die Leuchtfeuer der Hochindustrie; die stillen zivilen Lichter der großen Städte. Aber das Tamtam hier oben will dir nicht aus den Ohren. Wind quält die Maschine, peinigt sie, stößt und schüttelt sie; Nordwind. Ostwind. Im Rücken hast du noch den lodernden Horizont, die brennende, brüllende Nacht von Hassi Messaoud, wo aus den unendlichen Tiefen der Sahara die knatternden, fauchenden Ölfackeln himmelwärts schießen. Und vor dir schon die Verheißungen der Küste. Aber die große böse Trommel der Motoren dröhnt jetzt wie ein Gewitter. Und du begreifst nichts, verstehst nichts; du weißt nicht, was diese Trommel an Zukunft und Weissagung dir hier verrät: soziale Revolution, glatter Totschlag, ein neues Arabien. Du begreifst nur stöhnend und abergläubisch vor Furcht: dieses Land da unten, dieser dunkle Riese, schon zucken seine Glieder, schon rührt er sich in seiner schlaftrunkenen Unwissenheit; bald wird ihn die große böse Trommel endgültig geweckt haben. Bald wird er wie andere vor ihm in diesen harten hämmernden Tritt fallen, der die Sterne am algerischen Himmel zu blindwütigen Tänzern und Revolutionen zu Blutorgien macht. Und wenn du dann schließlich oben in Constantine auf dem Airport von Ain El-Bey aus der Maschine kletterst, wird der Schweiß auf deiner Stirn eiskalt sein.

Tunesien
und das Warten auf Europa

Vögelschreien in Tunis

Das macht dieser schweflige gelbe Herzinfarkthimmel über den engen und dunstigen Souks in der Medina, daß die Menschen verrückt werden. Die blutigen Hammelschädel, das glitschige Fischzeug mit den schleimigen Oktopoden, die penetrant duftenden Gewürze, die unruhigen Pyramiden der Fliegen über den auseinandergerissenen Fleischstücken; und auch den scharfen Geruch nach Schweiß und Urin — das alles überlebt man. Aber wenn erst einmal der Himmel herabdrückt wie eine schweißnasse Hand, wenn erst einmal aus den Sümpfen rundum der faulige Gestank aufsteigt, wenn der zögernde Wind vom Meer herein, von La Goulette herein endgültig abstirbt, dann möchte man sich das Hemd mit der Haut vom Leib reißen; dann wird man selber wie verrückt und schmeckt plötzlich Blut auf den Lippen.
Die Israelis haben wieder zugeschlagen, drüben in Beirut und jedenfalls einige tausend Kilometer östlich von Tunis. Aber diese merkwürdige arabische Hysterie kümmert sich nicht um Entfernungen; und alles, was jüdisch aussieht, was jüdisch schmeckt und jüdisch riecht, verkriecht sich jetzt. Immerhin war schon einmal in den Souks der Medina ein stämmiger Teppichhändler von seinen Nachbarn buchstäblich zerrissen worden, nur weil man ihn für einen Juden gehalten hat; dabei war er ein reinblütiger Berber und soll damals, so erzählt es sein Bruder, nur geschrien haben: Lang lebe Nasser! Aber das alles geht wieder vorbei; rasch und fast übergangslos. Der Vater der Nation, dieser kleingewachsene, jähzornige Habib Bourguiba, der seine engsten Mitarbeiter handgreiflich abfertigt, wird die übliche Fernsehrede halten; zwei, drei Stunden lang; und er wird sich ein paar Tränen aus den Augen wischen, ein paar Grimassen schneiden, ein paar gute, harte Witze erzählen und die unerläßlichen blumigen Vergleiche anstellen. Das wird alles sein. Denn die europäischen Chartermaschinen fallen am Airport draußen wie die Krähen in den Sümpfen ein. Und was

Vögel schreien in Tunis

da herausklettert mit steifen Gliedern und blasser Haut, ist fest entschlossen, das tunesische Abenteuer zu bestehen; soweit es zumindest im vierzehntägigen Pauschalarrangement inbegriffen ist. Den Deutschen und Briten starrt also der auswendig gelernte Hannibal aus jedem Knopfloch; die Italiener starren vergnügt auf die Miniröcke der ersten tunesischen Mädchen, die ihnen über den Weg laufen — und ahnen noch nichts vom Elend hinter dem alles verbergenden Sifsari; und nur die Franzosen marschieren mit diesen verdrossenen Gesichtern der vermeidbaren Niederlage über das Gelände, das sie ihrer Meinung nach zu leichtfertig aufgegeben haben. Aber dann sind da ohnedies schon die Zubringerbusse aus Hammamet und Monastir, wartet der Transfer nach Bizerta und Karthago.
Und später dann das infernalische Geschrei der Vögel in den Bäumen auf der Avenue Habib Bourguiba; die kehligen, immer ein wenig obszönen Andeutungen der Schuhputzer vor dem Café de Paris, das lächerliche Stakkato der zerlumpten Zeitungsverkäufer zwischen den Tischen und draußen auf der Fahrbahn zwischen den Autos. Und da war noch diese hochschwangere Frau an der Einmündung der Avenue de Paris in die Avenue Habib Bourguiba; und sie öffnet vor einer Freundin weit und stolz den Mantel und zeigt ihr lächelnd den hochaufgewölbten, geschwollenen Bauch; und die Freundin greift sachkundig diesen geschwollenen Bauch an, faßt ihn an mit beiden Händen, lächelt und ist zufrieden. Ein paar Straßenzüge weiter ostwärts, im Industrieviertel oder oben in der Medina, knirscht einem dann schon wieder das Elend zwischen den Zähnen; und oben auf der beherrschenden Kuppe des Belvedere-Hügels im Hilton, hier im Wolkenkratzer an der Avenue Habib Bourguiba im Africa-Hotel hocken die Touristen vor ihren billigen Longdrinks und zählen gelangweilt an den Fingern die übriggebliebenen Ruinen draußen in Karthago ab. Abends im M'rabet oder im La Maalouf oder auch nur im Casino de Tunis knipsen sie über ihr Hammelfleisch oder den halbgaren Fisch hinweg die dilettantischen Bauchtänzerinnen und wundern sich, daß ein simples Bier einen ganzen tunesischen Dinar kostet. Und die kleinen billigen Zutreiber pendeln händereibend

zwischen der Medina und den Seitenstraßen der Avenue Habib Bourguiba und haben neben den üblichen Nutten manchmal auch eine alternde Airhostess oder ein europäisches Flittchen anzubieten. Was wir hier machen, sagt ein junger Mann im M'rabet zu mir, ist die organisierte Pleite und nebenbei eine ganz schlimme Prostitution. Er hat zehn Jahre lang in Wuppertal gearbeitet und eine deutsche Frau mit nach Tunesien gebracht. Jetzt zögert er, wieder zurückzugehen in die Bundesrepublik. Wir hier haben alle Chancen, sagt er. Und Europa hat keine Chancen mehr, sagt er. Aber die Touristen glauben immer noch, das hier sei eine Kolonie. Und am schlimmsten sind die Deutschen, sagt der junge Mann, der in Wuppertal als Gelegenheitsarbeiter begonnen und dann als Kellner Karriere gemacht hat; heute managt er einen Ferienklub für die Franzosen und überlegt allen Ernstes, einzusteigen ins tunesische Touristengeschäft. Ein paar Jahre noch, sagt er, und dann haben wir hier ein zweites Rimini. Und wir machen nicht den Fehler, daß wir den Europäern die besten Plätze überlassen.

Aber seine Frau läßt er mich nicht kennenlernen, und als ich ihn frage, wie er seine Kinder erziehe, sagt er verlegen, daß er keine Kinder habe; und als ich ihn frage, ob er nach zehn Jahren Wuppertal überhaupt noch ein Moslem sei, zuckt er nur hilflos die Achseln. Ein cleverer junger Mann. Aber eine Karikatur. Er weiß das selber; ahnt es zumindest. Und hätte Bourguiba nicht die Vielehe verboten, würde er wahrscheinlich seine deutsche Frau zum Teufel gejagt und mit einer Tunesierin fröhlich seine sieben, acht Kinder gezeugt haben. Und dann trommelt wieder einer dieser kostümierten Affen wie ein Verrückter los, hier im M'rabet, das früher einmal eine Grabmoschee gewesen war, und die Touristen jubeln mit ihren Blitzlichtern auf, als endlich ein fettes Mädchen zwischen den Tischen herumhüpft und ein paar Verrenkungen aufführt, die entfernt an eine klassische Bauchtanzpose erinnern. Das sei das eigentliche Unglück, sagt der junge Mann, daß man die Touristen selbst mit den billigsten Tricks zufriedenstellen könne. Wir vergessen unsere eigene Vergangenheit, wir verlernen unsere eigene Sprache dabei, sagt er; und derzeit würde ich in ganz

Vögel schreien in Tunis

Tunis keinen ordentlichen Bauchtanz finden. Höchstens im La Maalouf, und auch da nur durch Zufall. Ich dachte an die jungen Mädchen oben im Hilton. Achtzehnjährig, zwanzigjährig allerhöchstens. Geschöpfe aus gutem Haus, die den Sifsari, den großen weißen Schleier, längst schon abgelegt haben. Und die es sich leisten können, mit ihren vierzigjährigen Liebhabern und Verlobten auf ein schickes Abendessen ins Hilton zu gehen, und dann zu tanzen; bis zwei Uhr früh. Ich dachte an diese jungen Mädchen aus Tunis, denen spätestens nach Mitternacht die laute und kreischende Musik der popigen Band nicht mehr genügte und die dann ihre verschwitzten und hilflosen Liebhaber einfach stehenließen auf der Tanzfläche und sich voll vitaler Exaltiertheit hineinsteigerten in die Schritte und Gesten eines wirklichen Bauchtanzes. Und das war dann eine Ahnung von dem, was Bauchtanz sein kann. Diese wiegenden jungen Hüften, diese makellosen jungen Arme und Hände, diese flachen, unbefleckten Bäuche — bis der arabische Gebärzwang das alles zerstören wird. Ich dachte daran. Und dann ging ich davon aus diesem heillosen M'rabet, aus dieser organisierten Pleite, und in den nächtlichen, menschenleeren Souks der Medina verfolgten mich einige dieser grindigen Zutreiber und Gelegenheitsdiebe, und nachdem sie mir weder eine Nutte noch ein Taxi andrehen konnten, verloren sie sich wieder im Labyrinth der Medina; bis auf einen. Er war hartnäckig, blieb mir auf den Fersen. Und als ich endlich beim Bab Souika, beim Tor zum kleinen Markt, hinausstolperte aus diesem erstickenden Durcheinander der nächtlichen Altstadt mit ihren mageren Katzen und fetten schwarzen Ratten, da kam dieser eine hartnäckige Windbeutel auf mich zugerannt und verlangte zwei tunesische Dinar. Er habe mich beschützt und mich sicher hinausgeleitet aus der Medina, sagte er in einem halsbrecherischen Gekreisch von französischen und italienischen Vokabeln. Ohne ihn wäre ich jetzt eine Null, ein absterbender Niemand. Und hier seien die Taxis, ecco! Zwei Dinar — so viel verdiente er in einer ganzen Woche nicht. Der Mann tat mir leid. Und ich trank mit ihm hier an der Bab Souika eine Limonade, und wir rauchten vergnügt ein paar Zigaretten, und die ganze Zeit fragte er hoffnungsfroh, ob ich nicht doch eine Signorina... oder einen garantiert sauber gewaschenen Berberbuben... hier, gleich in der Nähe, und alles in allem, das wäre die zwei Dinar schon wert — Bab Souika: Ob der kleine Mann wußte, wo er war? Hier hatten sie früher die kleinen Diebe und Gauner verkehrt auf einen Esel gesetzt, nachdem der Bei das einmal gefällte Todesurteil bestätigt hatte. Und dann waren diese armen Teufel zur Bab Souika getrieben worden, wo schon die Schlinge vom Tor herabbaumelte. Und der Henker, der oben am Torbogen kniete, sprang dem Verurteilten dann auf die Schultern, damit das Genick auch ordentlich knackte und brach. Vorbei. Ich trat auf ein Taxi zu, das gerade angekommen war. Der müde, übernächtige Fahrer hielt noch einen dieser schmutzigen Geldlappen zwischen den Zähnen, als ich einstieg. Ich sagte ihm, er solle zum Hilton fahren. Er starrte mich an, nahm den Geldschein aus seinem Mund, steckte ihn ein, wartete. Endlich begriff ich. Und der Zutreiber, der die ganze Zeit neben dem Wagen gestanden hatte, kam doch noch zu seinem Geld.

Es gibt eine Reihe von Leuten, die meinen, die Tunesier seien der verlogene und verstohlene Abschaum des ganzen Maghreb. Es sind kluge Leute, die das sagen. Mag sein, daß es stimmt. Aber wenn man draußen in Karthago zwischen den lächerlichen Ruinen herumstolpert, die von zwei Weltreichen übriggeblieben sind; oder wenn man über die ehemaligen Sklavenmärkte in der Medina von Tunis — im Souk el Berka vor allem — oder in La Goulette geht; oder wenn man die dicken ockerfarbenen Schnüre der einstigen römischen Wasserleitung, die neunzig Kilometer weit das frische klare Bergwasser von Zaghouan nach Tunis hereinbrachte, sich am dunstigen Horizont verlieren sieht; wenn man allmählich begreift, daß alles, was diesem Volk von seiner abwechslungsreichen Vergangenheit geblieben ist, aus schlechter Nachrede und halblauten Verwünschungen besteht, und daß noch nicht einmal der Leichnam des bedeutendsten Tunesiers, des Karthagers Hannibal, heimgefunden hat aus dem kleinasiatischen Anatolien, dann respektiert man mit der Zeit diese Ratlosigkeit; diese schutzsuchende Hilflosigkeit, die manchmal in billige Halsabschneiderei aus-

Vögel schreien in Tunis

artet. Was heißt das schon: tunesische Geschichte! Das waren Karthager und Römer. Vandalen und Byzantiner. Und dann wie überall an diesen nordafrikanischen Küsten die Araber. Dazwischen gingen die eingeborenen Berber allmählich zugrunde. Und dann die Aghlabiden und Hafsiden, die Almohaden und alle diese großspurigen Geschlechter und Stämme, die für ein paar Generationen ein neues Zeitalter einleiteten, das doch nie Bestand gehabt hat. Und die Türken. Und die Piraterie der Barbaresken. Und das Blut und der Schweiß von hunderttausend Christensklaven. Dann die Franzosen mit ihren Kanonen und ihrer hochmütigen, ausbeuterischen Verwaltung. Der Rest ist ein kleines Land, das in seinen dumpfen Träumen manchmal ahnt, was Unabhängigkeit tatsächlich kostet. Der Rest ist ein friedliches Volk; Bastarde zwar, angeschwemmt von allen mediterranen Küsten, aber gutmütig. Manchmal stecken sie die britische Botschaft am Bab el Bahar in Brand. Oder bringen ein paar Juden um. Oder ziehen die blutiggeschlagenen Schädel ein, wenn die Franzosen mit ihren modernen Kampfbombern Bizerta bombardieren. Oder perfektionieren einfach ihre billigen Taschenspielertricks, mit denen sie den naiven Touristen das Geld aus der Tasche ziehen. Aber sie sind ein gutes Volk, diese Mischlinge, die sich Tunesier nennen; ein mediterranes Volk. Ein deutscher Reiseleiter, ansässig in Tunis seit Jahren, erklärte mir einmal mit dem gesunden Hochmut seiner Rasse die Lage. Faules Gesindel, dem man in den Hintern treten muß, sagte er. Und wenn man fünfzig von ihnen für eine Arbeit anheuert, für die wir allerhöchstens fünf gute Leute brauchen würden, dann dauert das immer noch dreimal so lange. Ob er daran denke, fragte ich ihn, daß es in Bonn oder München um ein paar Grade weniger im Schatten habe als hier. Er schaute mich verständnislos an. Aber ich sage ja, meinte er, daß dieses Gesindel nichts taugt.
Später erfuhr ich durch Zufall, daß er in den beiden besten Hotels von Tunis, im Africa und im Hilton, längst schon Hausverbot hatte; offiziell zumindest. Aber in Tunis ist man tolerant. Und wenn die Reisegruppen aus Bochum oder Wanne-Eickel herunterkamen, wieselte er wieder durch die Hotelhalle.

Tunesien

Tunis. Und manchmal muß man sich fast schon wieder anstrengen, dieses verwirrende Durcheinander von Gerüchen, Dingen und Sprachen noch auseinanderzuhalten. Morgens gegen neun immer die mühsame Wanderung vom Haupteingang der Fondouk el Ghalla durch die stinkenden, von Menschen und Tieren wimmelnden Fischhallen. Die rabiaten Ungeheuer mit ihren verblassenden Farben; kleine Haie und Rochen; das zartrosa bis leicht violette Fleisch der Tintenfische; die plumpen Flundern; dieses bleiche Silber der toten Schuppen; und Seehecht liegt da neben Goldbrasse, Rötling neben Makrele und an manchen glücklichen Tagen auch die Hügel und Bündel der Sardellen. Gleich gegenüber wird Seife verkauft, wird um Lebensmittel gefeilscht, um Gewürze und Öl. Hühner, in deren zerrupftem Federkleid flinke Hände wühlen, stoßen ihren letzten gackernden Schrei aus, und durch eine Wolke von Federn und vorbei an den sterbenden Hühnern dann der Eingang zum Innenhof mit seinen farbigen Obst- und Gemüseständen. Dann draußen in Karthago der traurige Himmel über den traurigen Ruinen. Die Prospektansicht von Sidi Bou Said mit den unvermeidlichen Reisegruppen und dem obszönen Klicken der Photoapparate. Die ansteigende Küste von La Marsa und Gammarth mit dem traurigen Pathos des französischen Soldatenfriedhofs: Zum Abfall der Jahrtausende der Schutt von heute. Und über allem wie eine böswillige Fata Morgana die neureiche, protzige Kathedrale des heiligen Ludwig. Alles, was im sumpfigen Weichbild der Stadt an Machtkampf und lächerlichem Blutvergießen stattgefunden hat, hinterließ seine Spuren. Trümmer. Latrinen. Kirchen. Und irgendwo draußen in den Tiefen dieses fröhlichen Mittelmeers vermodern spanische Galeonen, osmanische Barkassen, französische Schoner und wahrscheinlich wohl auch ein paar venezianische Galeeren, abgestellt an die kriegs- und beutelüsternen Malteserritter und zugrunde gegangen durch die Piratenkunststücke der Barbaresken. Schutt. Abfall. Und zu viele Rassen, Meinungen, Gewohnheiten, Sprachen; zu viele Erinnerungen an Glanz und Elend menschlichen Daseins. Und dann das kleine, blasse Mädchen im La Maalouf, Kind aus gutem Haus, achtjährig, zehn-

Vögel schreien in Tunis

jährig vielleicht. Und während ein hageres Berberweib mit blitzendem Goldzahn im Raubtiergebiß die kunstvollen Schritte und Posen eines vernünftigen Bauchtanzes aufführt, wird das kleine, blasse Mädchen von seiner fatalistischen Mutter zu Tode gefüttert. Chorba und gegrillte Krevetten, ein dickes, blutiges Filet und die gelbweißen Hügel einer riesigen Torte. In den Elendsquartieren am Belvedere-Hügel und im Süden der Stadt werden sie erst am anderen Tag wieder in ihren verrosteten Blechkanistern ihr dünnes Süppchen kochen, in das sie alles mühsam Gestohlene und spottbillig Erworbene hineinwerfen. Manchmal sogar ein paar abgenagte Knochen vom Hintereingang der Küche des Hilton; und auf jeden Fall den Inhalt der überquellenden Mülltonnen vor den großen Hotels.
Der junge clevere Mann, zehn Jahre Wuppertal und jetzt ein deutsches Weib am Hals, das keine Kinder will, er hat mich eingeladen. Ins »Chez Slah«, eine obskure Kneipe, die seit ein paar Wochen als Geheimtip gilt. Das war irgendwo hinter der russischen Kirche an der Avenue Mohamed, nur einige Schritte von der Avenue Habib Bourguiba entfernt, wie ich später feststellte. Bessere Steaks und frischeren Fisch werde ich kaum anderswo finden, sagt er. Ich wunderte mich, daß es keine Hinweistafel gab, kein Schild, keine Reklame. Angeblich hat der Besitzer noch keine Bewilligung. Die Bürokratie ist hier wie in Europa, sagt der junge Mann. Das und einige Straßen in den Süden hinunter haben uns die Franzosen hinterlassen. Und die Phosphatvorkommen haben sie abgebaut. Und natürlich die Zink-, Blei- und Eisenminen. Aber was wirklich geblieben ist, das ist ihre Verwaltung. Ich frage ihn, ob er sich schon entschieden habe, zurückzugehen nach Wuppertal oder in Tunesien zu bleiben. Er starrt mich über seinen Teller trübsinnig an. Das sei keine Frage, die man so ohne weiteres entscheiden könne, meint er dann. Es gehe aufwärts. Hier. Man müsse nur noch etwas zuwarten können. Und dann sagt er: In Europa bin ich immer ein Mensch zweiter Klasse. Hier nicht. Das ist es. Und wir haben hier die Zukunft für uns, das ist keine Frage. Dann erzählt er mir von der Sache in Beirut, wo den Juden einer ihrer spektakulären Handstreiche geglückt war, und ich

frage ihn, ob der Antisemitismus hier tatsächlich so stark verbreitet sei wie in Algerien oder Ägypten. Nicht Antisemitismus, korrigiert er mich vorsichtig. Das hat damit nichts zu tun. Das ist Antizionismus. Aber er winkt bald ab. Er will nicht darüber reden. Dieses eine Jahrzehnt in Wuppertal hat ihn verändert. Später wird er es zugeben und sagen, diese Deutschen haben mich kastriert, wie man nur einen arabischen Mann kastrieren kann. Und er wird lachen dabei und mir nicht in die Augen sehen können. Und einmal sagt er völlig unvermutet: Bourguiba ist unser Hitler. Aber er ist nicht verrückt. Er ist ein kluger Mann, und das ist der Unterschied. Ich frage ihn, ob das stimme, daß er manchmal seine engsten Mitarbeiter ohrfeige. Aber ja, sagt er gleichmütig, und warum nicht. Wir sind ein bequemes Volk; fröhlich und sehr bequem. Wir brauchen eine starke Hand. Ohne Bourguiba hätten wir noch die Vielehe und keine Geburtenbeschränkung und wahrscheinlich sehr viel mehr Arbeitslose als heute. Also gibt es Arbeitslose, sage ich rasch. Er nickt. Aber sie seien nicht registriert, sagt er. Und dann fragt er mich, ob es richtig sei, daß Tunesien den höchsten Lebensstandard im ganzen Maghreb habe. Und ich bestätige es ihm. Zögernd, etwas unsicher, und ich muß dabei an Algerien denken mit seinen sagenhaften Reichtümern und seiner sagenhaften Armee, und als hätte er meine Gedanken erraten, sagt er: Irgendwann werden wir wie die Algerier sein. Sie werden kommen, und das wird dann das Ende sein.

Und da war sie wieder. Die Angst. Drüben in Marokko. Und hier in Tunis. Immer diese gleiche Angst. Und die zögernde Hoffnung, daß dann diese Zukunft beginnen würde, von der sie alle träumen in diesen nordafrikanischen Staaten; und die sie nicht beschreiben können, weil sie nicht wissen, was dann sein wird. Aber die Angst war da; die konnten sie beschreiben. Die Angst hieß: Sozialismus. Radikalismus. Und wer den Schutt von Tunis sieht, diesen Schutt der großen Geschichte und kleinen Geschichten, der weiß, daß die Summe der Erfahrungen, die diese Menschen geprägt haben, sie untauglich macht für beides.

Das hier, sagte der junge clevere Mann, als er tatsächlich darauf

Vögel schreien in Tunis

bestand, die Rechnung für uns beide zu bezahlen, das hier ist der neue Mittelstand, den wir jetzt haben. Das hat es noch vor ein paar Jahren nicht gegeben. Das hat Bourguiba zustande gebracht. Und wenn ich mich in diesem merkwürdigen Restaurant, das noch keines war, in dem man noch sozusagen illegal sein Steak und seinen Fisch aß, dann sah ich junge Menschen. Mädchen im Mini. Burschen mit aufgerollten Hemdsärmeln. Da war Sachlichkeit und rasches Essen und fast so etwas wie Kumpelgeist. Nichts mehr von dieser arabischen Müdigkeit und Melancholie. Das hier war tatsächlich eine neue Generation. Sekretärinnen wahrscheinlich und junge Beamte aus den zahlreichen Ministerien rundum. Junge, clevere Männer. Wie mein Gastgeber. Sie dürfen nur nie nach Europa gehen, um dort Arbeit zu suchen und Menschen zweiter Klasse abzugeben.
Tunis. Bald würde ich weiterfahren in den Süden. Man hat mir versprochen, einen zuverlässigen Chauffeur zu besorgen; und einen Wagen, der nicht älter als drei oder vier Jahre ist. Wir werden sehen. Im Hotel klagt mir noch eine sechzigjährige Witwe aus Grenoble ihr Elend; daß nicht einmal sie sicher sei vor der Zudringlichkeiten dieser schrecklichen Leute hier. Ich tröste sie damit, daß ich ähnliche Klagen auch schon in Italien und sogar in mitteleuropäischen Gebirgstälern gehört habe. Aber sie glaubt mir nicht. Nie mehr Tunis, sagt sie empört.
Und dann der Morgen, an dem ein junger Chauffeur mit einem völlig neuen Wagen vor dem Hotel auf mich wartet. Dann noch einmal das Labyrinth der Straßen über den Belvedere-Hügel hinab, noch einmal das infernalische Geschrei der Vögel in den Bäumen auf der Avenue Habib Bourguiba, die Menschentrauben am Bab el Bahar, die kleinen flinken Schuhputzer mit ihren fröhlichen Obszönitäten auf den Lippen, die müden alten Männer mit den schweren Bündeln der noch druckfeuchten Zeitungen im Arm, die auffälligen Touristengruppen mit ihren herabbaumelnden Photoapparaten. Und dann noch ein letzter Blick zurück zur Kuppe der Kasbah, zurück nach Tunis. Schon stehen hier im Süden die ersten Kamelherden geduldig im Steppengras; wie kleine, stoische Elefanten vor einem grenzenlosen Hintergrund.

Die Laszivität des Glaubens

Immer das gleiche Bettelkind zwischen den Stühlen der Cafés, zwölfjährig, vierzehnjährig, aber bildhübsch in seinen schmutzigen Lumpen. Immer die gleichen Hübschlerinnen schon gegen zehn am Vormittag im weit geöffneten Tor zum Bordell neben der Porte de Tunis, diese Beduinenweiber mit ihren tätowierten Gesichtern, blau, violett und manchmal auch rosafarben. Immer das gleiche durchtriebene tunesische Trinkgeldgrinsen im Aghlabides-Hotel. Immer die gleichen Gesichter der Touristen im großen Sonnenhof der Okba-ibn-Nafi-Moschee, ratlos, neugierig, ungläubig. Und immer der Duft frischen Brotes über der Medina. Man gewöhnt sich rasch an Kairouan. Vor einigen Nächten war das letzte Unwetter über die Stadt und die Steppe rundum niedergegangen. Der herabpeitschende Regen hat faustgroße Löcher in die Mauern geschlagen; der Sturm die schlecht vermauerten Ziegel von den Balkonen gefegt. Und die Touristen in ihren Nachthemden waren wie große, bleiche, zitternde Schafe in die Halle gelaufen; dort haben ihnen dann die grinsenden Kellner ungerührt Wein und Schnaps verkauft. Am anderen Morgen war die Hitze gekommen wie ein Hammerschlag. Und jetzt steht die afrikanische Sonne seit Tagen am wolkenlosen Himmel.
Ich warte immer noch auf eine Einladung von Madame X., die mit ihren beiden lasziven Töchtern manchmal ins Hotel herüberkommt und hier vorsichtig ihre Limonade schlürft. Ich habe einen Soldaten geliebt, einen deutschen Soldaten, hat sie mir einmal errötend gestanden. In den Jahrzehnten dazwischen hat sie Karriere gemacht. Ihr Mann bekleidet einen Regierungsposten in der Hauptstadt und kommt nur alle paar Wochen von Tunis nach Kairouan herunter. Sie nimmt das gelassen hin; und ist immer noch eine hübsche Frau. Ihre Töchter raffen die engen Röcke, starren mit weitaufgerissenen nachtschwarzen Augen scheinbar ins Leere und stellen in aller berechnenden Unschuld zur Schau, was einen arabischen Mann hier

Die Laszivität des Glaubens

im Süden schon verrückt machen kann. Geschichten aus Kairouan; amüsant manchmal; und manchmal... In der Bir Barouta, drinnen in der Altstadt, trabt ein riesiges Kamel durch eine kleine Kammer im oberen Stockwerk. Eine schmale, seit Jahrhunderten ausgetretene Treppe führt hinauf. Dem Tier hat man mit bunten Tüchern Augen und Ohren verbunden. Ein kleiner Strohhut vervollständigt diese traurige Karikatur. Als ich zum ersten Mal zur Bir Barouta kam, stellte ich mich an, denn schon standen am frühen Vormittag die gläubigen Moslems aus allen Teilen des Landes geduldig vor der Treppe. Man wollte mir Platz machen; man hat Zeit, hier, am Rand der Wüste. Oben knarrte ein Wasserrad. Daran das Tier, blind und taub und rundum im Kreis. Immer im Kreis. Treuherzig erzählt der junge Gehilfe den verrückten Touristen, die manchmal beinah unter die Hufe des Kamels kriechen, daß man natürlich auch nachts das Wasserrad laufen lasse; und er taucht unverdrossen seine irdenen Näpfe, die er neben sich gestapelt hat, in das heraufquellende Wasser und reicht sie dann den Gläubigen, die begierig und hoffnungsfroh daraus trinken. Dann legen sie eine Münze auf den Rand des Brunnens, und das Kamel, blind und taub und immer im Kreis, trabt mit seinem »Goldenen Vlies« um dieser Brunnen.
Bis vor einiger Zeit war es verboten, hier zu photographieren, sagt der Gehilfe zu mir. Aber man muß einfach Eintritt verlangen. Das macht die Sache wieder gut. Er hat ein paar deutsche Sätze auswendig gelernt: Kommen Sie näher. Haben Sie nicht Angst. Jetzt zahlen Sie ein wenig.
Und das ist dann fast alles, was an das heilige Kairouan von einst erinnert. Vier Wallfahrtsstädte hat der Islam gehabt. Mekka und Medina. Jerusalem und Kairouan. Als sie zum dritten Mal aufgebrochen waren, westwärts, im Namen ihres Propheten und für einen heiligen Feldzug, fanden die Araber endlich den Ort, an dem sie eine Hauptstadt errichten konnten. Zu Füßen Okba ibn Nafis, ihres Feldherrn, öffnete sich plötzlich die Erde, und eine Quelle trat hervor. Ein goldener Becher, der in Mekka verlorengegangen war, schwamm auf dem Wasser. Und weil das alles am Schnittpunkt wichtiger Karawanen-

wege lag, nannten sie den Ort Kairouan. Heute erzählen die europäischen Reiseleiter und die einheimischen Halunken, die mit den Fremden ihr Geld machen, daß Kairouan »befestigter Ort« heiße. Heute treibt ein blindes und taubes Kamel das große Rad an, mit dem das Wasser aus dieser heiligen Quelle geschöpft wird. Heute kriechen die Touristen mit ihren Blitzlichtern durch diese Bir Barouta. Heute trinkt man das Wasser aus einem irdenen Napf und bezahlt mit einer kupfernen Münze. Das ist alles. Geschichten aus Kairouan.
Immer wieder wandere ich unter dieser Sonne, die wie ein bösartiger Wachhund am Himmel hängt, rund um die tausendjährige Stadtmauer. Vorbei am Märtyrertor, dann die alte Koranschule neben der Zauia von Sidi Abid el Ghariani mit diesen merkwürdigen Kuppeln und Säulengängen. Dann die Bir Barouta und das monotone Knarren des Wasserrades. Dann die Bab el Djedid, und draußen vor der Stadt in einer kleinen Senke die Zauia des Sidi Sahib, die Moschee des Barbiers, die man über dem Grab des Abu Djama el Balaui errichtet hat; über dem Grab eines heiligen Mannes, der drei Haare vom Barte des Propheten besessen hat. Jetzt hocken dort nur trübsinnig die Andenkenverkäufer und Teppichhändler, die illegalen Fremdenführer. Sie warten geduldig auf Kundschaft, zehn, zwölf Stunden am Tag. In der Medina dann wieder der kühle Schatten. Die Gerüche des Lebens. Die verwirrenden Beispiele des Lebens. Die weißen Striche der Mädchen und Frauen im Sifsari, im Schleiergewand, das sie mit den Zähnen festhalten; aber darunter tragen sie hier in der Stadt schon europäische Kleidung. Dazwischen immer wieder bettelnde Bauern, zerlumpte Kinder, hagere Beduinenweiber in ihren schmutzigen Umhängen. In diesem Winter hat es schwere Überschwemmungen gegeben. Und die obdachlosen, verarmten Bauern; die Beduinen, deren Zelte zerstört sind; die Schafhirten und Kameltreiber, deren Weiden verwüstet sind. Alle sind sie jetzt in die Städte gegangen, in denen ihnen auch niemand helfen kann. Im Süden stehen Hunderte Zelte; windschiefe Strohhütten; manchmal aber auch nur noch Fetzen, nur noch ein Erdloch, worin man sich nachts verkriecht vor der Kälte. Und

Die Laszivität des Glaubens

der Duft des frischen Brotes in der Medina macht diese Leute verrückt. Dann tanzen sie mit ihrem kreischenden, hysterischen Gelächter auf einen zu. Am Vormittag in der Altstadt in einem Café hat ein halbverhungerter Bauer den Kellner um eine Zigarette angebettelt. Der Kellner hat sie ihm gegeben. Er warf sie in die schmale, von Menschen wimmelnde Gasse; und es dauerte nur ein paar Augenblicke, bis sie völlig zertreten war. Die Medina kocht über. Wie viele Menschen leben eigentlich hinter diesen rostroten Ziegelbarrikaden der Stadtmauer? Siebzigtausend, achtzigtausend?
Am Nachmittag darf ich wieder ein paar Worte mit Madame X. wechseln. Ihr Gesicht erinnert mich an einen schönen Schlangenkopf. Und die beiden Töchter sitzen im Hintergrund der großen Hotelbar, stumm und aufregend und mit diesen gefährlichen Kniekehlen und jungen Schenkelansätzen, von denen man den Blick nicht abwenden kann. Ich darf Limonade bestellen. Wir werden von fast allen Kellnern des Hotels bedient. Sie riechen, schmecken diese Madame X. schon, wenn sie noch über die Straße kommt. Ob ich schon in der Großen Moschee gewesen sei, fragt sie. Sie spricht ein langsames, lange vergessenes Deutsch. Ich möchte sie nach ihrem Liebhaber fragen; und wie alt sie damals gewesen ist. Fünfzehn oder sechzehn, kaum mehr, wenn dieses alterslose Gesicht vor mir nicht lügt. Ich erkläre ihr, daß es nicht so einfach ist, in eine Moschee hineinzukommen; als Ungläubiger. Ach ja, sagt sie und schlürft ihre Limonade und versinkt in nachdenkliches Schweigen.
Die Große Moschee; unter dem Feldherrn und Stadtgründer Okba ibn Nafi ist sie erbaut worden. Jeden Tag mindestens einmal treibe ich mich im großen Sonnenhof herum, in den schattigen Kolonnaden, die den Sonnenhof im Geviert umschließen; ich rauche meine verbotenen Zigaretten neben dem Minarett; ich liege auf den von der Sonne erhitzten Steinen; ich knie an den Brunnen mit den merkwürdigen Rinnen und Vertiefungen, die teilweise von den Ketten stammen, an denen man die Wasserkrüge in die Tiefe gelassen hat. Und später wird mir Abdullah, der alte Moscheewächter, kichernd erzählen, welchen Unsinn die Reiseführer berichten. Staunend stehen

nämlich immer die Touristen im großen Sonnenhof vor einem der Brunnen und bewundern kleeblattförmige Vertiefungen im Gestein. Das seien die rassigen Rosse der arabischen Helden gewesen, erzählen wichtigtuerisch die Fremdenführer; und die Rosse hätten sich so gegen den Stein des Brunnenrandes stemmen müssen, um die Ungeduld ihrer Herren zu zügeln, daß allmählich der Abdruck der Hufe sichtbar geworden sei. Geschichten aus Kairouan. Die Vertiefungen hat man angebracht, als man den Brunnen baute; damit das hineinsickernde Regenwasser filtriert wurde.

Abdullah ist sechzig oder siebzig, ein strenger Hüter seines Hauses. Manchmal verscheucht er ganze Touristengruppen, wenn sie zu nah an den heiligen Gebetssaal herantreten. Und als ich selber zum ersten Mal hineinstarrte in diesen Wald von kühlen Säulen und glitzernden Lustern, deren Einzelstücke wie riesige Tropfen herabhängen vom dunklen Holzhimmel der Moschee, da begriff ich schon seine Vorsicht. Seine Gewissenhaftigkeit. Es sind die Säulen, die einem den Atem verschlagen. Säulen aus dem römischen Karthago und aus der Aghlabidenzeit. Säulen mit christlichen Symbolen und aus Marmor oder Porphyr; Dutzende Säulen. Ein Wald aus Säulen. Säulen, die so nah beieinanderstehen, daß ein dicker Mann nicht mehr hindurchkommt; das ist die unerläßliche Prüfung fürs Paradies. Und wenn erst einmal die Girlanden der Lichter aufflammen in diesem kühlen, dunklen Gebetssaal, dann braucht man nicht sehr gläubig zu sein, um etwas vom Mysterium einer Religion zu spüren. Ich habe mich jeden Tag mit Abdullah unterhalten. Ich habe ihn zu bestechen versucht. Aber er hat kein Geld genommen. Am dritten Tag, gegen Mittag war es, hat er mich hineingelassen. Ich streifte die Schuhe von den Füßen und trat auf die weichen Teppiche, die wahrscheinlich in allen Währungen der Welt ein Millionenvermögen kosten. Ich tastete mich zwischen diesen blanken Stämmen der Säulen hindurch; und das war wie in einem Wald; wie unter freiem Himmel; wie in einer Landschaft, von der man nur träumen kann... weil es sie in Wahrheit nicht gibt.

Jetzt besuche ich ihn jeden Tag. Diesen Abdullah. Dieses kno-

Die Laszivität des Glaubens

rige, zerfurchte, rotbraune Greisengesicht, aus dem zwei flinke Schneidezähne noch hervorragen, immer bereit zuzustoßen, wenn wieder einmal eine dieser lästigen Touristengruppen zu nah an den Gebetssaal herankommt. Manchmal fragt er mich, warum ich nicht an den einzigen wahren Gott glaube. Ich glaube, erkläre ich ihm dann immer zögernd. Aber ich wisse nicht mehr so recht, woran. Wohin ich auch komme, überall gebe es andere Götter. Dann schüttelt er den Kopf und macht ein ernstes Gesicht. Es gibt nur einen Gott, sagt er. Nur einen Gott. Nur einen Himmel. Und nur eine Sonne. Das ist nicht schwer zu verstehen. Nein, sage ich dann, aber daran zu glauben sei schwer. Und manchmal läßt er diese Lichtergirlanden aufflammen im Gebetssaal, diese ruhigen, strengen Schnüre aus waberndem Licht, die, wenn man nur lange genug hinstarrt, wie Fäden aus uraltem Gold zwischen den Säulen hängen. Und draußen stürzt die Sonne unaufhörlich auf den Sonnenhof mit der uralten arabischen Sonnenuhr und den Brunnen mit ihren rätselhaften Vertiefungen und Rillen. Welch eine Welt, wenn dann das Schlurfen der Touristenschritte und das Falsett der Fremdenführer hereinweht wie aus einer anderen Zeit.
Nein, sage ich jetzt im Hotel, und Madame X. sieht mich aufmerksam an, als müßte sie ihr längst vergessenes, geliebtes Deutsch von meinen Lippen ablesen. Nein, sage ich, das ist so gut wie ausgeschlossen. Ein Ungläubiger kommt nicht in den Gebetssaal. Und dann frage ich sie endlich, und ich komme mir sehr roh vor dabei. Und ich schäme mich, weil ich mich anstrengen muß, nicht immer diese kleinen lasziven Kniekehlen und diese schimmernden Schenkelansätze ihrer Töchter anzustarren. Und dann frage ich sie also endlich, wie das gewesen sei. Damals. Mit diesem Soldaten aus Deutschland. Und sie wendet mir ihren schönen Schlangenkopf zu; und ich sehe natürlich, daß sie immer noch eine begehrenswerte Frau ist, auch wenn dieses Gesicht, diese große arabische Brust, dieser ausgehöhlte und wahrscheinlich unbefriedigte, trotz allem unbefriedigte arabische Bauch — auch wenn das alles füllig geworden ist; und sie lächelt und winkt den Kellnern, die herbeistürzen wie kleine, habgierige Köter.

Tunesien

Am Abend, nach dem langweiligen Dinner mit den erschöpften Touristen und ihren mäkelnden und ratlosen Gesprächen, verkrieche ich mich mit einer Flasche dieses schweren, trockenen tunesischen Weins hinaus in den Garten. Die Sterne stehen wie riesige Leuchtuhren am südlichen Himmel. Ibrahim, der älteste und vernünftigste der Kellner, ein kleiner, kluger Wicht mit eisgrauem Schädel, kommt zu mir hinaus; steht ein paar Augenblicke stumm neben mir. That's no good, sagt er dann in seinem kehligen Pidgin-Englisch. Das ist nicht gut, sagt er, wenn man sich mit fremden Leuten beschäftigt. Und in einigen Tagen wird Bourguiba in die Stadt kommen. Und mit ihm natürlich auch viele Regierungsbeamte. Er macht eine kunstvolle Pause und stelzt dann auf seinen kleinen, krummen Beinen davon.

Geschichten aus Kairouan. Immer die gleichen Stationen. Nach ein paar Tagen, nach einer Woche schon immer die gleichen Gesichter, Schicksale und Straßen. Der Weg hinein am frühen Vormittag zum Märtyrertor und in die Medina; und immer hocken unterwegs vor dem Amt für direkte und indirekte Steuern die ratlosen Bauern und kleinen Grundpächter, die Hand in der zähen Wolle ihrer Schafe neben sich; oder einen Sack voll Getreide, auf dem sie kummervoll sitzen; oder in den braunen, abgearbeiteten Händen ein paar farbige Geldscheine, die wie große bunte Lumpen aussehen. Dann das alte bucklige Weib vorn an der Überlandstraße, von dem man nur die bettelnde Hand aus dem verdreckten, zerknitterten Sifsari heraushängen sieht; dann der kleine Ali mit seinem erstaunlichen Geschäftssinn, und immer, wenn er die Touristen zögernd und unsicher am weiten Märtyrerplatz herumstehen sieht, stürzt er auf sie zu und fragt sie in allen Sprachen der Welt nach der Uhrzeit. Er verkauft nämlich im Auftrag eines Vetters geschmuggelte Uhren; oder vermietet im Haus seines Vaters dumpfe, verwanzte Zimmer; oder treibt den Garküchen entlang der Überlandstraße hungrige Gäste zu. In ein paar Jahren, hat er mir einmal voll Stolz erklärt, wird er nach Tunis gehen und dann Mädchen vermitteln; das sei ein besseres Geschäft als Uhren. Und ohne Risiko. Und dann die gewundenen Gassen

Die Laszivität des Glaubens

und Pfade durch die Medina, dann die Gerüche, die Hallen und Marktstände, die flinken Seiler mit ihren altertümlichen Arbeitsmethoden, die Tuchweber mit ihrem rasenden Arbeitstempo an den ratternden Maschinen, die keuchenden Lastenträger, die manchmal ein Vermögen an Teppichen auf ihren gekrümmten Rücken einherschleppen; und dann die Souks mit den Gemüsehändlern, Fleischern oder Schuhmachern, und einmal kroch ich in eine dieser erbärmlichen Höhlen hinein, in denen die Schuhmacher sechzehn, siebzehn Stunden lang mit untergeschlagenen Beinen oder auch kniend arbeiten müssen für ein paar Groschen, die schon der Portier in den Luxushotels in Tunis nur noch widerwillig einsteckt. Und ich kroch da hinein und konnte nicht mehr hoch, weil ein normalgewachsener Mann in diesen Arbeitshöhlen und Schlaflöchern nicht einmal mehr aufrecht stehen kann. Manchmal schimmert durch eine winzige Scheibe etwas Licht herein; manchmal muß das trübe Licht einer flackernden Lampe genügen. Geschichten aus Kairouan. Und wer glaubt, daß er noch das stampfende Dröhnen Tausender Pferdehufe hört, daß er die Staubfahnen der arabischen Heerscharen am Horizont wie Wolken wehen sieht, daß die Geschichte ihm die Wahrheit erzählt über Aufstieg und Heldentum dieses Volkes: der ist ein Narr. Die arabischen Märchenerzähler sind verschwunden. Die Helden in ihren unbekannten Gräbern verdorrt und verfault. Und im großen Bassin, das die Aghlabiden vor mehr als tausend Jahren errichtet haben, liegen heute abgewrackte Autos und baden ein paar schmutzige Enten. Das Bordell öffnet um zehn. Und die Preise der berühmten Teppiche von Kairouan werden staatlich festgesetzt; auch in der Medina, was die Touristen freilich immer noch nicht wissen. Und nicht einmal meine Madame X. mit ihrem trägen, schönen Schlangengesicht hat die Zeit zurückdrehen können; schon ist ihr Mann, der Regierungsbeamte, unterwegs nach Kairouan. Und draußen in Raccada, nur einige hundert Meter neben dem uralten Rekada mit seinen verschütteten Palästen und riesigen Trinkwasserbassins aus der Heldenzeit der Aghlabiden, ziehen sie frische Wäsche auf für den näherrückenden Besuch des Staatspräsidenten.

Dann redet er im Fernsehen. Bourguiba. Der Vater der Nation. Ein exzellenter Komödiant und jähzorniger Zwerg. Und das vor dem Fernsehschirm versammelte Personal draußen im Aghlabides-Hotel klatscht sich vor Vergnügen auf die Schenkel oder wischt sich die melancholischen Tränen aus den Augen oder heult kriegslüstern auf; das kommt ganz auf die Tonart an, die Bourguiba jeweils anschlägt. Am Nachmittag war ich noch bei Abdullah in der Großen Moschee. Er hat nur wenig Zeit für mich gehabt. Ich durfte auch nicht in den Gebetssaal hinein. Ein ausländischer Pilger, vornehm, wahrscheinlich reich, war angekommen. Siebenmal, sagt Abdullah eifrig, muß man nach Kairouan kommen, dann braucht man nicht nach Mekka zu gehen. Siebenmal nur. Das genügt schon. Und er drängt mich freundlich zur Seite. Der Besuch Bourguibas interessiert ihn nicht.

Und am nächsten Tag tobt die Stadt schon am frühen Morgen. Sie kommen auf Lastwagen, Beduinen und Bauern, staubbedeckt, erschöpft von der langen Anreise und halb verdurstet; und sie kommen auf Mauleseln, Pferden und Kamelen; sie kommen dichtgedrängt auf den zweirädrigen Karren oder einfach zu Fuß. Sie kommen und singen und tanzen und sind wie verrückt, und die Sonne steht wie eine riesige gelbe Flamme am Himmel. Dann die Musikanten. Eine Zoukra-Flöte und zwei Tabel-Trommeln. Und der Vorsänger. Vortänzer. Wüste Figuren, hager, schnauzbärtig, von der Sonne verbrannt. Dutzende von Musikanten. Hunderte von Musikanten. Und sie hüpfen mit ihren schrillen Melodien und dem wütenden Stakkato der Tabel-Trommeln durch das schiebende, stoßende, dichtgedrängte Volk, und ich erkenne einen Flötisten, der für gewöhnlich im Bordell aufspielt; und dann sehe ich einen hünenhaften Tabel-Trommler, der den Beduinen draußen in der Steppe die letzten Kupfermünzen aus der Tasche zieht. Aber heute sind sie seriös und spielen zur Ehre Bourguibas; und zur eigenen Freude. Reich geschmückte Araberpferde tauchen in der Menge auf. An der Porte de Tunis kommt es zu einer beängstigenden Keilerei, weil ein Schimmel nervös wird. Und immer noch drängen die Lastwagen durch die dichten Menschentrauben. Und immer noch

Die Laszivität des Glaubens

strömen neue Musikanten in die Medina; Leute aus dem tiefen Süden; Beduinen vom Rand der Sahara; Männer aus den Ergs; und dann die Berber mit ihren merkwürdigen, atemberaubenden Hüpf- und Springtänzen, uraltes Erbe einer untergegangenen Kultur; dazwischen Gruppen, die einen fast klassischen Sirtaki tanzen, daß man für ein paar überraschte Augenblicke lang glaubt, tatsächlich auf Kreta zu sein oder sonstwo in der einsamen Ägäis. Dann die Veteranen des Befreiungskampfes gegen die Franzosen; Blechmusik und Lautsprecherwagen; wieder Reiter, die Flinte quer am Rücken, den Dolch mit dem geschwungenen Knauf im farbigen Gürtel, der Holzsattel roh und hart, die Steigbügel aber aus Silber. Militär ist aufgezogen und bildet einen Kordon. Polizei stemmt sich fluchend gegen die wogende Menge. Offiziere, denen die Orden wie gefallene Sterne an der mageren Brust baumeln, stolzieren ein paar Meter über einen freien Platz, werden aufgesogen von den Menschenmassen. Und später sehe ich einige von ihnen mithüpfen bei diesen wahnwitzigen Berbertänzen, die man mitmachen muß bis zur Erschöpfung; oder vor denen man davonlaufen muß. Und an der Porte de Tunis haben sich jetzt auch die Hübschlerinnen aufgestellt; sittsam den Sifsari um die tätowierten Gesichter geschlungen. Madame X. am Arm eines pferdegesichtigen Menschen; dahinter die beiden lasziven Töchter; auch sie heute im Sifsari. Staub wirbelt auf, verdichtet sich zur Krone über der Medina, formt sich zu phantastischen Wolken unter der wütenden Sonne. Und dann die ersten Flintenschüsse, das dumpfe Donnern der uralten Böller. Von irgendwoher sind plötzlich die Gaukler gekommen; Feuerschlucker, Eisenbieger und die Zigeuner mit ihren Wahrsagerinnen. Der Lärm wächst. Drinnen in der Medina haben sich einige Berber-Musikanten zu einer einzigen Spielgruppe vereint. Das hier ist kein Tanz mehr. Das ist Wahnsinn. Der Schweiß trieft den Männern von der braunen Stirn. Ihr Atem keucht, weht fast schon flockig vom verzerrten Mund. Einige haben die Augen verdreht. Einige tanzen, den Körper nach hinten gebeugt, daß der Kopf beinah die Straße berührt. Einigen Trommlern sind die Turbane aufgegangen. Und dazwischen

die Taschendiebe mit ihren flinken Fingern und flinken Augen. Wieviel Menschen? Hunderttausend? Hundertfünfzigtausend? Dann gehe ich ins Hotel zurück; wandere quer durch die schwitzenden, exaltierten, verrückten, fröhlichen Menschen. Aus der Stadt schrillen die Flöten; pocht der harte Trommelschlag. Die Sonne zieht tanzende, glühende Kreise am Himmel. Wann kommt endlich Bourguiba?
Und im Aghlabides-Hotel haben sie einen riesigen Teppich aufgelegt. Die Eingangshalle duftet nach Naphthalin. Die Touristen hat man hinausgeworfen. Bourguiba wird kommen. Da braucht man keine Touristen.
Und ich setze mich in der wunderbar kühlen, wunderbar nach Naphthalin duftenden Eingangshalle in einen Ledersessel und warte mit diesen merkwürdigen Arabern geduldig auf den Vater der Nation.

Die legalisierte Prostitution

Ein spaßiges Volk, das seien sie. Und sonst nichts. Und manchmal nicht einmal das. Nur eine Horde von mittelmäßigen Spaßmachern und krawallisierenden Affen. Spaßmacher, die glauben, eine Nation zu sein. Und die dem lächerlichsten ihrer Clowns zujubeln, als wäre er ein Halbgott. Aber während sie noch jubeln, gehen sie auch schon zugrunde. Und merken es nicht einmal.
Das war auf Djerba. In einer obskuren Kneipe, die »Ali Baba« geheißen hat. Und der das gesagt hat, war ein Mann von neunundzwanzig Jahren; und sein Gesicht war das einer traurigen Maus, die sich hinter einer großen Nickelbrille versteckt. Und die Kneipe war nur eine Station auf dieser langen Reise durch die tunesische Nacht gewesen. Und der Mann, der mit leiser, flacher Stimme immerzu geredet hat, als ob das seine letzte Nacht wäre, hat Mustafa Makoussi geheißen. Und manchmal, wenn ich heute an ihn denke, steht plötzlich dieser Schmerz auf, den man für etwas empfindet, von dem man geglaubt hat, man habe es nie gemocht; oder es gehe einen nichts an. Ein Schmerz, der ein Irrtum ist oder auch nur ein Alptraum.
Aber wer nach Djerba kommt, sucht nicht den Schmerz; und erst recht nicht das, was er für die Wahrheit hält. Den Traum, den man immer schon gehabt hat; die Landschaft, von der man immer schon geträumt hat, das schon. Sonst nichts. Palmen natürlich. Und das Meer, so blau wie auf diesen schrecklichen Ansichtskarten, die man gedankenlos unterschreibt und dann doch nie absendet. Und der Sand, der einem wie leicht gefärbtes Mehl zwischen den Fingern zerrinnt. Nachts diese dicht gestaffelte Parade der Sterne, die hier im Süden den Himmel wie ein Zaun aus Maschendraht umschließen; dann vielleicht noch das schmatzende Geräusch des Meeres; die nervösen Signale der Leuchttürme; und manchmal sogar das dünne Pfeifen des Windes. Und wenn man auf die Plattform des Kuppelhauses steigt, in dem man wohnt, glaubt man, diesen dünnen Pfeifton

an den Schläfen zu spüren; oder eigentlich hinter den Schläfen. Das ist es! Hinter den Schläfen hämmert es dann. Der Wind hier, er hat eine Stimme. Man erinnert sich noch lange daran. Und das will man haben. Und natürlich den Swimming-pool. Und vielleicht auch noch das arabische Café mit dem kostümierten Kerl darin, der immer seine Flöte malträtiert, wenn ein paar Touristen auftauchen. Und die Frauen, die nach Djerba kommen — das ist etwas anderes. Sie wollen nur diese eine Sache haben, von der sie alle träumen. Sonst nichts; nur diese eine Sache. Und eigentlich könnte es ihnen völlig gleichgültig sein, wer das ist, der ihnen diese Sache ordentlich besorgt. Aber sie wollen beides. Die Sache und Djerba. Und das heißt: sie wollen die Sache und einen Tunesier, der die Sache mit ihnen macht. Vielleicht ist das so, weil... Träume, für die man bezahlt hat, vergißt man wieder. Und das, was zurückbleibt, geht einen nichts an. Der Ekel. Die Empörung. Die Demütigung. Und diese lange Nacht, die über Tunesien steht wie eine schwarze Fahne. Man säubert sich die Haut, die ein paar Nächte lang schmutzig geworden ist. Man säubert sich. Man fliegt zurück. Und man vergißt. So einfach ist das. Manchmal wenigstens.
Das werde ein schlimmes Jahr sein für Tunesien, hat Mustafa Makoussi gesagt. Das war noch im »Al Djazira«, in diesem schrecklichen Schlafsilo für die Touristen; das war später schon im »Ali Baba«, wo eine holländische Krankenschwester diesen hysterischen Zusammenbruch gehabt hat, weil sie am nächsten Tag zurück nach Amsterdam mußte; und vielleicht auch, weil sie bemerkt hat, daß die tunesische Sexmaschine, mit der sie jetzt ein paar Tage lang zusammen gewesen war, schon eine Nachfolgerin gefunden hat. Und die Krankenschwester aus Amsterdam hat wie verrückt geflennt. Und Bobo, der Gorilla, der eigentlich nur ein simpler Gimpel aus Houmt Souk ist, ein Automechaniker, den sie seit ein paar Monaten in der Kellerbar des Menzelhotels die Platten auflegen lassen und der mit den europäischen Frauen über vierzig tanzen darf, er hat hier im »Ali Baba« mitten auf die Tanzfläche gepinkelt. Und geschrien. Er hat irgend etwas geschrien. Daß er auch ein Mensch

Die legalisierte Prostitution

sei oder solchen Unsinn; und über seinen dichten schwarzen Schnauzer ist der Whisky geflossen, den ihm irgendeine blonde Nutte aus Deutschland schon den ganzen Abend hindurch spendiert hat. Und dann hat es plötzlich nach Krawall ausgesehen. Und der dicke Kastrat, der mein Taxichauffeur gewesen ist in dieser einen Nacht und mich wie eine verängstigte Amme behandelt hat, er hat jetzt seine Augen gerollt und ist wie ein japanischer Ringkämpfer aufgetreten. Aber dann haben sich alle wieder beruhigt. Sie haben ihren Whisky getrunken, ihren tunesischen Sekt; sie haben das alles getrunken, was ihnen die Mädchen gezahlt haben; sie haben wieder getanzt und die Haut aneinander gerieben. Und auch die Krankenschwester aus Amsterdam hat sich wieder beruhigt und allen erklärt, daß sie den Kerl jetzt endlich heiraten werde, der in Amsterdam auf sie warte. Aber geflennt hat sie immer noch. Und später ist sie mit einem jungen Tunesier verschwunden, den ich nicht gekannt habe.
Das werde ein schlimmes Jahr sein für Tunesien, hat Mustafa Makoussi ein drittes Mal gesagt. Die Geschichte mit der Cholera werde man natürlich vergessen haben. Und das mit den steigenden Preisen auch. Nur eine ordentliche Überschwemmung jetzt im Winter könne noch etwas dazutun, daß noch einmal die Cholera komme. Er hat mir ins Gesicht gelacht, als er gesehen hat, wie erstaunt ich gewesen bin. Cholera. Terror. Die Energiekrise, hat er gesagt und immer noch gelacht; das könne gar nicht dick genug kommen. Nur keine Touristen. Nur nicht zu viele Touristen. Jetzt schon müßten sie für teure Devisen Fleisch aus Kenia einführen. Milchpulver aus Italien. Konserven aus Spanien und Frankreich. Und das treibe die Preise natürlich in die Höhe. Alle paar Monate einige Prozente. Und da komme schon etwas zusammen. Nicht für die Touristen, sagte er. Die spüren das nicht. Noch nicht. Das wären die heiligen Kühe Tunesiens. Jetzt noch. Aber für die Tunesier! Er hat mich grinsend angesehn — für die Tunesier ist das gar nicht komisch. Für diese Krawallmacher und Penisfetischisten mit ihren Fünfzig-Dollar-Einkommen, wenn's gutgeht, und mit dieser schlimmen Neigung, nicht zu wissen, wohin sie eigentlich

gehören. Für die Tunesier ist jeder Tourist eine kleine Katastrophe, hat Mustafa Makoussi gesagt. Sie wissen es nur nicht. Die Tunesier nicht. Und auch die Touristen nicht. Er hat gesagt: Da ist viel zu rasch gebaut worden. Ein Hotel nach dem anderen. Viel zu rasch. Und da ist zuviel gebaut worden; und zu luxuriös. In einem Luxushotel kann man dir kein Essen vorsetzen, das nur einen Dinar kostet. Da muß man schon mit zwei und drei Dinar kalkulieren können. Aber wer absolut nichts hat, kann nicht kalkulieren. Wer nicht einmal genug Fleisch und Milch hat, kann nicht kalkulieren. Nicht einmal Bourguiba kann das. Und der kann doch alles. Er ist doch unser Chefclown. Mustafa Makoussi hat nachdenklich gesagt: Der große Clown. Aber kein Zauberer. Das ist er nicht. Und dann hat er seine Hand auf meinen Arm gelegt und gesagt: Weißt du, was dieser gerissene alte Clown bei seiner letzten Rede tatsächlich gesagt hat? Daß er gar kein alter Mann sei; daß er jetzt erst wisse, wie ein erwachsener Mann zu handeln habe, weil er gerade jetzt erst vierzig Jahre alt geworden sei. Und dabei hat dieser alte, gerissene Clown sich ans Herz gegriffen und gesagt: da hier, hat er gesagt, da hier bin ich vierzig.

Das alles hat Mustafa Makoussi gesagt. Und er ist bei weitem nicht der einzige Defätist gewesen, dem man zwischen Tunis und Djerba begegnen kann. Er war bloß derjenige, der ehrlich gewesen ist; der zugegeben hat, daß es vielleicht an den Tunesiern selber liegen könnte, wenn sie aus dieser Krise, die sie seit einigen Jahren schon haben, nicht mehr herauskommen; daß vielleicht sie selber die Ursache ihres Unglücks sind. Wir sind wie alle miserablen Schauspieler immer vom Pech verfolgt gewesen, hat Mustafa Makoussi gesagt. Wir haben immer nur Pech gehabt. Zumindest bilden wir uns das ein. Wir haben uns irgendwann einmal darauf geeinigt, diese ganze Sache mit dem Nationalismus wie eine Komödie zu spielen. Das hat Spaß gemacht; anfangs wenigstens. Wir waren immerhin die einzigen Araber, die gelacht haben. Wir haben zuerst über die Franzosen gelacht. Dann über diese fanatischen Berufsrevolutionäre in Algier. Und schließlich über den neuen Hitler, den sie in Libyen haben. Wir haben gelacht, bis uns der Bauch weh getan

Die legalisierte Prostitution

hat. Aber wir haben keine Ahnung, wie wir von dieser verdammten Heiterkeit wieder wegkommen sollen. Das ist eine Heiterkeit, verstehst du — das alles stimmt nicht mehr. Das alles hat wahrscheinlich nie gestimmt. Bourguiba freilich... der lacht immer noch. Und die reichen Grundbesitzer, die Spekulanten. Wahrscheinlich lachen die uns nur aus. Nur Bourguiba... Aber wir wissen nicht einmal, ob das nicht schon längst nur noch das Gelächter eines verzweifelten Greises ist. Du weißt schon, diese hysterische Art. Und man lacht, weil man gerade erfahren hat, daß man sterben muß. Mustafa Makoussi hat gesagt: Seit einigen Jahren haben wir ein neues Spiel entdeckt; und das spielen wir jetzt, damit wir weiterlachen können. Die Statistik. Der Lebensstandard. Wir sind besser als diese verdammt reichen Algerier. Wir sind besser als diese wahnsinnigen Faschisten in Libyen. Wir haben mehr Brot. Wir haben weniger Bettler. Das ist ein Spiel, das Spaß macht. Es stimmt natürlich nicht. Die Voraussetzungen stimmen nicht. Und die Entwicklung, die das alles nimmt, stimmt für uns auch schon längst nicht mehr. Das ist so — er hat mich angeschaut, er hat gezögert, dann hat er gesagt: Es ist so, als ob man mit falschen Karten spielte und sich freute, daß man gewonnen hat, obgleich man ganz genau weiß, daß der Gewinn nichts taugt. Aber wir lachen nur. Wir sind die Clowns des ganzen Mittelmeers. Und während wir lachen, und während uns schon jeder Muskel im Gesicht schmerzt, schnallen wir uns den Gürtel immer enger. Aber wir lachen. Wir kommen noch um vor Heiterkeit. Und die Stimme, mit der er das gesagt hat, da war zum ersten Mal etwas von dieser wilden Verzweiflung, die man manchmal hört; hier im Maghreb. Eine Verzweiflung, in der Neid mitschwingt und Ratlosigkeit. Und der Haß. Dieser Haß, der wie eine drohend geschwungene Faust ist. Aber das war nur ein Augenblick gewesen.
Später hat er gesagt: Nur wenn wir arbeiten müssen, vergeht uns das Lachen. Und du solltest einmal sehen, wie das ist zur Zeit der Olivenernte. Hier im Süden. In Gabès oder Sfax. Du wirst nur die Frauen sehen. Und die Kinder. Und natürlich diese armen Teufel, die immer arbeiten müssen. Die Dumm-

köpfe. Die Habenichtse. Aber jeder vernünftige tunesische Mann, der nur ein paar Jahre lang zur Schule gegangen ist und der sich jetzt einbildet, etwas Besseres zu sein als ein verdammter Analphabet — nein, der nicht. Das will ein Händler sein oder wenigstens ein Beamter und Verwalter. Arbeit? Das ist in diesem Land eine Angelegenheit der Dummköpfe. Damit hat ein kluger Mann nichts zu tun. Und er hat mich angeschaut durch seine komische Nickelbrille mit einem Blick, der dunkel war und merkwürdig. Dann hat er wieder gelacht. Ein gebildeter tunesischer Mann arbeitet nicht, hat er lachend gesagt. Und weil es nach dem Willen Bourguibas keine ungebildeten tunesischen Männer mehr geben darf, verfault gelegentlich auf irgendeinem abgelegenen Baum eine kleine, bescheidene tunesische Olive. Das ist alles. Und gelegentlich — so alle paar Jahre, verstehst du, und keinesfalls öfter —, da geht dann eine ganze Ernte zum Teufel. Und ein paar arme Leute werden gelegentlich noch ein wenig ärmer. Und ein paar andere arme Leute wandern manchmal aus. Und Mustafa Makoussi hat lachend gesagt: Aber daß halb Tunesien nach Europa auswandern würde, wenn man die Leute nur machen ließe, das ist natürlich schmutzige Propaganda.
Manchmal hätte ich das Gefühl, habe ich geantwortet, daß halb Nordafrika nach Europa auswandern würde, wenn man die Leute nur machen ließe.
Auch diese eingebildeten Berufsrevolutionäre drüben in Algier? hat er gefragt.
Sogar die. Und sie tun's schon. Halb Marseille ist algerisch, habe ich gesagt.
Und auch die marokkanischen Kinderschlächter, die immer glauben, sie seien das auserwählte Volk?
Auch die, habe ich gesagt. Alle. Ob mit oder ohne Erdöl. Ob mit oder ohne Allah.
Mustafa Makoussi hat nachgedacht. Dann hat er den Kopf geschüttelt. Du mußt falsch informiert sein, hat er gesagt.
Ob mit oder ohne Erdöl. Ob mit oder ohne Allah, habe ich wiederholt. Alle. Sie wollen alle nach Europa.
Mustafa Makoussi hat mir das nicht geglaubt. Wenn es dich

Die legalisierte Prostitution

interessiert, hat er gesagt, werde ich dir zeigen, warum diese Affen nicht nach Europa gehen. Auch wenn sie das Gegenteil behaupten.
Er hat meine Antwort gar nicht erst abgewartet. Er hat in die Hände geklatscht und ein paar arabische Sätze gerufen. Und alle haben ihn zuerst angeschaut, als würden sie das, was er gesagt hat, nicht verstanden haben. Und dann sind alle verstummt. Nur der Musikautomat hat noch diese amerikanische Musik geplärrt, an die man sich in Nordafrika gewöhnen muß. Der Musikautomat hat geplärrt und geschnarrt, bis einer der Tunesier ganz einfach das Kabel aus der Dose gezogen hat. Nur die Mädchen haben noch gelacht. Sie haben auf diese merkwürdige europäische Art gekichert, die einem auffällt, wenn man Europa verlassen hat. Aber weil sie verrückt nach ihren tunesischen Liebhabern gewesen sind, und weil ihnen das gefallen hat, ein paar Nächte lang wie arabische Nutten behandelt zu werden, haben auch sie den Mund gehalten, nachdem sie erst einmal begriffen haben, daß irgend etwas passieren würde. Und Mustafa Makoussi hat noch ein paar arabische Sätze gerufen; und dann hat er zu mir gesagt: Jetzt wirst du sehen, welche Art Zucker diese Affen wirklich brauchen. Und er hat auf diese freudlose Art gelacht, die einen manchmal erschrecken kann.
Ich hatte es geahnt. Sie haben diese ägyptischen Platten laufen lassen, nach denen man buchstäblich süchtig werden kann. Und da ist es dann völlig gleichgültig, ob das drüben am Atlantik in einer Hurenbude in Casablanca oder hier am Mittelmeer in einem algerischen Studentencafé passiert; oder drüben im Osten in den uralten arabischen Souks. Man wird süchtig. Die Leute werden süchtig nach dieser Musik. Sie sitzen zuerst nur da, den Kopf wie lauschend geneigt. Aber sie saugen diese vollen, dunklen, schweren, schwingenden Töne in sich ein wie ein Rauschgift. Das ist eine Sache, Musik zu hören. Und es ist eine andere Sache, in einer korrupten Kneipe diese ägyptische Musik zu hören. Und wenn man auch so gut wie nichts mit diesen arabischen Kamelreitern zu tun hat; und wenn man nur ein paar Tage lang mit ihnen ins Bett geht; und wenn man sie

schon am Geruch erkennt, den sie wie einen Ausweis mit sich herumschleppen — es wird immer die gleiche Geschichte passieren. Du hörst diese Musik. Du hörst auf zu reden, auch wenn du gerade etwas enorm Bedeutendes gesagt hast, und etwas wie Angst steigt in dir auf. Eine Angst, die man nicht beschreiben kann. Ein Gefühl, das wie ein Messer durch deinen Leib geht. Und wenn du auf der richtigen Seite stehst, wirst du das Messer in die Hand nehmen, und das wird wie unter Zwang sein. Du wirst gar nichts anderes mehr tun können, du wirst nur noch daran denken, was man mit diesem Messer anfangen kann — wenn du auf der richtigen Seite stehst.
Einer wie ich... der schließt die Augen. Und sieht ihn wieder. Diesen verfluchten Tambour. Diesen perversen Hexenmeister. Einer wie ich... das spürt man dann schon auf der Haut. Die Völker fallen in den Tritt. Und der Tambour gerbt ihnen das Fell. Und sie vergessen ihren Hunger. Und die schmutzigen Lumpen, die sie tragen müssen. Und die Parolen, die man ihnen beigebracht hat. Sie vergessen alles. Nur der Tritt stimmt, in den sie gefallen sind. Nur das Messer stimmt, das sie dir in den Leib stoßen. Einer wie ich... man darf bei dieser Musik die Augen nicht schließen. Man muß wissen, was auf einen zukommt, muß das Messer blitzen sehen, ehe es niederfährt.
Verstehst du jetzt, warum diese Affen nie nach Europa gehen werden, hat Mustafa Makoussi lachend gesagt.
Man hat nicht immer eine ägyptische Platte zur Hand, habe ich geantwortet. Aber ich habe gewußt, daß diese kleine, traurige Maus mit der Nickelbrille ganz genau informiert war. Ich habe gewußt, daß er recht hat.
Im »Ali Baba« ist es still gewesen. Danach. Man hat sehen können, was die Tunesier sich gedacht haben, nachdem sie die ägyptische Musik gehört haben. Und man hat sehen können, wie ratlos die Mädchen waren. Wie kleine, bleiche, dumme Vögel sind sie dagesessen.
Korrupt, das sind wir, hat Mustafa Makoussi gesagt. Und unaufrichtig. Und natürlich schamlos. Und arm. Sehr arm sogar. Aber das hier, das nimmt uns niemand. Das hier ist eine Waffe.

Die legalisierte Prostitution

Ich habe genickt. Ich hätte ihm das sagen können, diese Sache mit dem Tambour, diese merkwürdige Geschichte, die einem nicht mehr aus dem Kopf geht. Ich hätte ihm das sagen können, daß ich ganz genau wußte, daß da einer quer durch die Wüsten und quer durch die Länder geht und wie wild auf seiner Trommel schlägt; und daß die Völker sich schon gesammelt haben; das hätte ich sagen können.
Natürlich habe ich nichts gesagt. Natürlich habe ich nur gelacht und diesen Whisky getrunken, den ich mir selbst bezahlt habe. Natürlich war ich erschrocken; ein erschrockener europäischer Tourist auf Djerba, der nicht zugeben darf, wie erschrocken er ist.
Die Sonne dann am anderen Tag, man begrüßt sie wie einen Freund: aufatmend, fast glücklich. Der Kastrat, diese dicke tunesische Amme hat mich am frühen Morgen ins Hotel zurückgebracht. Im Osten ist schon diese graue Schraffur gestanden, aus der dann der neue Tag kommen wird. Das Meer hat gerauscht wie immer. Etwas Wind ist gewesen. Und die weißen Kuben der Hotels sind wie Oasen gewesen.
Dann, vor meinem Hotel, bin ich aus dem Taxi geklettert. Dann habe ich dem Chauffeur das vereinbarte Geld gegeben. Und dann hat mich diese dicke Amme tatsächlich umarmt. Das war nur ein winziger Augenblick. Und der Geruch, der unter der braunen Djellaba war, ist schrecklich genug gewesen.
Aber das, was dieser dicke, komische Mann gesagt hat, war gut. Mon camarade, hat er gesagt. Mon camarade...
Und dann ist auch schon groß und rot und wie ein unübersehbarer Trost die Sonne am Himmel gestanden.

Ägypten
und der geplante Hunger

Die erschöpfte Lüge

Das ist wie eine Erschöpfung, die zur Gewohnheit wird und die einen mutlos macht. Aber nach ein paar Tagen, nach einer Woche hat man sich daran gewöhnt. Und mit dieser Mutlosigkeit, die einen anfangs noch irritiert hat, schlüpft man in eine Rolle, die man nicht beherrscht, als wäre man ein Schauspieler, der sein ganzes Repertoire in einer einzigen Woche herunterspielen muß. Dabei hat man in den ersten Stunden, nachdem man angekommen war, draußen hinter Heliopolis, auf diesem verwahrlosten, schmutzigen Flughafen, der wie eine vorzeitig geräumte Baustelle ausschaut, ohnedies nur Augen gehabt für das, womit man gerechnet hat; worauf man vorbereitet gewesen ist. Da war der schmutziggraue Nil, lehmfarben manchmal und nachts schwarz wie dieser Schlamm, der jetzt nicht mehr herunterkommt, seit sie diesen Assuan-Staudamm gebaut haben. Da war die Wüste im Westen; und das war ein hellfarbener, greller Streifen, eine lodernde Woge, die wie erstarrt vor der Stadt lag. Und da waren natürlich die Pyramiden, die wie große plumpe Sterne in dieser lohfarbenen Woge schwammen und genauso unwirklich ausschauten, wie man sich das in seinen Träumen immer vorgestellt gehabt hat.
Aber man kann nicht unaufhörlich vom Hotelfenster aus die Pyramiden beobachten; man kann nicht den ganzen Tag so tun, als wäre man tatsächlich beeindruckt von etwas, das einen wahrscheinlich unheimlich beeindrucken würde, wenn sonst alles in Ordnung wäre; wenn sonst nichts wäre, das man wie einen Alptraum empfindet. Und das ist dann wie eine ungeheure körperliche Anstrengung, wenn man immer so tun muß, als hätte man nur an diese Pyramiden, an diese schwarzen Sterne da draußen gedacht; als wäre man damit zufrieden, wenn man dieses lächerliche Ritual einer Pyramidenbesichtigung mitmachen kann. Und die ganze Zeit, während sie dir höflich und routiniert erklären, was du eigentlich gar nicht so genau wissen willst, schaust du auf das Leben in dieser entsetzlichen Stadt,

Die erschöpfte Lüge

die dir bald wie eine gräßliche Lüge vorkommt; wie ein Irrtum, den du nicht begreifst. Und keuchend würgst du deinen Atem heraus und fragst dich, was sie dir verbergen; und warum sie dir nicht die Wahrheit sagen ... bis du verstanden hast, daß zuerst du ihnen die Wahrheit sagen mußt; daß sie alles das, vor dem du entsetzt zurückgeschreckt bist, als eine fast normale Existenz betrachten. Und von dem Augenblick an, da du das kapiert hast, befällt dich diese schreckliche Erschöpfung, die dann zur Gewohnheit wird. Und spätestens nach einer Woche, wenn du nicht gerade wie ein Tourist sein willst, wie jemand, der nur auf das vorgeschriebene Sightseeing reagiert — spätestens dann kommst du in Versuchung, so zu sein wie diese freundlichen Menschen; oder wenigstens so zu tun. Und sie kümmern sich wirklich rührend um dich; und du hast sie wirklich schon ins Herz geschlossen. Und irgendwann bist du dann davon überzeugt, daß sie das, was sie dir erzählen, selber glauben. Du hast dir eine ägyptische Haut über deine eigene gestülpt; und das Leben in dieser entsetzlichen Stadt schaust du dir jetzt mit Augen an, die wie getrübt sind von diesem persönlichen Glück, das dir widerfahren ist. Denn du verstehst schon: das ist leicht, genügsam zu sein, freundlich zu sein, nachsichtig zu sein ... wenn man immer ein paar Münzen in der Tasche hat; wenn man ein ordentliches Zimmer in einem vollklimatisierten Hotel gebucht hat; wenn einem der Flugschein für die Rückreise schon in der Tasche knistert.
Und das ist dann diese Erschöpfung, die zur Gewohnheit wird. Das ist dann diese Lüge, deren Harmlosigkeit dich umbringt. Und wenn du zum ersten Mal etwas Regen auf die Straßen von Kairo hast fallen sehn, dann wirst du ganz ernsthaft mit deinen Freunden darin übereinstimmen, daß man jetzt seinen Wagen am besten stehnläßt; in den ersten Tagen hättest du noch höhnisch oder auch nur verzweifelt gefragt, warum man die Straßen nicht säubere; warum man das riskiere, daß sich bei Regen all diese Straßen in morastige Kanäle verwandeln. Aber jetzt denkst du gar nicht mehr daran, solche Fragen zu stellen. Und wenn du jetzt durch eines der Arbeiterviertel gehst und die hochaufgetürmten Abfallhaufen siehst und den Schmutz

siehst und die Verwahrlosung siehst, dann wirst du kaum noch reagieren; du wirst die Leute, die in diesen Arbeiterquartieren wohnen, nur ein wenig verachten. Und du wirst nicht diejenigen zur Verantwortung ziehen, die eigentlich für diesen Schmutz zuständig sind; die es erlauben oder vielleicht sogar anordnen, daß Menschen in solchen Verhältnissen leben müssen. Und deine Freunde haben dir erzählt, daß man in diesen Arbeitervierteln nur drei oder vier Pfund monatlich für eine Wohnung bezahlen müsse; und das hast du dir rasch ausgerechnet: fünf Dollar, sechs Dollar. Und du bist beeindruckt. Aber genauso wie du dich sehr rasch an den Schmutz gewöhnt haben wirst; an die Verwahrlosung; an diese Verhältnisse hier in Kairo, die dich in den ersten Stunden und Tagen noch fast zugrunde gerichtet haben... genauso findest du nichts mehr dabei, daß diese Leute, die nur drei oder vier Pfund im Monat für eine Sozialwohnung bezahlen müssen, höchstens zehn oder zwölf Pfund im Monat verdienen. Das rechnest du dir nicht mehr aus. Und das dividierst du auch nicht mehr durch die Anzahl der Kinder. Aber du darfst ruhig annehmen, daß jede Familie in diesen Arbeiterquartieren mindestens fünf oder sieben Stück davon hat; und wenn man dann zehn Pfund oder vierzehn Dollar im Monat verdient, dann ist das eine sehr einfache Rechnung. Aber du bist jetzt schon zu lange in Kairo, um dich mit einer so einfachen Rechnung zu beschäftigen. Du bist überhaupt schon so weit, daß du auch in die Dörfer hinaus kannst; und in Sakkara draußen wirst du dir allen Ernstes die Sphinx anschauen, die sie dort haben; und natürlich diesen Ramses, diesen prachtvollen Koloß, für den sie sogar ein Steinhaus gebaut haben. Und du wirst dir, während du dich unter einem Baum, dem sie den schönen Namen »Bart des Paschas« gegeben haben, von der Sonne erholst, vom rasch herbeigeeilten Diener einen Tee bringen lassen. Und das wird dir gar nicht auffallen, daß es in diesem Land immer einen Diener gibt; oder zwei, drei... immer ein paar Menschen, die bei der Hand sind, wenn man sie braucht. Das hast du wahrscheinlich noch gar nicht bemerkt. Und das Leben wird ein paar Zigarettenlängen lang ziemlich angenehm sein; dort, in Sakkara,

Die erschöpfte Lüge

unterm Bart des Paschas. Nur das Fellachendorf, das gleich neben diesem Ramses und neben dieser Sphinx liegt, interessiert dich überhaupt nicht. Und keiner deiner Freunde würde auf die Idee kommen, es dir zu zeigen. Und das ist dann nicht Nachlässigkeit oder weil man etwas verbergen möchte... das ist einfach so. Einfach so. Und nur wenn der Wind ungünstig steht, wirst du einen feinen, ziehenden Gestank zu spüren bekommen; und nur wenn ein paar Bettler zu lästig geworden sind, wirst du dich erstaunt fragen, woher um alles in der Welt dieses Dutzend zerlumpter, schmutzstarrender Menschen jetzt aufgetaucht sei. Und dann wirst du diese schöne, lässige, ägyptische Reaktion zeigen, die du inzwischen gelernt hast. Du wirst gelangweilt mit der Hand fächeln. Und das wird wahrscheinlich genügen. Und was du nicht wissen kannst... sie haben ohnedies, weil zu viele Touristen herkommen, aus diesem Sakkara ein Musterdorf gemacht. Du freilich würdest dich davor ekeln, durch dieses Musterdorf zu gehen; du würdest wahrscheinlich entsetzt sein, wenn du die Verhältnisse in diesem Musterdorf kennenlernen müßtest; und du würdest sogar schreien; mit dieser halberstickten Stimme, die man hat, wenn einen das Entsetzen würgt; oder der Ekel.
Aber wenn man einmal so weit ist, daß man sich unter einem Baum, der Bart des Paschas heißt, wohl fühlt; und wenn man sich erst einmal daran gewöhnt hat, daß es immer einen Diener gibt, der einem den Tee bringt; der einem die Zigarette anzündet — da interessiert einen das alles nicht mehr. Die Fellachen. Die Lehmhütten. Der Morast mit den spielenden Kindern darin. Die Verhältnisse, die man nicht ändern kann; die man nicht kennt; und für die man, wenn man sie kennenlernen würde, die Fellachen selbst verantwortlich machen würde. Da erheitert einen höchstens das unaufhörliche Salutieren des Chauffeurs, der einen in seinem Wagen herumfährt; und natürlich gehört der Wagen nicht ihm, sondern einem Büro, einem Amt. Aber er salutiert, weil man ihm manchmal ein Trinkgeld gegeben hat. Und auch der Diener, der den Tee gebracht hat, salutiert. Und der Museumswächter salutiert. Und die Bettler. Und solange du ihnen nicht in die Augen schaust und dort das entsetzte

Ägypten

Flehen erkennst, mit dem sie dich bitten, ihr Leben zu unterstützen oder zu verändern oder zu verbessern — solange erheitert dich das. Du darfst ihnen nur nicht in die Augen schaun. Dann wird deine eigene bescheidene Großzügigkeit dir Spaß machen. Und jedes Trinkgeld, das du geben wirst, wird dir ein Salutieren einbringen; und das Gefühl, das man dann hat, kann schon großartig sein. Und die Scham, die dich irgendwann einmal anspringen wird wie ein Fluch — daran geht man nicht zugrunde. Am Hunger, das ja. An den Krankheiten auch. Am Elend natürlich auch. Und an der Korruption. Daran kann man schon zugrunde gehen. An der Scham, die man hat — daran stirbt man nicht.
Irgendwann erzählt dir jemand, daß der Chauffeur, der dich herumfährt, dieser Mensch, der dieses verdammte Flehen in den Augen nicht unterdrücken kann, wenn er salutiert... daß er vier Kinder habe; und ein fünftes sei unterwegs. Und daß er monatlich auf achtzehn Pfund komme. Und du erklärst völlig desinteressiert, das sei interessant. Aber später rechnest du nach. Du kommst auf dreißig Dollar. Und weil das nicht stimmen kann; weil ein Chauffeur, der vier Kinder hat und eine Ehefrau... weil man davon nicht leben kann, zuckst du die Achseln und denkst dir, das müsse ein Mißverständnis gewesen sein. Und weil die Freunde, die du hier in Ägypten gefunden hast, ordentlich gekleidet sind und gut genährt aussehen; weil du mit ihnen über so wichtige Dinge wie Lebensstandard und Autopreise und Energiekrise und Nahostkonflikt diskutieren kannst; und weil sie sich so gut wie gar nicht von dir unterscheiden; und weil du von dir selber eine gute Meinung hast... die ganze Zeit, während du das Entsetzliche siehst; die ganze Zeit, während du mit bestürzender Hartnäckigkeit weißt, daß hier etwas Unvorstellbares passiert... du redest dir einfach ein, das alles müsse ein Mißverständnis sein. Und wenn einem das gelingt, dann schafft man es auch, dieses verdammte Flehen in den Augen der Leute, die vor einem salutieren, zu übersehen.
Später erzählt dir einer deiner Freunde, daß es hier in Ägypten eine monatliche Kinderbeihilfe von drei Pfund gibt; und das findest du gut. Und aus irgendeinem Grund, den du dir nicht

Die erschöpfte Lüge

erklären kannst, bist du sogar erleichtert. Erst viel später; erst nach ein paar Tagen oder Wochen wirst du die ganze Wahrheit erfahren. Und dann wirst du auch wissen, daß dieses Kindergeld nur für die ersten beiden Kinder ausbezahlt wird; und das akzeptierst du noch, wenn du daran denkst, daß dieses Land möglicherweise an seinem Kinderreichtum zugrunde gehen wird. Aber dann erfährst du auch, daß nur Angestellte der Regierung dieses Geld erhalten. Aber da nützt einem dieses Wissen schon nichts mehr. Da ist man schon zurückgeflogen nach Europa. Da sind diese erschöpften, verwahrlosten, entkräfteten, geduldigen Fellachen einem schon aus dem Sinn gekommen; wie Wasser, das durch ein Sieb rinnt. Und wenn man nur lange genug in Ägypten gewesen ist, hat man sich sogar auf diese Weise an sie gewöhnt, die furchtbar ist. Du verstehst schon, wie ich das meine. Dann sagst du nämlich wie deine ägyptischen Freunde, daß sie selber schuld daran seien; die Fellachen; daß sie nur soundso viele Kalorien in den Bauch bekommen. Und weil du dich um deine eigenen Kalorien nie gesorgt hast, sagt dir die Ziffer, die du erfährst, nicht sehr viel; etwas über tausend. Aber du glaubst das auch; daß sie selber schuld sind. Du denkst an die vielen Kinder, über die man in den wenigen schrecklichen Augenblicken, da man sich diesen verdammten Fellachen genähert hat, immer gestolpert ist. Du denkst auch, daß das nicht gutgehen kann; so viele Kinder. Und daß sie ihre Weiber in Ruhe lassen sollten; sich beherrschen sollten. Und irgendwann erschrickst du vor dir selber, weil du darüber nachgedacht hast, daß es eigentlich ganz vernünftig sei, wenn man die Fellachenweiber beschneidet... bei diesem Klima! Bei diesen katastrophalen Wohnverhältnissen, wo einer buchstäblich auf dem anderen zu liegen kommt! In einem solchen Land, wo ein elfjähriges Mädchen schon wie eine ausgewachsene, reife Frau handelt und empfindet! Das denkst du dir, und schon wieder mußt du die Achseln zucken und dir sagen, daß dich das alles eigentlich nichts angeht. Diese Geschichte mit den Kalorien in den Fellachenbäuchen. Diese Geschichte mit der Gebärfreudigkeit der beschnittenen Fellachenweiber. Und das geht einen tatsächlich nichts an, wie sie da leben, in ihrer dumpfen Unzulänglichkeit; in dieser Brutalität

Ägypten

der äußersten Armut; in einer perversen Situation; in einem Abhängigkeitsverhältnis von einer Obrigkeit, die sie weder begreifen noch kennen; in diesem unzulänglichen Zustand halbherziger Reformen, die man wieder aufhebt; in diesem schwarzen Nilschlamm, von dem alle Welt schwärmt; wie fruchtbar er sei. Und da hast du ja auch schon mitgetan. Das hast du a auch schon fertiggebracht. Die Fellachen. Heute noch leben sie wie zur Zeit dieser Pharaonen — und das hat dir eingeleuchtet. Solche Phrasen akzeptiert man. Da hat man Anschauungsmaterial, um die Geschichte zu begreifen. Und einer dieser gelehrten ägyptischen Freunde, für die du Sympathie empfindest, hat dir erklärt, daß damals die Pharaonen eine ähnliche Lebenserwartung gehabt hätten wie heute die Fellachen. Und du hast dir überlegt, daß die Geschichte immer wieder sich selbst einholt. Nur an diese verdammten Fellachen, an die hast du nicht gedacht.

Aber die Gespräche, die man in dieser entsetzlichen Stadt führt, haben immer etwas Phantastisches an sich; etwas Absurdes. Und daran wirst du dich auch noch gewöhnen. Die Freunde, die man hier hat ... als ob sie einen liebten, nur weil man Europäer ist; als ob das alles, was ihnen dieses Europa angetan hat, vergeben und vergessen wäre. Anfangs versteht man das noch nicht ganz. Diese seltsame Zuneigung für einen Kontinent, der lange genug davon gelebt hat, Länder wie Ägypten oder Algerien oder Marokko oder Tunesien auszubeuten und zu unterdrücken; der sich seinen Reichtum wie ein gewalttätiger Dieb geholt hat. Und anfangs glaubst du immer, die Zuneigung, die sie dir gegenüber zum Ausdruck bringen, das sei so etwas wie Zynismus. Man hat sich an diese Art von verzweifelter Aufrichtigkeit noch nicht gewöhnt. Das ist, als würde man von einem Gefühl überwältigt, das wie ein Messer ist; und da stürzt man sich jetzt hinein. Und vielleicht ist das auch wirklich so. Du selber glaubst nicht daran, daß der Friede, den sie jetzt haben, von langer Dauer sein wird. Und weil man gelernt hat, die Erfahrungen, die man gemacht hat, wie Narben zu betrachten, die einem bleiben, glaubt man auch nicht an den Bestand der sozialen Reformen und gesellschaftspolitischen Umschichtungen. Du war-

Die erschöpfte Lüge

test unaufhörlich darauf, daß einer kommt und sagt, die Reichen in diesem Land würden jetzt noch reicher und die Armen noch ärmer werden; daß einer endlich die ganze schreckliche Wahrheit hinausschreit. Denn selber hat man ja Augen im Kopf, um zu sehen, was für eine Katastrophe das ist, die sich hier abspielt; selber hat man bei aller Gleichgültigkeit und bei allem Egoismus ganz gut begriffen, daß dieses Land dabei ist, sich selbst umzubringen; sich in seiner Verzweiflung und Ausweglosigkeit ans Messer dieser barbarischen politkapitalistischen Mechanismen zu liefern, mit denen Europa, mit denen Amerika alle diese halbverhungerten Völker zuerst beherrscht und dann zu bloßen Absatzmärkten degradiert. Und deine Freunde erzählen dir mit dieser verzweifelten Erleichterung, die man empfindet, wenn ein fauler, gefährlicher, trügerischer Frieden den schrecklichen Krieg abgelöst hat — daß jetzt die große Liberalisierung gekommen sei; daß man jetzt wieder zur großen Familie der zivilisierten Völker im Westen gehören werde. Und nur daß sie ihre Baumwolle und ihr Zuckerrohr und überhaupt alles, was sie haben, ohne jede Bezahlung nach Rußland schicken müssen, weil sie ihren Assuan-Staudamm abzahlen müssen; und nur daß sie überhaupt keine Devisen mehr haben, um sich die dringend notwendigen landwirtschaftlichen und industriellen Maschinen und Anlagen zu kaufen. Und nur daß die großen, ehrgeizigen Pläne zur Bewässerung des Wüstenbodens und überhaupt alle Pläne, die man gehabt hat, um überleben zu können, schon wieder zu scheitern drohen, weil man mit politischen Entscheidungen allein den Hunger der Menschen nicht ausrotten kann und weil die Politik, die man zu machen gezwungen wird von allen Seiten, sich um die Kalorien der Fellachen und um die Hoffnungen und Sehnsüchte der Bürger überhaupt nicht kümmert. Das alles erzählen sie dir nicht. Und das alles verschweigen sie nicht einmal aus Scham oder hochmütiger Berechnung, sondern weil jedes Volk, das zuviel gelitten hat, das zu viele Enttäuschungen und Niederlagen hat einstecken müssen — weil ein solches Volk irgendwann einmal resigniert. Und nur noch das glaubt, was es glauben will. Und die Fellachen, diese dreißig oder einunddreißig Millionen, die zählen erst gar nicht;

Ägypten

die haben keine Meinung. Und wenn du nur lange genug in Ägypten bist, wirst du mit diesem grinsenden, verzweifelten Zynismus daran zweifeln, ob das überhaupt Menschen sind.
Aber das alles braucht einen nichts anzugehn. Man ist ein Tourist. Man ist auf der Suche nach Bildung. Man wandert durch die pittoresken orientalischen Restaurants und schlägt sich für fünfzig oder fünfundzwanzig Piaster den Bauch voll; und wenn man das umrechnet, sind das sechzehneinhalb oder achteinhalb Schilling. Und daß fünfzig Piaster für die meisten Ägypter ein kleines Vermögen sind, daran denkt man schon nicht mehr. Und man verteilt wie ein großmütiger Potentat diese abgegriffenen Münzen, mit denen man nichts anfangen kann und die für die anonymen salutierenden Leute, die einem die Schuhe putzen, die Türen öffnen, den Tee bringen, die für diese Menschen mit diesen Augen, in denen das verdammte Flehen steht wie eine unaufhörliche Mahnung oder Drohung, manchmal so etwas wie eine Rettung bedeuten.
Aber das alles braucht dich nicht zu interessieren. Und du verstehst natürlich, wie ich das meine. Immerhin, man ist nach Ägypten gekommen wie jemand, der seine eigene Vorvergangenheit kennenlernen will; der nach den Quellen der Schönheit forscht. Und wenn du erst einmal in dieser bemerkenswerten Krypta im Tempel von Dandara gewesen bist; oder in Abydos; oder natürlich in Abu Simbel, wo man ein paar Dutzend hübscher Dollarmillionen dafür ausgegeben hat, daß du dir jetzt einen Tempel betrachten kannst — wenn du erst einmal diese klassische Bildungsreise hinter dich gebracht hast, dann brauchst du dich um ein verdrecktes Fellachendorf nicht mehr zu kümmern; oder um diese Sozialwohnungen in den neuen Slums der Städte; oder daß sie in ganz Ägypten keinen Zucker haben, weil sie ihr Zuckerrohr nach Rußland schicken müssen; oder daß ein paar tausend Arbeiter in den Ziegelfabriken demnächst arbeitslos sein werden, weil der Nilschlamm seit ein paar Jahren ausbleibt; und weil man die Ziegel bisher aus diesem Schlamm geformt hat. Das alles kannst du als eine pittoreske Nebensächlichkeit betrachten. Die russischen Raketen bei Assuan. Die Militärflughäfen im ganzen Land. Die zerstörten Existenzen der

Die erschöpfte Lüge

jungen Männer, die seit 1967 oder vielleicht sogar schon seit 1963 keine Zeit gehabt haben, an ihre zivile Karriere zu denken. Und du brauchst dir auch nicht vorzustellen, wie das wäre, wenn man diesem Land, diesem Volk geholfen hätte, ohne dafür politische Zauberkunststücke zu erwarten; wenn man diesen begabten Menschen eine Chance gegeben hätte ... aber das geht dich nichts an; aber das geht uns alle nichts an. Das, worauf es einem ankommt, existiert noch. Die Tempel. Die Königsgräber. Die Pyramiden. Und man erstarrt vor der Unendlichkeit der Wüste, vor diesem gelben Sandmeer, das einen in seiner makellosen Unberührbarkeit nachdenklich macht. Dieser einprägsame Zauber der Wüste, die hier in Kairo immer wie ein zweiter lodernder Horizont vor der Stadt liegt. Das kann einem schon unter die Haut gehen. Da kann man schon verrückt werden vor Sehnsucht nach diesem Mysterium.
Manchmal wird einer auch verrückt, weil er hungrig ist; oder verzweifelt. Wer weiß das schon genau, wo da der Unterschied ist und was zuerst kommt. Aber man gewöhnt sich auch daran. Du weißt schon. Wie diese Erschöpfung ist das, die einem zur Gewohnheit wird.

Die gewollte Unzulänglichkeit

Ein Land, eine Stadt ... wie ein Tier, das lautlos schreit. Daran muß man sich zähneknirschend gewöhnen. Dieser gelbe Löwenstaub der Wüste. Manchmal ein austernfarbener Himmel; und dann das nervöse hellgrüne Meer mit den Zeichen des Sturms, bis die schweren gischtenden Brecher diese leere Corniche zertrümmern werden. Daran muß man sich auch gewöhnen. An die verblichene Schönheit. An diese orgiensüchtige Lasterhaftigkeit, die sie auch unter Nasser nicht ganz ausgerottet haben. Und natürlich an das Sommerschloß draußen im Osten der Stadt, in Montazah; an diese verwahrlosten Spuren eines fetten Erotomanen, der zufällig ihr König gewesen ist; ihr davongejagter König. Und dem sie jetzt ein völlig neues, überraschend ehrenvolles Andenken zusammenschreiben, weil sie wieder einmal ein neues politisches Konzept entdeckt haben. Auch daran muß man sich gewöhnen. Wenn man das kann. Aber die anderen tun es auch. Alle. Die fetten Geldsäcke von der Wall Street und aus Kalifornien. Die eifrigen Internationalisten aus Europa. Und natürlich diese cleveren saudi-arabischen Prinzen, denen man hübsche Schauspielerinnen und verstaatlichte Banken überläßt. Alle haben sich an die neuen Verhältnisse gewöhnt. Sehr rasch und sehr gründlich. Und die kleine dicke Elham, die einen in allen Ehren ein paar Tage lang herumgeschleppt hat, schwärmt schon wieder ganz offenherzig zwischen ihren gutbürgerlichen Nippes und Nichtigkeiten von den schönen, blauen, türkischen Augen Faruks. Und wenn du sie fragst, ob er ihr auch heute noch gefallen könnte, nickt sie dir errötend ihr erstaunte Gesicht.
Man ist dabei, sich für die neue Zeit einzurichten. Und nur die armen Leute, die auf den Friedhöfen die Grabgaben plündern, haben noch nichts begriffen. Und nur diese Fünfzig-Piaster-Geschöpfe, denen diese schöne, neue, liberale Zeit fürchterlich zusetzen wird, haben sich noch nicht an die neuen Gewohnheiten gewöhnt. Und nur in den Slums, die sich seit Nassers Tod wie

Die gewollte Unzulänglichkeit

rasend vermehrt haben, hat das Leben die gleichen schrecklichen Gewohnheiten, Geräusche und Gerüche. Das ist noch wie immer. Und nur das eine fragst du dich: wie sie das machen werden. In Kairo. Washington. Oder Moskau. Wie sie das drehen werden. Dreißig Millionen Menschen unter den Tisch fallen lassen. Ihre Armut und ihren Hunger ganz einfach unterschlagen. So tun, als ob es nie einen Klassenkampf gegeben hätte oder geben wird. Das wirst du dich fragen; überall in Ägypten; und natürlich auch hier in Alexandria. Und die Antworten, mit denen du dein aufgebrachtes Gewissen besänftigen willst, werden dich wie üblich nicht befriedigen.

Aber dieses Alexandria ist trotzdem warmherzig; mit dieser weichen süßen Haut der alterslosen Kurtisanen; wie eine nachgiebige, etwas verschlampte und unendlich großzügige Geliebte ist das. Diese Stadt entläßt einen ohne große Gesten; ohne Groll. Das kommt erst später; viel später. Der Zorn. Oder etwas, das wie Bitterkeit schmeckt. Jetzt aber, unter dem grellen, höhnischen Pfeifen der letzten Winterstürme, inmitten dieses hellen weißen Lichtes einer kalten Sonne, unter den Staubfontänen, in denen schon der mitleidlose Sommer verborgen liegt — jetzt aber hast du noch die Wahl. Abouquir. Das Delta. El Alamein. Das Meer, deine bösartige, triefäugige, zänkische Schwester. Die Wüste, dieser verdorrte Mutterschoß. Und hinaus durch die trostlosen Slums mit den streunenden Katzen und Kindern, westwärts hinaus durchs infernalische Geschrei dieser Menschen, die zwei, drei Wochen lang mit weniger auskommen müssen, als du manchmal an einem einzigen großzügigen Tag an Trinkgeld ausgibst — da hinaus mußt du zuerst; hinaus nach El Alamein. Damit du begreifen lernst; damit dein Zynismus wachsam bleibt; damit deine Trauer nicht stirbt.

Das war einer dieser seltsamen Nachmittage, die der mediterrane Spätwinter wie ein stöhnendes Keuchen ausstößt. Wind überall. Ein Meer voll Wind. Der Staub wie eine düstere Heimsuchung; wie knisternder grauer Regen vor dieser Herausforderung eines messerscharfen Horizonts. Die Sonne dünn und scharf. Und der Himmel wie trüber Weißwein; nur fern voraus im Westen diese verheißungsvolle Rötung einer vorzeitigen

Ägypten

Abenddämmerung. Etwas ungeheuer Geschlechtliches liegt in der Luft. Und du freust dich auf die Schlachtfelder wie auf eine spektakuläre Obszönität. Du denkst voll Ungeduld daran; Sehenswürdigkeiten, die man genossen haben muß; und ob die Erde dort fruchtbar sei, wo die Toten liegen.

Aber alles ist anders, als man sich das vorher vorgestellt hat. Alles überrascht einen. Alles ist wie ein Traum, den man rasch wieder vergessen wird und dessen scharfen bitteren Geschmack man doch nicht ausspucken kann wie einen dieser harten Olivenkerne. Zuerst, während du noch erwartungsvoll westwärts fährst, dieser dicke weiße Strich zu deiner Rechten; das ist wie eine einzige, große Woge aus schmutzigweißer Kreide: die Sanddünen. Dahinter das Meer. Aber du siehst es nicht. Du riechst es nicht einmal. Spätnachts, wenn du zurückkehren wirst nach Alexandria, wirst du dort draußen die tanzenden Positionslichter der griechischen Fischer sehen; und du wirst Heimweh haben nach Europa; oder wenigstens nach Kreta, das fast schon so etwas wie Europa ist. Aber alles, was du im Augenblick siehst, riechst und schmeckst ... ist das schon die Wüste? Das gelbe und graue und fahlfarbene und manchmal auch violette Nichts zu deiner Linken? Dieser flache Teller ohne Sprünge, diese große, leere Handfläche ohne Linien und Zeichen? Ein Nichts, das unter deinen erstaunten Augen zu wachsen anfängt, bis dich die Angst wie ein Fieber überfällt. Und irgendwann unterwegs wirst du ein paar schwarze Sterne in diesem Nichts erkennen. Und es wird einige Minuten dauern, bis du begriffen hast, was das ist: Zelte. Nomaden, unterwegs aus dem großen Süden, jetzt seßhaft für ein paar Tage, für ein paar Wochen; und die Kamelherden, die sie bei sich haben, werden schon in den nächsten Tagen diesen unausbleiblichen Weg in die Schlachthöfe Kairos und Alexandrias antreten. Aber das alles weißt du noch nicht. Aber jetzt jagst du schon längst wie ein Verrückter nach Westen. Jetzt beunruhigt dich diese große, leere, ernste Landschaft; und aufatmend überholst du manchmal einen Konvoi libyscher Fahrzeuge, die so wie du nach Westen unterwegs sind. Und manchmal kommt dir ein altersschwacher ägyptischer Tankwagen mit Treibstoff aus Libyen entgegen; und immer

Die gewollte Unzulänglichkeit

versuchst du ein Signal mit deiner Lichthupe; und immer bist du enttäuscht, wenn sie dir nicht antworten.
Aber solange du noch diese schwarzen Zelte in der Wüste erkennen kannst; solange noch diese Kamelherden und manchmal ein grauer Maulesel wie Statuetten vor diesem großen Horizont stehen — da geht alles in Ordnung. Da ist man noch nicht völlig abgeschnitten vom Leben; oder von dem, was man in glücklichen Augenblicken dafür gehalten hat.
Später einmal wirst du das alles gut genug kennengelernt haben; später einmal wirst du drüben in Alexandria und hier in der Libyschen Wüste begreifen lernen, daß auch diese Nomaden ein Anrecht auf Leben haben; auf Leben, wie du es verstehst; und daß es zuwenig ist, sie nur mit diesen verdammten romantischen Blicken anzustarren, die man immer hat, wenn man etwas nicht versteht. Später einmal wirst du dir sogar wünschen, diesen Nomaden nie begegnet zu sein; dann, wenn du sie in diesen neuen Slums von Alexandria gesehen hast; und sie hast scheitern sehen an einem Leben, dessen Erbärmlichkeit sie nicht begreifen; und der sie auch nicht gewachsen sind. Und du wirst dir noch verzweifelt wünschen, diese Nomaden vergessen zu können, nachdem du erst einmal eingesehen hast, daß auch sie zu diesen dreißig Millionen gehören, die man in diesem Land unter den Tisch fallen läßt. Weil sie für die einen keinen Zuwachs an Macht und für die anderen keine höhere Dividende bedeuten. Und du hast dich lange genug dagegen gewehrt, diese Dinge auf eine so primitive Weise zu sehn. Aber wenn man erst einmal zu lernen angefangen hat, wenn man seine Lektion erst einmal begriffen hat, dann weiß man auch: das ist so primitiv. Das ist so einfach und so primitiv. Und auf so erschreckende Weise erfolgreich.
Aber dann liegt El Alamein vor dir. Und deine Neugier, wie das ausschaut, wo sie sich umgebracht haben, wird rasch gestillt sein. Man braucht nicht lange dazu. Alle Schlachtfelder sehen auf eine perverse Art gleich aus. Und alle Erinnerungsstätten und Mahnmale, die man hinterher errichtet hat. Und sogar das schlechte Gewissen, das man haben sollte, ist überall gleich. Es existiert einfach nicht. Drüben in Suez haben sie dir voll Stolz

die Beutepanzer und die ausgegrabenen Bomben gezeigt. Und hier zeigen sie dir voll Stolz die Friedhöfe und das kleine Museum; und die ägyptischen Soldaten, die hier stationiert sind, können jede Art von Anschauungsunterricht nehmen; wie das alles endet, was man auf diese herrliche Art angefangen hat; wohin das führt, wenn man erst einmal zu marschieren angefangen hat. Aber sie kümmern sich nicht darum. Sie hocken gelangweilt in ihren Erdlöchern und windschiefen Baracken. Sie kümmern sich nicht um die Toten. Und vielleicht ist das auch besser so.
Diese kleine, dicke, eifrige Elham aus Alexandria, jetzt fällt sie dir ein. Hier in El Alamein. Der kleine Soldat, den sie geliebt hat. Gestorben im Jemen. Der Bruder, den sie bewundert hat. Gestorben vor El Arish. Schaut das so aus? Der ägyptische Tod... daß man später einmal mit Tränen in den Augen einem Fremden davon erzählt; und doch das Vergangene nicht mehr heraufbeschwören kann, weil man voll Eifer damit beschäftigt ist, das Sehenswerte zu beschreiben. Ich müsse unbedingt nach El Alamein, hat sie gesagt. Und jetzt ist man in El Alamein und starrt auf dieses glitzernde Meer hinaus; auf diese weitgeschwungene Bucht, die wie der aufgetane Leib einer Frau ist. Und plötzlich fragst du dich, was du bei den Toten hier suchst. Und plötzlich begreifst du, daß dich die Lebenden brauchen. Drüben in Alexandria. Hier in der Wüste. Diese auf so miserable Art Lebenden, daß du in deinem abendländischen Hochmut gelegentlich annimmst, der Tod müsse für sie eine Erlösung sein. Und während man unter diesem eisigen Nordwind, der das Meer mit weißen Schaumkronen schmückt, über diese verwüstete Landschaft wandert, erinnert man sich fröstelnd an Alexandria. Und diese Erinnerung spürt man auf eine Weise, als ob auch das eine Heimat wäre. Dumpf zwar und voll widersprüchlicher Gerüche und Gewohnheiten; aber doch etwas, das Heimweh in einem aufkommen läßt; auch wenn es nur ein paar Autostunden entfernt ist. Die gestreiften Markisen der kleinen verlotterten Cafés hinter der Grande Corniche zum Beispiel. Die perlmutterfarbenen Bäume unterm Märzwind draußen in Montazah. Diese Trompetenstöße der Farben auf

Die gewollte Unzulänglichkeit

den Märkten hinter der »Straße der Schwestern«. Die alten würdevollen Gesichter in den Schaufenstern der Teestuben unten am Hafen. Und das Restaurant des Griechen in Abouquir mit dem tobenden Meer und dem frierenden Dudelsackpfeifer davor. Dort hat dir Elham ihre sentimentale Geschichte erzählt. Dort draußen zuerst, während du über Oktopoden und Krevetten gebeugt warst und das geschmacklose ägyptische Bier aus diesen riesigen Flaschen getrunken hast.
Elham. Mit sechzehn von der ehrgeizigen Mutter an einen jungen Mann aus vornehmem Haus verheiratet; nach vier Monaten, weil sich die Mütter des jungen Ehepaares zerstritten haben, die rasche Scheidung. Natürlich eine Schwangerschaftsunterbrechung. Natürlich war Elham schon im vierten Monat. Aber für solche Fälle gibt es Kliniken in Kairo. Wenn man Geld hat. Liebe ist nicht mit im Spiel gewesen. Hier halten die Mütter den Fuß aufs Paradies der Töchter, sagt Elham wehmütig lächelnd. Und zehn Jahre lang hat sie dann den kahlköpfigen Sekretär einer Reiseagentur von weitem geliebt; sehnsuchtsvoll und aussichtslos. Er hat das Brautgeld nicht bezahlen können, sagt sie. Und das wären in ihrem Fall eintausend Pfund gewesen. Ein Vermögen für den Sekretär einer Agentur, der es äußerstenfalls auf zwanzig Pfund im Monat gebracht hat. Aber dann ist er ohnedies im Jemen gefallen. Aber dann hat Elham ohnedies noch einmal geheiratet. Und wenn man sie in ihrer überladenen Wohnung draußen in einem Vorort von Alexandria besucht, erhält man eine ungefähre Ahnung davon, daß ägyptische Frauen nicht immer glücklich sein müssen; auch wenn sie, wie Elham, nicht beschnitten worden sind.
Aber sie bewundert Sadat. Ihre ganze Familie bewundert Sadat. Und man verabscheut Nasser, diesen schäbigen Emporkömmling aus Oberägypten; diesen lächerlichen Sohn eines lächerlichen Postbeamten. Und weil du schon lange genug in Ägypten bist, weil du dich schon mit zu vielen Leuten unterhalten hast, die so sind wie Elham und ihre hochmütige Familie, und weil du inzwischen auch gelernt hast, daß arme Leute in diesem Land keine Meinung haben, keine Sprache — das geht dann schon in Ordnung. Das mußt du dann akzeptieren, wenn sie diesen

fetten Erotomanen, der ihr König gewesen ist, wieder zu bewundern anfangen; und wenn sie dir erklären, daß sie die Amerikaner lieben. Das ist dann die natürlichste Sache der Welt, daß die Klasse der Elhams sich die Bewunderung für diesen Sadat wie eine fröhliche Krankheit eingehandelt hat. Man hat Ländereien gehabt in Oberägypten; man hat eine Textilfabrik im Delta gehabt; und das ist einem weggenommen worden. Und die Leibeigenen, die man gehabt hat, sind einem auch weggenommen worden. Und die Vorrechte, die man gehabt hat, sind unter diesem Nasser plötzlich keine Vorrechte mehr gewesen. Und natürlich darfst du mit einer Familie wie dieser nicht über die Fellachen reden; oder über die verlausten, stinkenden Nomaden; oder über die Flüchtlinge, die manchmal das unglaubliche Pech haben, arm zu sein. Darüber spricht man in der guten alexandrinischen Gesellschaft nicht. Faruk und seine schönen, blauen, türkischen Augen — das ja; Sadat und diese vernünftige Politik der Reprivatisierung — das ja; die Bankkonten der ehemaligen Paschas und Großgrundbesitzer — das auch. Aber die Fellachen — nein. Daran mußt du dich gewöhnen, wenn du dich wohl fühlen willst in Alexandria. Und wenn man dich erst einmal eingeladen hat in eines dieser vornehmen ägyptischen Häuser, wo sie nubische Diener und persische Teppiche haben; wenn sie dich erst einmal zu Tisch gebeten haben auf ihre levantinische Weise, dann mußt du vernünftig sein; und den Mund halten. Dann mußt du vergessen, was du gesehen und gelernt hast. Und der Unterschied zwischen ägyptischen und europäischen Besitzbürgern wird dir plötzlich nur noch als sehr geringfügig erscheinen.
Manchmal freilich fallen einem die Toten ein. Die vielen Toten der vielen Revolutionen und Kriege. Und man flüstert die Namen. Gaza. Jemen. El Arish. Die Sinai-Pässe. Suez. Und sogar hier in Alexandria hat das Volk einmal seine eigene Revolution gehabt. Aber der Tod ist nutzlos gewesen. Und das Heldentum war ein schrecklicher Irrtum.
Das Restaurant des Griechen draußen in Abouquir. Das verrückte Meer. Der verrückte Dudelsackpfeifer, dem die Highlander dieses Spiel beigebracht haben. Jetzt wird Elham, nach-

Die gewollte Unzulänglichkeit

dem du mit ihr zu Mittag gegessen hast, im Vorbeigehn eine Münze zu seinen Füßen fallen lassen. Aber von den zweieinviertel Millionen Alexandrinern sind es mindestens zwei Millionen, denen man jeden Tag im Vorbeigehn eine Münze vor die Füße werfen müßte; und von den sechsunddreißig oder siebenunddreißig Millionen Menschen in diesem Land sind es mindestens dreißig Millionen, bei denen man das gleiche tun müßte. Und plötzlich fragst du dich entsetzt, wie das sein wird, wenn diese zwei Millionen ... wenn diese dreißig Millionen einmal keine Almosen mehr annehmen werden; wie das sein wird, wenn sie mit diesen verdammten Almosen nicht mehr zufrieden sein werden; wenn sie aufstehen werden in ihrer dumpfen, verzweifelten Wut; wenn sie zuschlagen werden, damit sie den Hunger in ihren Bäuchen vergessen; wenn sie töten werden, damit sie sich satt essen können. Das fragst du dich einen winzigen Augenblick lang. Und zuerst erschrickst du vor dir selber, daß du überhaupt eine solche Frage stellen kannst. Und dann bist du fast erleichtert, daß man eine solche Frage noch stellen kann. Und grinsend stolperst du hinter dieser kleinen, dicken, bürgerlichen, hochmütigen Elham zum Wagen, der auf euch gewartet hat.
Die Nacht ist über El Alamein gefallen wie ein Falke über sein Opfer. Das Meer rauscht. Drüben in Alexandria sind die Lichter aufgeflammt. Hier winselt der Wind, schreit ein Schakal, stehen kalt und gleichgültig die Sterne am Himmel. Trommelt da einer? Trommelt irgendwer? Rührt sich das Volk in seinem erschöpften Schlaf? Träumt es in seinen Lumpen und Hütten vom großen Marsch quer durch die Länder und Zeiten? Schreit die Trommel und weckt die hungrigen Schläfer?
Spätnachts komme ich nach Alexandria zurück, in dieses Hotel im großen, leeren Park, der einmal einem König gehört hat. Der Wind hat sich inzwischen zum Orkan gesteigert. Schwere Brecher sind krachend über die Corniche gefallen. Das Meer brüllt. Gegen Morgen dann wird es erschöpft verstummen; und nur der Mond wird unversehrt am Himmel stehn.
Eine russische Reisegruppe, die seit Tagen im Hotel gewohnt hat, feiert Abschied von Ägypten. Sie singen ihre schwermütigen

Ägypten

Lieder. Das Hotelpersonal steht grinsend im Hintergrund und schüttelt die Köpfe. Diese Russen sind unheimlich; geben kein Trinkgeld, betrinken sich nicht, sind diszipliniert. Der Geschäftsführer, der in Graz studiert hat, ist zu mir getreten. Er macht eine Bewegung, als wollte er ausspucken. Wenn nur erst wieder die Amerikaner kommen, sagt er dann. Wenn nur erst wieder zivilisierte Menschen kommen, sagt er. Und man schaut ihn an und denkt verzweifelt: Globe-Tours, Neckermann... Diese Russen hier, sagt der Geschäftsführer verächtlich, haben nicht einmal das Geld für eine Flasche Bier.
Und du denkst dir: Aber sie haben euch diesen Damm in Assuan gebaut; auch wenn er nichts taugt; auch wenn es vielleicht ein Fehler gewesen ist. Sie haben ihn euch gebaut, als alle Welt nur an den materiellen und politischen Zinsen interessiert gewesen war. Und sie haben euch die Waffen gegeben, damit ihr eure verdammten Kriege führen konntet. Und sie haben euch dieses Gefühl der Anerkennung gegeben, als alle anderen euch nur verachtet haben.
Diese Russen, sagt der Geschäftsführer, sind immer nur an der Politik interessiert; an ihrer Art Politik natürlich.
Und du denkst dir voll zorniger Resignation: Aber das, was dieses Land irgendwann noch retten wird, wird auf eine verfluchte Weise nach Kommunismus schmecken; wenn es überhaupt noch eine Rettung gibt; wenn das alles nicht überhaupt in Anarchie versinken wird.
Kommunismus und Koran passen nicht zusammen, sagt der Geschäftsführer. Lieber verhungern wir, bevor wir uns mit Hammer und Sichel anfreunden.
Der Hunger. Als ob einer schon wüßte, was Hunger ist, nur weil er in der Nachbarschaft der Hungernden lebt. Der Hunger. Das häßliche Tier, das man in den Eingeweiden hat. Die Stimme der Unvernunft, die einen alles andere vergessen läßt. Und ich frage den Geschäftsführer, was er von Sadat halte; von dieser neuen Zeit, die jetzt angebrochen sei. Er nickt erleichtert. Die Amerikaner werden kommen, sagt er. Und Faruk? frage ich. Und er antwortet rasch, als hätte er das unlängst erst geübt: Ein guter Mann, viel verkannt.

Die gewollte Unzulänglichkeit

Und die Russen singen ein letztes Lied. Schon räumen sie im ganzen Land ihre Stützpunkte und Büros. Schon nehmen amerikanische Geschäftsleute, Ingenieure und Agenten ihre Plätze ein. Nur der Hunger wird bleiben. Das Elend. Die gewollte und gewinnbringende Unzulänglichkeit. Und die Korruption. Nur die Fellachen werden bleiben. Und das Proletariat in den Städten. Und die Nomaden. Und die Flüchtlinge. Veränderung tritt in diesem Land immer nur dort auf, wo sie Gewinn abwirft. Der Tod ist sinnlos gewesen. Die Revolution eine verunglückte Tragikomödie. Und der Traum, den ein paar fanatische Phantasten von einem neuen Ägypten geträumt haben, war nur zornig; sonst nichts. Der Traum ist ausgeträumt.

Revolution auf ägyptisch

Ein Mann, der für seine Heimat gelebt hat und der für seine Heimat gestorben ist. Das haben sie auf den Sockel dieses Schreins geschrieben, unter dem Gamal Abd el-Nasser begraben liegt. Aber solange du in Ägypten bist, wirst du Mühe haben, diese Inschrift zu verstehen. Solange du dort unten im Süden am Nil lebst, wirst du diese Inschrift für eine Tragikomödie halten; und manchmal sogar für eine abgefeimte Lüge. Und selbst wenn man heimgekehrt ist nach Europa ... das wird an einem hängenbleiben. Dieses ärgerliche Gefühl, daß man übertölpelt worden ist; oder daß man die Wahrheit zwar gesehen, aber nicht begriffen hat.
Und das war dann ein Abend wie immer. Die Sonne ist wie eine verlöschende Fackel hinter den rosafarbenen Bergen von Qurna verschwunden; und drüben am Ostufer, drüben in Luxor bei den Bürgern und Touristen flammen die Lichter und Geräusche auf; und auf dem Militärflughafen haben sie die letzten russischen Jagdbomber in die unterirdischen Hangars gerollt. Hier auf der Westbank hocken die Fellachen um ihre gelben Zuckerrohrfeuer. Eine Feluke treibt langsam nilabwärts. Fledermäuse, die sich aus dem Tal der Könige aufgemacht haben wie Nachrichten aus einer anderen Welt, streichen dicht übers schmatzende Wasser dahin. Irgendwo hämmert eine Trommel traurig durch die Nacht. Irgendwo singen sie eines dieser merkwürdigen Lieder, von denen man glaubt, daß man sie nie mehr vergessen kann. Und die Sterne stehn jetzt groß und gewaltig am ägyptischen Himmel. Bald werden Wölfe und Schakale gierig um die wenigen Wasserstellen streichen. Bald werden Grabräuber durch die nächtliche Wüste unterwegs sein. Bald wird das Leben nur noch wie ein leiser Atemzug sein. Und ein Gefühl springt einen an, das wie Heimweh ist nach verlorener Zeit und vertanem Glück.
Nur der Hunger, den die Fellachen haben; nur die Krankheiten, die sie mit sich herumschleppen wie einen schmutzigen

Revolution auf ägyptisch

Ausweis; nur die Hoffnungslosigkeit, die ihr Leben begleitet ... das muß man vergessen in einer solchen Nacht und in einem solchen Land. Da muß man egoistisch sein und hartherzig; da muß man Farben beschreiben und fallende Sterne; und natürlich die Wunder der Pharaonen mit ihren Obelisken, Grabkammern und Säulen; da muß man grinsend dem Manager des New Winter Palace drüben in Luxor zustimmen, wenn er sagt, daß diese verdammten, schmutzigen Fellachen keine Seele hätten. Und wenn du das nicht fertigbringst, dann geh nicht nach Ägypten; sonst bringt dich das, was du dort siehst, um den Verstand. Und wenn du trotzdem nach Ägypten gehst, dann beschäftige dich mit diesen Pharaonen und mit den Yussefs und Mohameds, die dich führen werden; und verbring deine Zeit am Swimming-pool und mit Whisky und schlag die Augen nieder, wenn du zufällig einmal durch ein Fellachendorf kommst.
Und das war dann ein Tag wie immer. Das war siebenhundert Kilometer weiter nördlich in Kairo; das war eine gute Flugstunde mit dieser De Havilland Comet, die sie da neben ihren Tupolevs und Iljuschins haben. Und dann steht man fast ein wenig enttäuscht in diesem Mausoleum, draußen an der Straße nach Heliopolis. Man steht vor diesem Schrein mit der pathetischen Inschrift; und da sind die Blumen; und die Ehrenwache ist wie erstarrt; nur die Augen der Männer wandern mit einem mit. Und man steht unschlüssig vor dem Grab, fast verlegen; und man überlegt, ob man nicht eine militärische Ehrenbezeigung machen sollte; aber dann begreift man, daß es wie eine Verhöhnung aussehen würde. Und man scharrt mit den Füßen, um etwas zu tun. Und von draußen flutet mit der warmen Wintersonne gedämpft der Straßenlärm herein. Ein Mann, der für seine Heimat gelebt hat und der für seine Heimat gestorben ist ... hat man ihn wirklich schon vergessen? Und flüsternd fragst du deine Begleitung, wo denn die endlose Schlange der Besucher sei; die herzzerreißende Kette der Trauernden; wo das ägyptische Volk bleibe, das um seinen toten Rais weint. Aber die Antwort, die man dir gibt, ist laut und gleichgültig. Man interessiert sich nicht mehr sonderlich für

Ägypten

diesen Gamal Abd el-Nasser, der vor dir unter diesem Schrein liegt; den sie bewundert, verehrt haben auf diese hysterische Art, die du nie verstehen wirst; und den sie jetzt mit dieser verächtlichen Gleichgültigkeit vergessen, die du auch nicht begreifst. Und achselzuckend verläßt man das Mausoleum und fährt wieder zurück in das verwahrloste, unruhige, überquellende Kairo. Nur — es fällt einem alles wieder ein. Die Fragen, die man gehabt hat. Und die Antworten, die einen nicht befriedigt haben.
Einen Affen haben sie ihn genannt in diesen Tagen und Wochen, nachdem es Frieden gegeben hat mit Israel; und nachdem sein kahlköpfiger, fuchsschlauer Nachfolger alle politischen Gefangenen entlassen, die Pressezensur aufgehoben und ein paar verstaatlichte Banken reprivatisiert hat; zugunsten saudiarabischer Prinzen natürlich. Einen Affen — und einen großen Teufel haben sie ihn genannt, nachdem sein vifer Nachfolger damit begonnen hat, einigen Paschas den enteigneten Grundbesitz wieder zurückzugeben. Einen Affen. Einen Teufel. Einen, der gewesen ist und den man vergessen muß. Und die kleinen feisten Bürger zwischen Alexandria und Abu Simbel reiben sich zufrieden die Hände, während sie dir erzählen, wie gräßlich dieser Rais gewütet habe; und daß er sie zehn, zwanzig Jahre ihres kümmerlichen Daseins gekostet habe; und daß er den Koran nicht respektiert habe, indem er mit diesen verfluchten Russen zusammengegangen ist. Und das erzählen sie dir unaufhörlich; und immer wieder flechten sie ein begeistertes Lob auf Sadat ein; und in den ersten Wochen bist du völlig verwirrt und glaubst allmählich daran, was sie dir sagen. Und eines Morgens wachst du auf in deinem klimatisierten Hotelzimmer und fragst dich allen Ernstes, ob in diesem Land überhaupt je einmal eine Revolution stattgefunden habe. An die Fellachen hast du dich inzwischen ja gewöhnt. Du beachtest sie nicht mehr. Du kommst mit ihnen gar nicht in Berührung. Und jetzt glaubst du daran, daß dieser Affe wirklich miserabel gewesen ist für dieses Land, das du zögernd akzeptierst; und das du in manchen glücklichen Augenblicken sogar zu lieben bereit bist. Ein Affe. Ein Teufel. Einer, der gewesen ist und den

Revolution auf ägyptisch

man vergessen muß. Nur mit den Fellachen darfst du darüber nicht reden; mit diesen halbverhungerten, analphabetischen Fellachen, die an ihren täglichen fünfundzwanzig Piastern würgen, mit denen sie sich und ihre Familie ernähren müssen; du wirst dir jeden Morgen am Kiosk deine Schachtel Zigaretten kaufen; und dafür wirst du vierundzwanzig Piaster bezahlen. Aber immerhin. Für den Unterschied, der den Kaufpreis deiner Zigaretten und das tägliche Existenzminimum einer acht- bis zehnköpfigen Fellachenfamilie ausmacht, bekommt man allemal noch ein Stück Fladenbrot.

Und so geht man durch Ägypten wie ein Blinder; wie einer, der die qualvolle Wirklichkeit für Alpträume hält. Und sie zeigen einem ihre Grabkammern und Pyramiden, die Obelisken und Tempel, und wenn du sie fragst, ob man leben könne hier in Ägypten, antworten sie mit dieser trügerischen Zuversicht, daß es aufwärtsgehe. Und sie verdienen durchschnittlich zwischen neun und fünfundzwanzig oder dreißig Pfund im Monat; und manchmal kommen sie sogar auf sechzig oder, wenn sie im Generalsrang sind, auf fünfundneunzig Pfund im Monat. Und das leuchtet dir ein, bis du dahinterkommst, daß die umgewechselten Beträge dann 297 Schilling bedeuten; oder 825; oder im Fall des Generals sogar 3135 Schilling, und sehr viel mehr kann man in Ägypten allerdings nicht verdienen. Aber der Krieg ist vorbei. Die Geheimpolizei ist entmachtet. Die Konzentrationslager im Delta und in der Wüste sind aufgelassen worden. Die russischen Berater sind zum überwiegenden Teil abgezogen worden. Und sie erzählen dir voll Stolz, daß die ersten amerikanischen Beobachter und Fachleute angekommen seien. Und dann beweisen sie dir, daß Ägypten dabei ist, ein freies Land zu werden, indem sie dir Ausnahmegenehmigungen in die Hand drücken; und mit diesen Papieren kannst du fast überall hinfahren. Und immer wird einer dieser freundlichen, höflichen Ägypter neben dir sein und dich aufklären. Und immer wirst du zwischendurch ein paar Fragen stellen, die sie dir erst nach einigem Zögern beantworten werden; oder überhaupt nicht. Und du liebst inzwischen dieses Volk; aber du weißt nicht mehr, wen du eigentlich liebst. Die Bürger in

Ägypten

den Städten; oder die Fellachen. Und das ist dann dein Problem. Und ich könnte mir vorstellen, daß du, wenn du einer dieser sensiblen Typen bist, daran zugrunde gehst.
Aber alle haben mich davor gewarnt, eine gute Erinnerung an diesen Sohn eines Postbeamten aus Oberägypten zu haben. Alle haben sie mir erzählt, daß Nasser ein böser Mensch gewesen sei; hoffärtig; eitel; dumm und maßlos. Und da war die gerundete Afaf aus Assuan und die intellektuelle Laila aus Kairo; und da war der wieselflinke Shoukri aus Kairo und der eitle Mohamed Abou-Zaid aus Luxor; und da waren Yussef und Ahmed; und die vielen anderen. Und selber ist man bei den Fellachen gewesen; immer wieder. Und selber ist man in den Dörfern gewesen; immer wieder. Und man weiß nicht mehr, was stimmt; und wann man belogen wird. Und man wird den Verdacht nicht los, daß sie sich selber belügen. Die Bürger. Die Geschäftsleute. Die Beamten und Mittelsleute, die unaufhörlich damit beschäftigt sind, einen besseren Lebensstandard zu haben; eine größere Wohnung zu bekommen; ein schöneres Auto zu kaufen. Man ist international, kosmopolitisch; und wenn du dir einmal die Zeit nimmst, im Nil-Hilton in Kairo bis gegen zwei Uhr früh in der großen Halle zu warten, dann wirst du diese wunderschönen ägyptischen Damen mit ihren beeindruckenden Mandelaugen sehen. Und du wirst sehen, daß sie kostbare Pelze auf ihren alabasternen Schultern tragen; und die Abendkleider, die sie haben, sind so kostbar, daß ein ganzes Fellachendorf zwei oder drei Jahre davon leben könnte. Und doch hat man sich nur ein wenig vergnügt. Man hat im »Belvedere« getanzt oder in der Pyramide-Bar einen Drink genommen. Und das hat dann zehn oder zwanzig oder dreißig Pfund gekostet; und davon lebt so eine Fellachenfamilie dann drei oder vier Monate; und irgendwann begreift man, daß man so nicht weiterkommt; daß man sich entweder auf die Seite der einen schlagen oder für die anderen Partei ergreifen muß; daß man sich entweder für die paar Millionen Bürger und Geschäftsleute und Regierungsbeamte oder aber für die rund dreißig Millionen Fellachen entscheiden muß; daß es in diesem Land, das neben Algerien und Syrien die tiefgrei-

Revolution auf ägyptisch

fendste soziale Revolution der ganzen arabischen Welt gehabt hat, eine soziale Ungerechtigkeit gibt, die man manchmal als so ungeheuerlich empfindet... nein, man vergießt deshalb keine Tränen; man ist kein zimperliches Weibsbild, das mit der Seele dieses Land begreifen will. Aber man schämt sich; und das ist schlimm genug.
Der, den sie heute einen Affen und einen Teufel nennen, einen, der gewesen ist und den man vergessen muß — Gamal Abd el-Nasser hat die Beschneidung der Mädchen verboten. Aber der Rais ist tot; und unter seinem Nachfolger kümmert man sich um solche Nebensächlichkeiten kaum noch. Die Bürger in den Städten lassen ihre Töchter ohnedies nicht mehr beschneiden. Und die Fellachen zählen in diesem Ägypten, das sich wieder dem Westen öffnet und auf totalen Liberalisierungskurs gegangen ist, nicht mehr sehr viel; oder eigentlich gar nichts. Und draußen in den Dörfern werden immer noch diese Beschneidungen durchgeführt, die aus gesunden Mädchen verstümmelte Frauen machen. Frauen? Eine Beschnittene empfindet nicht mehr als normale Frau. Die Operation selbst wird von den alten Dorfweibern durchgeführt. Den Mädchen werden die äußeren Schamlippen beschnitten und die Klitoris entfernt. Und das alles geschieht natürlich ohne jede Narkose. Und das alles führt immer wieder zu so grauenhaften Verletzungen, daß viele von den beschnittenen Kindern in den Tagen und Wochen darauf sterben; oder es entstehen wulstige Narben, die dann, wenn ein solches Mädchen heiratet, wieder zu entsetzlichen Wunden führen. Noch unter Nasser ist das Heiratsalter der Mädchen auf sechzehn Jahre hinaufgesetzt worden; aber immer wieder heiraten die Fellachenmädchen mit elf Jahren oder spätestens dann, wenn das Brautgeld für sie bezahlt wird. Das können fünfzig Pfund sein; das können fünf Pfund sein... die Opfer fragt niemand. Die unter Nasser entstandenen Gesetze sind nur noch blankes Papier, vergilbt und vergessen. Und wenn man einmal das Unglück gehabt hat, an der Hochzeit eines solchen Fellachenmädchens teilzunehmen; wenn man erst einmal den viehischen Schrei gehört hat, den die Braut ausstößt, wenn ihr zukünftiger Mann sie mit einem dick banda-

Ägypten

gierten Zeigefinger durch die Wülste ihrer Beschneidungsnarben defloriert; und wenn man erst einmal diesen bluttriefenden bandagierten Zeigefinger gesehen hat, der den wartenden Hochzeitsgästen triumphierend gezeigt wird; und wenn man dann erst einmal das totenbleiche, halb ohnmächtige, blutbesudelte Kind gesehen hat, das jetzt eine Ehefrau und Gebärmaschine sein wird; und wenn man erst einmal mit den gebildeten Bürgern und Intellektuellen in den Städten darüber diskutiert und immer wieder gehört hat, daß hier religiöse Motive eine Rolle spielen, Motive, die so unausrottbar wie der Glaube an den Koran seien, dann wünscht man sich zum ersten Mal eine Fortsetzung dieser rabiaten Politik Nassers, die sie jetzt verleugnen wollen und abschwächen; und dann ist man sogar bereit, den Kommunismus herbeizusehnen für dieses Land und diese Menschen, die an sich selber zugrunde gehen.

Und dann ist das wieder ein Tag wie jeder andere; ein Tag mit dieser warmen, schweren, ägyptischen Sonne; und du fährst durch das Delta, und während sie in Oberägypten gerade das Zuckerrohr ernten, pflücken sie hier die goldgelben Mandarinen von den Bäumen; und das Gras ist unwahrscheinlich grün; und der Schlamm, den sie aus den Kanälen graben, ist unwahrscheinlich schwarz; und du begreifst, daß man hier bis zu drei Ernten haben kann. Und du kannst dir nicht vorstellen, wie ein Mensch hier noch Not leiden sollte ... bis du näher und schärfer hinschaust; bis du den Wagen, der dich ins Delta gebracht hat, anhalten läßt; bis du die Proteste deiner Begleitung zum Teufel schickst. Und dann mußt du hineingehn in diese Lehmhütten, die du anfangs immer nur für kleine Ställe und Verschläge gehalten hast. Und dann mußt du dich an den Gestank gewöhnen, der dir entgegenweht; und an den Morast; in dem du knöcheltief versinken wirst; oder an den Staub, der dich wie ein Sturzregen überfallen wird. Und du mußt dir das anschauen, wie sie da leben. Sechs Kinder, acht Kinder, zwölf Kinder. Dein intellektueller Begleiter wird dir erklären, daß die Fellachen viele Kinder brauchen, um die Felder bestellen zu können. Er wird dir sagen, daß das Experiment dieses Affen und Teufels mißlungen sei; daß die Fellachen heute

Revolution auf ägyptisch

weniger produzieren als damals, da noch die Paschas und Großgrundbesitzer das Land besessen haben. Aber du solltest deinem intellektuellen Begleiter gar nicht erst zuhören. Du mußt dich umschauen. Du mußt ein scharfes Auge haben. Und du wirst den gestampften Lehmboden sehen und die irdenen Gefäße und vielleicht eine alte schmutzige Matratze. Und du wirst die Frau mit dem Wasserkrug zum Kanal hinuntergehen sehen; und jetzt begreifst du auch, weshalb sie alle hier die Bilharziose haben. Und wenn du dich nach irgendwelchen Vorräten umschaust, wirst du so gut wie keine entdecken. Auf dem Lehmdach natürlich etwas Stroh; Futter für das Vieh; Weizen; und die Bohnen. Immer diese Bohnen. Und auch in einer Ecke der Lehmhütte wirst du wieder Bohnen finden. Und dein Begleiter wird dir erklären, daß diese Bohnen sehr nahrhaft seien; daß man sie schon am frühen Morgen essen könne; sie seien sättigend und nahrhaft und schmackhaft. Er wird dir erklären, daß in den Garküchen Kairos ein Napf Bohnen und ein Stück Fladenbrot nicht mehr als zwei Piaster kosten. Und du wirst ihn vielleicht fragen, weshalb diese Menschen hier im Delta so leben müssen; weshalb sie keine zehn, zwanzig Kilometer von Kairo entfernt so leben müssen. Und dein Begleiter wird lachen und sagen, daß es ihnen jetzt viel besser gehe; daß diese verdammten, schmutzigen Fellachen heute mehr verdienen und mehr zu essen haben als noch vor zwanzig oder dreißig Jahren. Und dann wird er achselzuckend sagen, daß sie mit dem Boden, der den Großgrundbesitzern enteignet worden war, nichts anzufangen wissen. Und du wirst darauf antworten, daß die Fellachen ja keine Maschinen haben. Aber er wird sagen, daß sie sich ihre Maschinen selber machen; und er wird auf die vielen Kinder zeigen, die dir verdreckt und hungrig zwischen den Beinen herumlaufen.

So ist das, wenn du ins Delta gehst. Und in den schlammigen Kanälen waten sie bis zur Hüfte im schwarzen Wasser und versuchen, ein paar Fische herauszuholen und holen sich nur die Bilharziose. Und das Land, das ihnen Nasser geschenkt hat, wird man ihnen jetzt wieder wegnehmen. Und der Schlamm, den der Nil ihnen geschenkt hat, bleibt oben in

Ägypten

Assuan am großen Staudamm hängen. Und das Leben, das ihnen Allah geschenkt hat, ist so viel oder so wenig wert wie die kleine Münze, die du den Kindern als glänzendes Geschenk vor die Füße wirfst. Und das da, dem du entsetzt und vielleicht sogar angeekelt gegenüberstehst, mit dem dein Verstand in den nächsten Tagen und Wochen nicht fertig wird, das dich hohläugig und stumm und fast ein wenig feindselig anstarrt... das da ist nur ein Teil von dreißig Millionen. Und irgendwann fällt dir ein, daß sie sich alle fünfzehn Monate um eine weitere Million vermehren. Und irgendwann fällt dir ein, daß nicht einmal die Hälfte von ihnen hier leben dürfte, daß es zuwenig fruchtbaren Boden, zuwenig Nahrungsmittel und überhaupt keine landwirtschaftlichen Maschinen gibt. Aber in Kairo erklären sie dir, daß man für die Fellachen ohnedies die Antibaby-Pille kostenlos vorgesehen habe; und daß diese dummen, schmutzigen Fellachen damit nichts zu tun haben wollen, weil es gegen den Koran und gegen den Willen Allahs verstoße. Und du hörst und riechst und siehst und schmeckst diese ägyptische Wirklichkeit, die du eigentlich gar nicht sehen solltest; und plötzlich möchtest du schreien; auf diese wilde Art schreien, wie einer schreit, der sich mit gefesselten Händen wehren möchte. Und dir fallen wieder diese gutgekleideten, mandeläugigen Damen in den großen, vollklimatisierten Hotels ein; und dir fallen wieder diese cleveren, gutgewachsenen Burschen mit ihren Smokings und englischen Maßanzügen und amerikanischen Straßenkreuzern ein. Und die ganze Zeit, während du noch blöde und angeekelt in diesem Fellachendreck hier steckst, begreifst du entsetzt, daß das wie eine Schere ist, die immer weiter auseinanderklafft. Eine Schere. Ein Unterschied. Ein Klassengegensatz. Und indem du dir das durch den Kopf gehen läßt, weißt du auch schon, wie lächerlich alle diese Vergleiche sind. Einer, der gewesen ist und den man heute einen Affen und Teufel nennt, hat eine Revolution versucht. Aber über die ersten Proben ist er nicht hinausgekommen. Die westliche Welt hat auf ihn eingeschrien, daß er ein Handlanger der Kommunisten sei; und sie haben sein Land mit Krieg überzogen, seine Städte bombardiert und ihm die lebensnotwendigen Kredite ver-

Revolution auf ägyptisch

weigert; und er ist Schritt für Schritt weitergegangen. Dieser Rais, den heute niemand mehr haben will. Und dem sie vorwerfen, daß er zuerst an diese hitzköpfigen Araber gedacht habe. Und du stehst in einer dreckigen, stinkenden Fellachenhütte; und du bist drüben in Marokko, Algerien, Tunesien in ähnlichen dreckigen, stinkenden Hütten gewesen; und du hast dir immer das gleiche gedacht. Wann... wann hört dieses verfluchte Elend auf! Wann kommt einer und hilft diesen Millionen! Wann tritt Veränderung ein! Wann bewahrheitet sich diese uralte Weissagung, daß kein einziger Mensch Not leiden dürfe, solange es anderswo Überfluß gibt!
Aber die Revolution des Gamal Abd el-Nasser ist tot. Die Reformen sind schon halb vergessen. Der fuchsschlaue Nachfolger hat ganze Arbeit geleistet. Schon hat die Manhattan-Bank eine erste Investition geleistet; sie wird daran verdienen; und dieses neue ägyptische Bürgertum mit seinen glatten Manieren und kosmopolitischen Neigungen wird auch daran verdienen. Nur die Fellachen werden bezahlen müssen; mit Schweiß; mit Hunger; und vielleicht auch mit Tränen.
Und dann ist da wieder ein Abend in Luxor; in Assuan; in Abu Simbel. Die Sonne ist zwölf Stunden lang ein dicker zorniger Pharao gewesen. Und die Farben, die der Nil wie eine zweite Haut mit sich schleppt, haben unaufhörlich gewechselt. Lehmfarben und braun. Hellgrün. Violett. Und manchmal, wenn die Sonne aufs Wasser gefallen ist, schimmert Weißgold darin. Dahinter das gelbe Band der Wüste. Dahinter eine Welt, die so rein ist wie am ersten Tag. Aber jetzt erlöschen die Farben. Die Berge in der Wüste treten als schwarze, schweigsame Wächter auf. Und in den großen Touristenhotels wird das Abendessen serviert. Und anderthalbtausend Kilometer lang kauern Fellachen an den Ufern des Stroms; dreißig Millionen; einunddreißig Millionen...
Hörst du sie würgen und schmatzen? Bohnen und Fladenbrot. Bohnen und Fladenbrot.

Israel
und die schwarze Sonne

Was ist Heimat?

Den ganzen Tag diese irritierenden Explosionen; manchmal haben sogar die Fenster geklirrt. Und zuerst hat man geglaubt, der Krieg sei schon wieder ausgebrochen. Dieser verfluchte Krieg, den sie seit mehr als fünfundzwanzig Jahren da haben und mit dem man immer rechnen muß; auch wenn sie sich auf einen verlogenen Waffenstillstand einigen oder so tun, als wäre die Welt schon wieder in Ordnung. Aber man gewöhnt sich daran. Und die dunkelbraunen Sprengwolken über Yaffo sind ziemlich bald nur noch ein kleiner Schmutzfleck am sauberen israelischen Himmel. Draußen in Ramat Aviv, in dieser komischen Barackensiedlung, die sie als Hotel verkaufen, grinsen sie, wenn sie dich dabei erwischen, daß du bei einer Explosion zusammenzuckst. Aber man gewöhnt sich tatsächlich daran. Und nach ein paar Tagen akzeptiert man sogar, daß sie diese Häuser in die Luft jagen, in denen früher einmal Palästinenser gelebt haben. Das ist alles nur eine Sache der Gewohnheit; oder der Gleichgültigkeit.
Es gibt eine ganze Menge Gelegenheiten, wo man diese Gleichgültigkeit brauchen kann. Hier in Israel. Hier in Tel Aviv. Und es gibt ein paar Dinge, wo sie einem nichts mehr nützt.
Da war dieser alte Mann auf diesem breiten Boulevard, der von der Ben Jehuda Street zur Dizengoff Street führt; und das Taxi, das man sich einen Augenblick vorher an den Bordstein geholt hat, steht jetzt mit brummendem Motor vor einer Ampel. Es ist vielleicht elf Uhr am Vormittag; und es ist ein sehr heißer Tag. Die Hitze im Wagen ist fast unerträglich. Und da war dieser alte Mann. Stolpernd überquerte er die Straße; und stützte sich auf einen knotigen Stock, der fast zu groß und schwer war für ihn; und in der anderen Hand hielt er eines dieser altmodischen Einkaufsnetze, die man heutzutag fast nicht mehr zu sehen bekommt. Und als die Ampel dann endlich auf Grün sprang, stürzte er. Er fiel auf die Straße wie ein welkes Blatt im Herbst; und stand dann noch einmal auf...

Was ist Heimat?

wie einer dieser vertrotte.ten Boxer, die sich so lange zusammenschlagen lassen, bis man das Handtuch wirft. So hat das hier ausgesehn. Der alte Mann stand auf, tat ein paar taumelnde Schritte und fiel endgültig über den Gehsteig; und seine Beine und dieser komische Stock ragten noch in die Fahrbahn hinein. Weiter hinten hupte jemand; aber man sprang aus dem Wagen; und der Chauffeur des Wagens war schon draußen; und eine Frau beugte sich schon über die Konserven und Pakete, die aus dem altmodischen Einkaufsnetz gefallen waren. Und das war einer dieser Augenblicke, in denen man wie unter Zwang handelt. Und später kann man sich an fast nichts mehr erinnern; und man wundert sich über die eigene Nervosität; und warum man sich mit zitternden Händen eine Zigarette anzündet.
Natürlich war der alte Mann nicht tot. Das war ein simpler Herzanfall. Die Hitze. Er hat das selber gesagt; in diesem Jiddisch, das man gerade noch versteht. Ein Herzanfall. Und die Hitze. Und wir haben ihn zu einer Sitzbank geschleppt, die am Rand des Boulevards unter schattigen Bäumen stand; und eigentlich war das schon die Dizengoff Street. Und er hat einen schwarzen Wollmantel übergezogen gehabt, was natürlich blödsinnig war; bei dieser Hitze. Und die Ärmel des Mantels waren verschoben. Einen kurzen Augenblick lang hat man auf dem einen Unterarm diese Tätowierung gesehn; diese Zahlen, von denen man immer gedacht hat, das sei nur ein böser Traum; das sei endgültig vorbei; damit werde man nie etwas zu tun haben. Das hat nicht einmal eine Sekunde gedauert. Dieses Darüberbeugen; diese fließende Bewegung, mit der man einem alten Mann zur nächsten Sitzbank hilft. Eine Sekunde lang ... ein einziger erstaunter Blick auf diese blasse Tätowierung. Aber man hat es sofort begriffen. Und sofort stand einem der Schweiß auf der Stirn, weil man diese lächerliche Angst gehabt hat, sie könnten begreifen, daß man nicht dazugehört; daß man aus dieser verfluchten Gegend kommt, wo man diese verfluchten Tätowierungen erfunden hat. Aber das allein war es nicht. Das hat man noch mit dieser Gleichgültigkeit abtun können, an die man sich gewöhnt hat. Ein Mensch kann,

wenn er will ... wenn er clever genug ist, verdammt viel vergessen. Aber das war es nicht. Und man hat genug alte Kerle sterben sehn; und manche von ihnen sind einem tatsächlich unter den Augen verhungert. Und man hat sie angeschaut und ist weitergegangen. Das also war es nicht. Dieser Mann mit seinem knotigen Stock und seinem altmodischen Einkaufsnetz lebte ja.
Vielleicht war es das: daß er lebte; daß die eintätowierten Zahlen auf seinem Unterarm lebten ... und später sitzt man keuchend und erschrocken im Taxi und wischt sich diesen Schweiß von der Stirn, der einen an eine Schuld erinnert, die man unaufhörlich bezahlen muß. Vielleicht war es wirklich das ... mitschuldig zu sein, ohne zu wissen, wie man dazugekommen ist. Und die Explosionen, die immer noch aus Yaffo herüberdröhnten, waren jetzt wie diese Böllerschüsse, die sie haben, wenn sie in Europa das Osterfest feiern.
So war das in Tel Aviv. Und diese Sache mit dem schlechten Gewissen hat nicht aufgehört, spürbar zu sein; weh zu tun. Und die Argumente, die man dagegen eingewendet hat, waren vernünftig. Aber Vernunft allein ist zu wenig. Man hat genau gewußt, daß man kein schlechtes Gewissen zu haben brauche; daß man sozusagen unschuldig sei; daß es blödsinnig sei, jetzt den Kopf hängenzulassen und so zu tun, als habe man etwas verbrochen ... aber man ist auf eine perverse Art erleichtert gewesen, wenn man ein paar junge italienische Juden im Café Rowal auf der Dizengoff Street beobachtet hat; Sizilianer sind das gewesen oder Kalabresen; und sie haben den jungen hübschen Mädchen verdammt ordinäre Sprüche nachgeschrien. Che fica di letto und andere Sachen; ordinär genug, daß man diesen Strolchen eins hinter den Latz knallen müßte. Aber man ist froh gewesen, daß diese jungen Juden so reagiert haben; daß man gesehen hat, welche Schweinehunde es auch auf der Dizengoff Street gibt. Und man hat nicht genau sagen können, warum man darüber froh gewesen ist. Man hat das nur vermutet; und das war schon schlimm genug.
Juden anschaun ... das kann schrecklich sein; spätestens auf dieser Dizengoff Street ist einem das aufgefallen. Und vielleicht

Was ist Heimat?

hat einen immer noch diese Tätowierung auf dem Unterarm des alten Mannes irritiert; vielleicht hat man das nicht vergessen können; vielleicht muß man tatsächlich ein sentimentaler Christ aus diesem alten Europa sein, um ununterbrochen ein miserables Gewissen zu haben. Juden anschaun... und die Mädchen, die sie da haben, sind wirklich große Klasse. Du sitzt in einem dieser Straßencafés und schaust ihnen auf die Blusen. Und was du da zu sehen bekommst, ist ein glattes, rundes Vergnügen. Das hat nichts mit diesen obszönen Gedanken zu tun, die ein Mann manchmal haben kann. Das ist einfach eine Sache des Glücks; du bist glücklich, dieses junge, hübsche Fleisch zu sehn; diese ordentlichen Hüften; diese erfreulich lebendigen Brüste. Jüdinnen, denkst du begeistert... eine Sache, bei der es sich lohnt hinzusehen. Etwas, bei dem man Spaß haben kann. Und es ist überhaupt nicht deine Schuld, daß du plötzlich etwas schrecklich Komisches auf dieser Dizengoff Street oder sonstwo in Tel Aviv siehst; etwas unnatürlich Komisches. Es ist gar nicht deine Schuld, daß diese rollenden Hüften, diese flachen Bäuche, diese hüpfenden Hinterbacken, die du erfreut betrachtet hast... daß dieses ganz junge, süße Fleisch plötzlich zu schwarzer Asche wird. Das ist verrückt, denkst du und starrst verzweifelt auf diese vorbeiwehende schwarze Asche. Und dir fallen diese scheußlichen Bilder ein, die sie dir in deiner Kindheit gezeigt haben. Und du bist maßlos erschrocken, weil dir eingefallen ist, daß die Mütter, die Väter... daß mit ihnen etwas unerhört Furchtbares passiert ist; in deinem Land; auf deinem Kontinent; und in deiner Zeit. Und vom Himmel, dieser makellosen blauen Scheibe über Tel Aviv... es regnet Asche. Und du weißt, daß du schuldlos bist; aber dein Herz hämmert; und diese Abneigung, die du manchmal empfunden hast, wenn du mit Juden zusammengewesen bist... das bedrückt dich jetzt. Konzentrationslager, denkst du. Ausrottung, denkst du. Und natürlich fällt dir dieser schreckliche Streit ein, den sie drüben in Europa haben; dieser erbitterte Streit, wieviel man umgebracht hat. Und du starrst auf diese aschfarbenen Jüdinnen; und in deinem Kopf rattern Zahlen; und plötzlich begreifst du, wie mühsam dieses Leben sein kann. Der Haß,

Israel

denkst du. Dieser Haß, der manchmal so lächerlich ist. Dieser Haß, an dem man zugrunde geht. Und die Welt, aus der du kommst, hat dich mit diesem Haß gefüttert. Und jetzt bekommst du die Rechnung auf den Tisch geknallt.
Jüdinnen, denkst du verzweifelt. Juden, denkst du ... das sind die gleichen Knochen, die du auch hast; das gleiche Fleisch; und das Blut, das sie haben, ist so rot wie deines. Und du brauchst verdammt viel von dieser Gleichgültigkeit, die man dir beigebracht hat, damit du jetzt so tun kannst, als wäre nichts passiert.
Dieses Tel Aviv, dieses Israel ... das ist etwas, das einen unglücklich macht. Ein österreichischer Jude, den man draußen in diesen Baracken von Ramat Aviv kennengelernt hat, hat das gesagt. Ein Jude aus Graz, der vor bald vierzig Jahren nach Tel Aviv gegangen ist. Das Heimweh hört nie auf, weh zu tun, hat er gesagt. Es bringt immer Unglück, wenn man die Stadt, in der man ein Mensch geworden ist, verlassen muß. Und dann erkundigt er sich vorsichtig, was mit diesem Antisemitismus in Österreich jetzt sei; ob es ihn noch gebe; ob man das immer noch verheimlichen müsse, daß man ein Jude sei. Das war eine gefährliche Zeit, sagt er, bevor die Nazis gekommen sind. Aber jetzt muß sich das alles doch längst geändert haben.
Man schaut ihn an. Sechzig, fünfundsechzig ... ein kleiner Kopf, eine hohe Stirn, ein völlig normales Gesicht. Ein Jude. Einer, der aus Österreich fortgegangen ist. Man schüttelt den Kopf. Nein, sagt man mit einer Stimme, die merkwürdig fremd klingt, nein, es hat sich wahrscheinlich nicht viel geändert. Und während man das sagt, spürt man, daß man die ganze Wahrheit sagen müßte; daß man die eigene Unzuständigkeit zu diesem Thema zugeben müßte; daß man sagen müßte: Ich kann darüber nicht urteilen, weil ich dazugehöre; weil ich auf irgendeine verfluchte Art dazugehöre; weil ich mich zwar dagegen wehre, so zu sein wie alle anderen ... aber ich gehöre dazu. Ich bin ein Christ. Ein europäischer Christ. Ein österreichischer Christ. Und deshalb bin ich nicht zuständig für dieses Thema. Das müßte man sagen. Aber man sagt es nicht. Man sagt, daß es

Was ist Heimat?

Antisemitismus gibt; und daß es Sympathie für Israel gibt. Und während man das sagt, weiß man, daß man gelogen hat; daß man auch mit der Wahrheit lügen kann.
Es wäre schön gewesen, sagt der österreichische Jude, von dem man es sich noch immer nicht vorstellen kann, daß er längst schon ein Israeli ist... es wäre schön gewesen, wieder nach Österreich zu fahren. Es ist immer noch die Heimat, sagt er und schaut einen merkwürdig an.
Welche Heimat, denkst du dir. Was ist Heimat? Und ist Heimat das wert, daß man Asche wird, aschfarben, rauchig, aschgrau und wie eine nutzlose Rußflocke im Wind. Und ohne daß du das sagen willst, sagst du: Der Antisemitismus hat sich wahrscheinlich gewandelt; es gibt ja fast keine Juden mehr in Österreich, in Deutschland. Es sind zu wenig Juden übriggeblieben für diesen Antisemitismus. Und umgebracht wird auch niemand mehr. Das ist mehr ein Antisemitismus der hinterhältigen Witze; das ist mehr zynisch, vielleicht auch noch bösartig; aber das ist kein organisierter Totschlag mehr. Und du sagst und könntest dir dafür die Zunge abbeißen: Das ist eigentlich nur noch ein Streit, wieviel Juden tatsächlich von den Nazis umgebracht worden sind. Das ist fast schon akademisch.
Sie werden lachen, sagt der österreichische Jude und schaut dich auf diese kläglische Weise an, die jedes Lächeln unmöglich macht... aber ich habe keine Ahnung. Ein paar Millionen. Und da kommt es auf einen mehr oder weniger schon nicht mehr an.
Nein, sagst du, da kommt es nicht mehr darauf an. Aber den Leuten, die diesen Streit haben, wieviel es tatsächlich gewesen sind... denen kommt es darauf an.
Und wieviel Millionen waren es dann wirklich, fragt dich dieser Mann, dem du schon nicht mehr in die Augen schaun kannst, weil du diese verrückten Dinge sagst, die du gar nicht sagen wolltest; von denen du nichts verstehst; die nur dein miserables Gewissen belasten. Sagen Sie doch, sagt er, wie viele Millionen?
Nicht Millionen, sagst du vorsichtig. Das sind nicht Millionen. Es gibt Leute, die meinen... du zögerst jetzt; du hast das Ge-

Israel

fühl, erbrechen zu müssen; du glaubst, so nicht weitermachen zu können; nicht auf diese schreckliche gleichgültige Art, als ob du dich über den Fischfang oder die Jagd auf den Fasan unterhalten würdest... und dann sagst du: Es gibt Leute, die meinen, es seien nur ein paar Hunderttausend gewesen.
Ein paar Hunderttausend, sagt er nachdenklich. Und dann sagt er plötzlich: Meine Eltern gehören aber auch zu diesen paar Hunderttausend. Meine Eltern sind in Graz geblieben. Und die Eltern meiner Freunde. Und viele Freunde. Und wenn ich das zusammenzähle, kommen zwanzig oder dreißig umgebrachte Juden heraus. Und das war Graz. Ein paar Hunderttausend, sagt er und schaut dich wieder an. Vielleicht sind es aber doch mehr gewesen.
Ja, sagt du und würgst an dem, was dir im Hals steckengeblieben ist. Ja, sagst du, vielleicht sind es doch mehr gewesen.
Nun, sagt der österreichische Jude, der jetzt ein Israeli ist, das ist ja auch nicht so wichtig. Heute.
Nein, sagst du, das ist heute nicht mehr so wichtig. Und du weißt ganz genau, was er jetzt denkt; und wahrscheinlich würdest du an seiner Stelle genauso denken... daß es ungeheuer wichtig ist; auch heute noch; immer. Es ist immer wichtig. Und er sagt: Aber wenn man mit einem israelischen Paß nach Österreich kommt; wenn man als Tourist nach Österreich kommt...
Natürlich, sagst du rasch und atmest erleichtert auf. Natürlich. In Österreich hat man etwas übrig für Touristen. Und das ist dann völlig gleichgültig, aus welcher Ecke sie kommen.
Also dann, sagt er und gibt dir die Hand. Und du drückst diese Hand und hast ein einfältiges Grinsen auf deinem Gesicht und stolperst dann an die Bar und läßt dir eine Bloody Mary machen oder einen Whisky einschenken oder rauchst eine Zigarette... und die ganze Zeit, während du an dieser Bar stehst, denkst du verzweifelt darüber nach, was du falsch gemacht hast; und warum du in diesem Land immer das Gefühl hast, zu lügen; auch wenn du die Wahrheit gesagt hast.
Tel Aviv... als ob das die Auslage eines großen Warenhauses wäre. Eine Stadt ist das, die einen an gewisse Schaufenster in Wien oder München erinnert. Geordnet. Überschaubar. Adrett.

Was ist Heimat?

Und sogar die Explosionen, die von Yaffo heraufdröhnen, gehören irgendwie dazu. Und der schimmernde Saum des Meeres. Und die prachtvollen Silhouetten der großen Hotels am Strand. Man geht durch dieses Tel Aviv, als ob das nur der lächerliche Vorort einer Millionenstadt wäre; aber das ist gar nicht lächerlich; und natürlich ist das kein Vorort. Die Lebhaftigkeit des Lebens ist groß genug; und eindringlich genug ... wenn du nicht gerade am hellichten Tag von Asche und Vernichtung zu träumen anfängst; wenn du nicht gerade diese Anfälle hast; wenn man sich nicht gerade wie ein Lump vorkommt, nur weil man ein Christ und aus Europa ist; nur weil man niemand hat, der im Konzentrationslager umgekommen ist. Natürlich gehört man nicht in diese Stadt. Und natürlich kann man das nicht einfach abwischen von seiner Haut, daß es die Nazis gegeben hat; und daß es diesen Antisemitismus immer noch gibt; und daß man manchmal selber scharf darauf ist, antisemitisch zu sein ... das läßt sich nicht abwischen. Und das schlechte Gewissen, das man hat; und die Ausflüchte, die man macht; und die Unsicherheit, die man nicht los wird ... das alles läßt sich nicht abwischen. Die Stadt ist schon in Ordnung. Und dieser unwahrscheinlich blaue Himmel. Und diese hellen Nächte mit diesen zitternden Sternen. Aber alles kommt einem unwirklich vor ... als ob es nur eine Einbildung wäre; als ob es das nicht geben dürfte. Ein paar hunderttausend Juden. Ein paar Millionen Juden. Gerade soviel Juden, wie man umgebracht hat. Davon kommt man nicht los. Nicht in Tel Aviv. Und nicht einmal dann, wenn man ganz scharf darauf ist, antisemitisch zu sein.
Manchmal denkt man überrascht darüber nach, warum sie einen nicht hassen, wenn man aus Österreich, Deutschland kommt; warum sie das einem nicht zum Vorwurf machen. Ein einziges Mal nur hat man Schwierigkeiten gehabt ... und da haben sie dich für einen Amerikaner gehalten. Da haben sie dich angerempelt vor diesem Kiosk auf der Ben Jehuda Street und dich höhnisch gefragt, ob du tatsächlich einer dieser gottverdammten Amerikaner bist; und warum du nicht in Kairo bist; und dort deine sauberen Geschäfte machst. Und sie haben dich

angeschrien und dich zornig gefragt, was das für eine amerikanische Moral sei, die nicht auf das doppelte Geschäft verzichten könne. Und du hast den Mund gehalten und bist rasch davongegangen. Kairo, hast du gedacht. Und du hast an das Nil-Hilton gedacht; und an die amerikanischen Geschäftsleute und Manager und Ingenieure. Und wenn du ins Hilton von Tel Aviv kommst; oder ins Dan... das sind dann die gleichen Typen. Und du verstehst den Zorn. Und auf eine merkwürdige Weise bist du froh, kein Amerikaner zu sein. Es muß manchmal schlimm sein, denkst du dir, ein Amerikaner zu sein. So wie es manchmal schlimm sein kann, ein Österreicher zu sein.
Und eigentlich ist das schon eine merkwürdige Sache, daß man in diesem Land unaufhörlich daran denken muß, aus welcher Ecke der Welt man kommt; und daß es gerade in Tel Aviv von so großer Bedeutung ist. Und daß man nichts dagegen tun kann... gegen das miserabel schlechte Gewissen, das man hat; gegen das Schuldgefühl, das man nicht los wird. Was haben diese Juden bloß an sich, daß sie immer wieder umgebracht werden, denkst du dir; von den Arabern; von den Palästinensern; und von den Nazis... was haben sie bloß getan, daß man so hartnäckig nach ihrem Blut schreit. Blut, denkst du und schüttelst verzweifelt den Kopf... als ob das nicht überall die gleiche Farbe hätte...
Und dann wieder diese Explosionen; und diese dunkelbraunen Sprengwolken über Yaffo. Aber jetzt hat man sich schon daran gewöhnt; man hat sich daran gewöhnt wie an den Tod, der unaufhörlich durch dieses unglückliche Land geht.

Al Quds oder Der Haß

Der Sturm schrie um die Stadt wie ein Stier. Die ganze Nacht. Er schrie mit heiserer, zorniger Stimme, in der schon der Tod war. Und das klang wie Jeruschaleim. Und das klang wie Al Quds.
Wenn du nach Jerusalem kommst, mußt du wirklich hart sein; und clever. Sonst bist du verloren. Sonst bist du wie einer dieser unglücklichen Pilger aus irgendeiner Religion, die sie da haben; wie jemand, der die Wirklichkeit nicht mehr begreift. Aber die Härte allein macht es nicht aus. Du mußt auch diese unsinnige Empfindsamkeit haben, die man manchmal braucht. Wenn man die Liebe verstehen will. Oder den Haß. Den Haß der Besiegten. Und den Haß der Sieger. Und wenn du hart genug bist; und clever genug; und wenn du dich lange genug und genau genug umgesehen hast in diesem Jerusalem, dann begreifst du, daß der Haß der Sieger genauso ausschaut wie der Haß der Besiegten. Und du schaust dir plötzlich die Stadt mit anderen Augen an. Und das liegt dann wie ein Fluch auf diesen steinigen Hügeln, über denen die Wolken wie graue schmutzige Segel stehen. Und das ist dann schrecklich. Und der Ekel, der dich im Hals würgt, wird so stark sein wie der Haß, den sie haben. Und den sie lächelnd verleugnen. Aber du mußt in ihre Augen schauen. Den Siegern, die wie Besiegte aussehen. Und den Besiegten, die darauf warten, daß sie die Sieger von morgen sein werden.
Du mußt immer in ihre Augen schauen. In ihren Augen hast du Jeruschaleim. In ihren Augen hast du Al Quds. Und nichts davon wird dir gefallen. Und alles wird wie ein schmutziger Fluch sein.
Am Tag, nachdem ich mit einer dieser uralten Maschinen, die vom Roten Meer herauf die Stadt anfliegen, wieder einmal wie ein verwundeter, taumelnder Vogel über Jerusalem hing — am Tag darauf fuhr ich nach Jericho hinunter; nach Ein Gediv. Und nach Masada. Und die Stadt auf den Hügeln hinter den

Wolken verschwand wie ein Alptraum. Die Sonne lag über dem Land. Es war heiß. Und im stillen, leeren Jericho wanderten die Touristen wie verirrte Schafe über die Wälle und Steine der ältesten Stadt der Welt. Und sie waren so, wie Touristen immer sein müssen. Neugierig. Und ein wenig ratlos. Und ein wenig töricht. Und dankbar für jeden Hinweis, den man ihnen gibt. Und die Kameras, die sie wie Fetische in ihren verschwitzten Händen hielten, waren der einzige Rückhalt, den sie gehabt haben. Und sie haben das photographiert, was man ihnen gezeigt hat. Aber sie haben sich nicht die Mühe genommen, diese paar hundert Meter weiter zu gehen. Und wahrscheinlich haben sie nicht einmal gewußt, daß hinter den Überresten dieser ältesten Stadt der Welt ein ehemaliges Flüchtlingslager liegt. Trümmer sind Trümmer. Und die einen photographiert man. Und für die anderen riskiert man nicht einmal einen Blick. Und die Sonne stand wie ein Engel am Himmel. Und du brauchst nur ein paar Schritte zu tun, dort unten in Jericho, um zu sehen, wie die Welt ausschaut. Da liegen Jahrtausende dazwischen. Aber es ist wie ein einziger, kurzer, schmerzhafter Atemzug. Und wenn du willst, kannst du auch das leere Lager photographieren. Und wenn du genau hinhörst, kannst du vielleicht noch Stimmen hören. Und du wirst dir denken: die Welt, das Leben, was für eine dreckige Sache das sein kann.
In den schattigen Straßen von Jericho sitzen; eine hastige Zigarette lang. Und der Oleander wölbt seine Farben wie ein geduldiger Himmel. Hat das hier angefangen? Dieses Gefühl, daß man nie heimisch sein wird in Jerusalem?
Und dann fährt man wie einer, der zu denken aufgehört hat, durch diese leere Landschaft, die wie eine tiefe Schlucht ist. Und man kommt nach Ein Gediv; und die ganze Zeit, während man an diesem verrückten See, der wie das tränennasse Auge eines Riesen ausschaut, entlanggefahren ist, hat man an nichts gedacht. Man ist in Gaza gewesen; und oben am Fuße der Golanhöhen. Man hat El Arish gesehen; und natürlich auch Nablus. Und überall hat es diese Lager gegeben. Und überall hat man daran gedacht, sich das einmal zu überlegen: ein Lager. Baracken, Elend, Notdurft, Haß. Und die Flüche. Und die Gebete.

Al Quds oder Der Haß

Aber jetzt denkt man nicht mehr daran. Dieses Tote Meer macht einen müde. Und wenn du dir diese älteste Stadt der Welt, die du jetzt verlassen hast, eindringlich genug angeschaut hast, wenn du deine Photos gemacht und deine Zigaretten geraucht und dein kühles Bier getrunken hast — warum soll man dann noch über diese leeren Lager nachdenken? Und in Ein Gediv fährst du an den Strand hinunter und starrst den jungen Jüdinnen auf die kleinen, spitzen Brüste und bestellst wieder ein holländisches Dosenbier und trinkst in langen, durstigen Zügen und bist wie ein Tourist, der sich keine Gedanken machen muß. Leben kann schön sein. Und der Schweiß, der salzig über den Gesicht rinnt, hat nichts mit den Tränen zu tun, die einem in manchen Städten, in manchen Ländern wie Blut auf die Haut treten.
Das war in Jericho. Die verlassenen Baracken des Lagers, und das Leben, das wie eine Verurteilung gewesen ist, muß zugleich auch wie ein Seufzer gewesen sein. Das war in Ein Gediv. Die Betroffenheit, daß man mit seinen Erinnerungen auf so leichtfertige Weise zurechtkommt; man vergißt sie. Und Jerusalem ist jetzt weit genug entfernt. Und das Bier, das man trinkt, die Sonne, die man im Gesicht hat, die Erinnerungen, die man lächelnd vergißt — warum fröstelt es einen?
Die Frau, die man kennengelernt hat; und sie ist noch nicht so weit, um Jeruschaleim zu sagen. Du wirst ihr immer wieder begegnen in diesem Land, das einen verrückt macht. Und schon nach einer halben Stunde erklärt sie dir, daß du dir keine Gedanken machen solltest über diese verdammten Palästinenser. Und du schaust ihr ins Gesicht und weißt nicht, was du sagen sollst; und du möchtest deine große, schwere Hand auf ihren Mund legen. Diese Frau wird dich umbringen mit dem, was sie sagt. Sie kommt aus dem gleichen Land, in das du immer wieder zurückfliegst; wo du verdrossen die Wunden, die sie dir zugefügt haben, zählst. Sie kommt aus diesem lächerlich kleinen Land und ist fast daran gestorben; weil sie zu lange darauf gewartet hat, wegzugehen. Sie sagt, daß die Witze, die man in diesem Land über die Juden mache, sie langsam getötet haben. Sie sagt, daß der Haß ein Mörder sei. Und hier in Ein Gediv

unter der scharfen, grellen Sonne schließt du die Augen und erinnerst dich an das, was dir die Frau in Jerusalem erzählt hat. Die Palästinenser... das war wie damals in Schlesien. Die einen und die anderen. Niemand hat sie gezwungen, davonzulaufen. Das hat die Frau gesagt. Mit dieser blechernen Stimme; mit diesen raschen Worten. Und du hast sie gefragt, ob sie tatsächlich daran glaube. Und sie hat gesagt, aber ja, das liege auf der Hand. Diese blödsinnigen Schlesier seien davongelaufen; aber niemand habe das von ihnen verlangt. Und diese blödsinnigen Palästinenser laufen davon; und auch von ihnen habe das niemand verlangt. Aber alle wollten jetzt zurück. Alle. In Europa. In Israel.
Und das war in der Halle dieses Hotels, in dem du ein paar Tage lang gewesen bist. Und du hast an Jerusalem gedacht; und du hast dir verzweifelt überlegt, weshalb der Haß manchmal besser sei als die Dummheit.
Das war in Ein Gediv, daß du dich daran erinnert hast. Und die Augen, mit denen du hinüber nach Jordanien gestarrt hast, waren fast erblindet. Die Sonne ist wie ein zorniges Feuer gewesen. Schlesien. Palästina. Und ein paar Millionen Menschen auf der Flucht vor etwas, das sie nicht durchschaut haben. Und die Mühsal, das zu begreifen, was man dir erzählt; nicht nur die Worte, sondern auch das, was dahintersteckt. Die Unvernunft. Der dunkle Zorn. Und etwas, das verzweifelt nach Ungerechtigkeit schmeckt.
Alle verlangen von uns, hat die Frau, die vor einem knappen halben Jahr endgültig zum Judentum übergetreten ist, energisch gesagt, daß wir diese Palästinenser wieder in unser Land lassen. Aber niemand fragt uns, wie wir mit ihnen fertig werden. Mit den Mördern, die unter ihnen sind. Mit den Terroristen. Und mit dem Neid, den sie mitbringen. Die Frau hat das mit einer Stimme gesagt, aus der dieser dunkle Zorn herauszuhören gewesen ist. Und sie hat gesagt, daß es natürlich immer ein paar Unschuldige trifft. In Israel. Und in Schlesien. Und sie hat einen angeschaut und dann noch einmal nachdrücklich gesagt: Ja, Schlesien... Und du hast ihr nicht deine große, schwere Hand auf den Mund gelegt; und du hast an Auschwitz gedacht.

Al Quds oder Der Haß

An das und an ein paar andere Dinge. Und du hast nichts gesagt.
Das war in Ein Gediv, daß du daran gedacht hast. In Ein Gediv, wo du plötzlich begriffen hast, daß das alles nur eine verunglückte Flucht aus Jerusalem war. Diese rasche Fahrt hinunter nach Jericho. Dieser Weg ans Tote Meer. Diese geleerten Dosen vor dir. Diese hungrigen Blicke, mit denen du die jungen Jüdinnen anschaust. Eine Flucht vor etwas, das dich doch immer wieder einholt. Und du überlegst dir, daß dich das alles eigentlich nichts angeht. Diese unglückliche Stadt da oben in den steinigen Hügeln. Diese fahlfarbene Narbe der einstigen Waffenstillstandslinie zwischen dem arabischen und dem jüdischen Teil der Stadt. Das Blut, das dort über die bleichen Felsen geronnen ist. Die schrecklichen Irrtümer, die man begangen hat. Das geht dich alles nichts an. Du könntest dir deine Hände in Unschuld waschen. Und du erschrickst nicht einmal, während du das überlegst. Du grinst nur; und greifst nach der nächsten Dose Bier. Du grinst und starrst in die Sonne, bis du erblindest unter dieser wütenden, schmerzhaften Helligkeit; bis du das Land auf der anderen Seite des Wassers nicht mehr erkennen kannst.
Den Antisemitismus, hat die Frau gesagt, lernen die jungen Israelis erst kennen, wenn sie zum erstenmal nach Europa kommen. Aber sie verstehen ihn nicht. Sie verstehen das alles überhaupt nicht. Sie lachen nur darüber. Und nach einer kleinen Pause hat sie gesagt: Vielleicht hört dadurch der Antisemitismus auf.
Jerusalem. Al Quds. Und die flüsternden Stimmen der Araber im Ostteil der Stadt. Die dunklen Blicke, mit denen sie dich mustern, als wollten sie dich fragen, ob du auch ein Sieger bist. Und ob du schon den bitteren Preis für deinen Sieg bezahlt hast. Das nämlich können sie. Die Araber. In Al Quds. Einen so anschauen, daß man sie beinah um ihre Niederlage beneidet. Es ist dieser kalte Triumph in ihren Augen, seit sie wissen, daß man auch am Sieg ersticken kann. Das macht dich ratlos. Und du schaust sie dir an. Die frommen, orthodoxen Juden mit ihren lächerlichen Haarlocken und den friedfertigen Blicken. Und die

düsteren Augen der Araber. Und du bist plötzlich erleichtert, daß du wieder fort kannst. Diese Stadt bringt einen manchmal um den Verstand.

So war das in Ein Gediv. Und dann fuhr ich diese wenigen Kilometer weiter nach Masada, weil ich glaube, daß man ein fremdes Volk nur begreifen kann, wenn man in seine Haut schlüpft; oder wenn man sich seine Heiligtümer anschaut. Daran kannst du es auch erkennen. An der Art, wie es mit seinen Symbolen umgeht. Und diesen gedrungenen, wuchtigen Berg, diese harte, breite Stirn von Masada sieht man schon von weitem; und das ist völlig gleichgültig, aus welcher Richtung man kommt. Immer ist diese rötlichfarbene Stirn dieses gedrungenen, brutalen Berges in deinem Blickfeld. Und ich parkte meinen Mietwagen unten bei der Seilbahnstation und fuhr mit der Seilbahn hinauf. Und die Kabine war voll von schnatternden Touristen und erwartungsvollen Juden; und hier hat man das leicht unterscheiden können: wer ein Jude ist, und wer nicht dazugehört.

Das, was diesen Berg berühmt gemacht hat, ist so uralt wie die Verdrießlichkeit des menschlichen Geschlechts, wenn es um die eigene Zufriedenheit geht; um die Leidenschaft, mit der man die Selbstzerstörung vorbereitet. Du kennst die Geschichte. Ein paar hundert Juden; die letzten, die noch vor den römischen Legionären flüchten konnten. Und dann die langen Jahre der Belagerung. Und wenn du oben auf der Hochfläche dieses Berges bist und der ganze unermeßliche Himmel nur noch aus glühender Sonne besteht ... nach drei Jahren haben sie sich die steilen Felswände hinuntergestürzt. Alle. Frauen. Kinder. Männer — bis auf zwei, die das Schicksal der Juden von Masada verkünden sollten. Und du stehst auf diesem Berg und kämpfst mit der Sonne und zögerst noch, ob diese Verdrießlichkeit, mit der das menschliche Geschlecht manchmal sein eigenes Dasein behandelt, nicht auch unermeßlichen Mut enthalten müsse ... aber da hörst du schon das Gackern der Fremdenführer; und das keuchende Atmen der Touristen; und die fröhlichen Schreie, mit denen sie sich um die besten Photopositionen drängen. Und du stolperst über die Trümmer menschlichen Mutes; und du denkst an die Trümmer drüben in Jericho; und an die bleiche,

Al Quds oder Der Haß

schreckliche Narbe oben in Jerusalem; an diese Waffenstillstandslinie. Hat es da nicht auch Mut gegeben? Und Untergang? Und dieses schmutzige Sterben für etwas, das du nie begreifen wirst? Weil du nicht dazugehörst.
Die Frau, die jetzt zum Judentum übergetreten ist, hat gesagt, daß es einer dieser Witze gewesen sei, der sie verrückt gemacht habe. Und weil diesen verfluchten Österreichern in Wien im letzten Winter das Heizöl ausgegangen war, hat die Frau gesagt, haben sie an den Tankstellen erklärt, daß man jetzt wieder mit Juden einheizen würde ... Das habe ihr den Rest gegeben, hat die Frau gesagt. Und sie sei vorher zwar eine Halbjüdin, aber doch noch eine Katholikin gewesen. Aber das habe ihr den Rest gegeben. Und du erinnerst dich an das Gesicht dieser Frau, als sie das gesagt hat. Und du hockst zwischen den Trümmern von Masada, die leuchtende, böse Sonne auf deinen Schultern. Juden einheizen. Warum hassen die Christen dieses Volk so? Bei den Arabern verstehst du es. Al Quds und der Haß. Das ist richtig so. Das geht völlig in Ordnung. Das ist eine Sache, die man noch erledigen muß. Aber das andere? Und das hier auf dem Berg von Masada. Die Schreie der in die Tiefe stürzenden Menschen vor bald zweitausend Jahren. Und ein dicker, rotgesichtiger, keuchender Jude aus Jerusalem, dessen Mutter aus Wien stammt und mit dem du dich angefreundet hast, erklärt dir jetzt, daß sich Masada nie mehr wiederholen dürfe. Nie mehr, sagt er und starrt dir verzweifelt ins Gesicht. Und du leckst dir die trockenen Lippen und schweigst. Nie mehr ... was für ein großes Wort.
Nie mehr, haben sie dir drüben erzählt; bei den Arabern. Nie mehr die Lager. Nie mehr dieser Verlust der Würde. Nie mehr die Niederlage.
Aber in Masada glaubst du nicht mehr daran. Und du hast schon in Jerusalem nicht mehr daran geglaubt. Nie mehr. Wie oft noch wirst du das nach einer Katastrophe hören müssen.
Ein paar Soldaten sind, als du schon gehen wolltest, auf den Berg gekommen. Ein paar blutjunge Männer; halbe Kinder sind das. Und immer hast du dich gewundert, weshalb sie so verwahrlost aussehen. Diese Killer. Diese Handwerker des Tötens.

Israel

Diese Kinder. Und du betrachtest sie, wie sie über die Hochfläche laufen: grinsend, fröhlich. Vielleicht haben sie ein paar Tage Urlaub. Vielleicht liegen sie morgen schon zerfetzt und vergessen zwischen irgendwelchen Trümmern, die nichts mit Masada zu tun haben; und die doch nur ein anderes Masada sind. Masada hört nie auf. Weil es immer ein Jerusalem geben wird.
Jeruschaleim, sagt der dicke Mann, mit dem du dich angefreundet hast, Jeruschaleim ist eine Garantie dafür, daß es kein Masada mehr geben darf. Und dann erzählt er dir den letzten Judenwitz, den sie erfunden haben, seitdem sie ahnen, daß sie ihren Sieg teuer bezahlen müssen. Warum werden am Strand von Tel Aviv so viele neue Hotels gebaut? sagt der Mann und lacht. Damit man uns Juden nicht ins Meer treiben kann, sagt er und lacht noch immer. Und du schaust dir dieses rote, fröhliche, jüdische Gesicht an; und du entblößt grinsend die paar Zähne, die du noch hast; aber du spürst, daß dieses Grinsen nicht in die Augen steigt. Auf Masada lacht man nicht. In Jerusalem lacht man nicht. Und vielleicht bist du sogar ein halber, kleiner, lächerlicher Antisemit. Aber du kannst nicht lachen in diesem blühenden Land, in dessen Apfelbäumen ein gelbgesichtiger Tod kniet.
So war das an diesem Tag. In Jericho. Ein Gediv. Masada. Und so war das immer in Jerusalem. Und das war die große Heimsuchung, mit der man nicht fertig wird. Durch Jerusalem gehen; Juden anschauen; so tun, als wäre nichts passiert. Und nachts bist du manchmal aufgewacht und hast gedacht, der Sturm, der ums Haus brüllt, sei schon der nächste Krieg. Und du hast dir eine Zigarette angezündet, hast das Licht angedreht und in den Spiegel gestarrt. Die Witze, die man dir erzählt hat ... aber du hast auch nachts nicht lachen können. Und alles, was du in diesem Spiegel gesehen hast, war ein wütendes, ratloses Christengesicht. Und manchmal bist du in diese Bar in Ost-Jerusalem gegangen, wo auch die Araber waren. Und du hast dich zu den Arabern gesetzt und darauf gewartet, daß du endlich aufatmen könntest; daß du dich so fühlst, als hättest du endlich heimgefunden. Aber du hast nur ein paar fade Whiskys

Al Quds oder Der Haß

getrunken, eine Bloody Mary; aber du hast nur neue Witze gehört; aber du hast die ganze Zeit gewußt, daß du auf einem fremden Stern lebst.
Und einmal war ein Araber in dieser schmutzigen, verrauchten Bar, der nicht dazugehört hat. Wenn man lange genug in Jerusalem ist, spürt man das; ob einer dazugehört; zu den einen und den andern. Und sogar die Touristen und Pilger, die von den einen und den andern rasch und routiniert ausgenommen werden, gehören irgendwie dazu. Dieser Mann da hat nicht ins Bild gepaßt. Und weil man schon oft genug in dieser lausigen Bar gewesen ist; und weil man ihnen den Paß gezeigt hat mit den vielen arabischen Stempeln und Zeichen; und weil sie einen akzeptieren, kommst du mit diesem Mann ins Gespräch. Aber das, was er dir erzählt hat in dieser Nacht, hast du lange nicht entziffern können. Das war ein Kauderwelsch. Das war der blindwütige Haß, den sie jetzt schon wieder zeigen. Das war diese Moral, mit der man den Totschlag rechtfertigt. Jetzt erst verstehst du, was hinter den Worten dieses Mannes gestanden ist. Jetzt erst; und immer dann, wenn sie mit ihren Maschinenpistolen und Handgranaten Vergeltung für El Quds verlangen. Und dieser Mann, der seinen schmalen Mund immerzu mit Erdnüssen gefüttert hat, ist redselig gewesen auf diese unheimliche Weise, die einem nichts sagt. Wir werden sie killen, hat er gesagt; und das hört sich in diesem merkwürdigen Englisch der Araber besonders rachsüchtig an. Wir werden sie killen. Und wir werden ihnen wegnehmen, was ihnen nicht gehört. Und wir werden ihnen beibringen, in was für einer Welt sie leben. Du wirst immer nur das eine hören. Und du hast es schon so oft gehört. Aber du erschrickst immer noch, wenn du es hörst. Weil du längst schon gelernt hast, daß der Haß stärker ist als alles andere. Und der Haß kann einen Mann so verrückt machen, daß er sein Leben fortwirft, um zu töten; um den Haß nicht aussterben zu lassen. Jeruschaleim. Al Quds. Und der Haß ist ein Meister in dieser Stadt der Propheten und des Leids.
Sie müssen zurück, hat der Mann gesagt und seinen unermüdlichen Mund mit Erdnüssen gefüttert. Sie müssen den Sinai räumen, weil es die Amerikaner so haben wollen. Sie werden

sich am Jordan etwas einfallen lassen müssen. Und sie werden so verwundbar sein, wie sie es noch nie gewesen sind. Und dann hat er dich gefragt, ob du das schon gehört hättest; daß sie alle Bauvorhaben im Süden Eilats aufgegeben haben; daß sie dabei seien, zu resignieren. Und du schaust dir diesen Mann an, wie du dir die ganze Zeit vorher die Juden angeschaut hast. Und du kannst plötzlich keinen Unterschied mehr erkennen. Und plötzlich kommt ein junger Mann die Treppe herunter, die in diese Bar führt; und er schreit ein paar Worte. Und du spürst, wie alle hier den Atem anhalten. Und der Mann neben dir sagt, daß sie wieder kämpfen würden; jetzt, in diesem Augenblick. Und die Namen, die du hörst, tun dir verdammt weh. Diese Namen, die wie Flüche sind. Golan. Hermon. Und du denkst: Masada. Das kommt immer wieder. Das hört nie auf.
Und in der Nacht schreit wieder der Sturm um die Stadt; und das ist wie der Schrei eines Stiers, der weiß, daß er sterben wird. Und das klingt dann wie Jeruschaleim; und manchmal klingt das wie Al Quds.